1. 本研究得到教育部人文社会科学研究青年基金项目"人口老龄化、产业结构升级与经济高质量发展：机制与对策研究"（21YJCZH122）的资助。
2. 本研究得到江苏省高职院校教师专业带头人高端研修项目资助。
3. 本研究得到江苏高校"青蓝工程"资助。
4. 本研究得到江苏高校哲学社会科学重点研究基地"智能制造产业经济研究院"的资助。
5. 本研究得到国家社科基金重点项目"党的十八大以来全面深化改革的实践经验和逻辑进路研究"（22AZD051）的资助。

人口老龄化背景下生育政策与城镇居民消费研究

任慧玲／著

U0726643

吉林大学出版社

·长春·

图书在版编目（CIP）数据

人口老龄化背景下生育政策与城镇居民消费研究 /
任慧玲著. -- 长春：吉林大学出版社，2022.8
ISBN 978-7-5768-0203-0

Ⅰ.①人… Ⅱ.①任… Ⅲ.①计划生育－人口政策－
研究－中国②城镇－居民消费－研究－中国 Ⅳ.
①C924.21②F126.1

中国版本图书馆CIP数据核字(2022)第139494号

书　　名：人口老龄化背景下生育政策与城镇居民消费研究
RENKOU LAOLINGHUA BEIJING XIA SHENGYU ZHENGCE YU CHENGZHEN JUMIN XIAOFEI YANJIU

作　　者：任慧玲　著
策划编辑：黄国彬
责任编辑：代景丽
责任校对：柳　燕
装帧设计：刘　丹
出版发行：吉林大学出版社
社　　址：长春市人民大街4059号
邮政编码：130021
发行电话：0431-89580028/29/21
网　　址：http://www.jlup.com.cn
电子邮箱：jldxcbs@sina.com
印　　刷：天津和萱印刷有限公司
开　　本：787mm×1092mm　　1/16
印　　张：17.5
字　　数：260千字
版　　次：2023年5月　第1版
印　　次：2023年5月　第1次
书　　号：ISBN 978-7-5768-0203-0
定　　价：98.00元

积极鼓励生育　扩大消费需求

刘社建

2021年6月,《中共中央国务院关于优化生育政策促进人口长期均衡发展的决定》指出,实施一对夫妻可以生育三个子女政策。该决定距1980年9月中共中央发出《关于控制我国人口增长问题致全体共产党员、共青团员的公开信》,号召每对夫妇只生育一个孩子,转眼已过四十余年。

随着20世纪80年代计划生育政策的实施,虽然在一定程度上有效控制了人口的增长,但过度的人口控制的直接后果之一是人口老龄化。自2000年起我国即进入老龄化时代,近年来老龄化不断加剧。正是随着人口老龄化的不断加剧,国家有意识地调整生育政策积极鼓励生育,随着逐步放开二胎到放开三胎政策,正是昭示着国家试图通过放开生育政策以缓解人口老龄化的努力。

人口老龄化的不断加剧在一定程度上降低了最终消费率。《中华人民共和国国民经济和社会发展第十四个五年规划和2035年远景目标纲要》指出,要深入实施扩大内需战略,增强消费对经济发展的基础性作用。改革开放以来,虽然在一定时期内最终消费对拉动经济增长发挥了重大作用,但近年来最终消费支出对经济增长的垃动作用有所下降,尤其在当前新发展阶段背景下,有效扩大消费支出对促进经济高质量发展具有积极作用。

通过调整生育政策鼓励生育,有效缓解人口老龄化,是有效扩大消费的重要举措。生育政策调整将逐步引导人口结构变动,进而影响到人口老龄化的发展趋势,因而生育政策变动将深刻影响城镇居民消费变动。在人口老龄化背景下考察研究生育政策变动对城镇居民消费变动的影响,具有较强的理论意义与实践价值,也亟待对此主题做出深入研究。任慧玲博士的《人口老龄化背景下生育政策与城镇居民消费研究》正是这样一部专著。

该专著以新中国成立以来中国人口发展变迁及20世纪70年代以来计划生育政策实施变迁为背景,在分析城镇居民消费率与消费结构变迁的基础上,具体分析了生育政策影响城镇居民消费的机理,即生育政策对城镇居民消费的影响主要通过人口出生率、人口抚养比、人口性别比等基本变量产生具体的影响。在宏观层面,分析生育政策对城镇居民消费率和消费结构的影响,以及生育政策系统与城镇居民消费系统之间的耦合度及城镇居民消费需求行为。在微观层面,运用中国家庭追踪调查数据,重点考察2014年生育政策调整对中国城镇家庭消费率和消费结构的影响。

该专著指出,生育政策调整对中国社会、经济、文化产生了深远的影响,近期生育政策调整有利于人口增长率的提升,有助于提高居民消费率,进而促进经济增长。家庭子女数量、人口年龄结构变动、人口性别比失衡是生育政策影响城镇居民消费的主要途径,少儿抚养比是影响城镇居民消费的主要因素,且其对城镇居民消费的影响存在明显的时间差异和区域差异,生育政策与城镇居民消费结构之间具有较强的耦合度。"二孩政策"实施显著影响家庭文教娱乐及住房类消费支出,且不同收入阶层差异明显。

该专著特别指出,生育政策系统的核心指标变量、人口年龄结构与城镇居民消费结构中各类消费之间均存在较强的关联性,其中教育、文化和娱乐类消费与生育政策各系统指标变量的关联度最高,人口年龄结构中0～4岁年龄段人口与城镇居民消费结构间的关联系数最高。这对进一步有效发展教育消费与娱乐消费以及努力扩大幼儿消费,提供了有力的依据。

受研究时限与政策实施效果的影响,该专著未能研究实施三胎政策对促进城镇居民消费的影响,这也有待作者在以后的研究中来完成。

总体而言,在人口老龄化不断加剧的背景下,该专著对进一步深入研究考察生育政策调影响居民消费变动的机理与实际变动,尤其是在"十四五"期间通过鼓励生育持续扩大消费,努力发挥消费促进经济发展的重大作用,具有良好的理论意义与实践价值。

任慧玲博士于 2016 年至 2019 年在上海社会科学院经济研究所攻读在职经济学博士学位,在繁忙的工作之余努力学习,三年内完成学业,撰写博士论文并通过答辩,获得经济学博士学位。此后不久又顺利评为副教授。作为导师深为她取得的成绩高兴,也期待她在进一步的学习工作中再接再厉,更上一层楼!

是为序。

（刘社建,上海社会科学院研究员）

目　录

第一章 引 言

1.1 研究背景与选题意义

1.1.1 研究背景

20 世纪 70 年代中国开始推行以"控制人口总量、提高人口素质"为目标的计划生育政策,计划生育政策的实施对中国人口发展产生了重要的影响。一方面,总和生育率[①]从 1970 年 5.81 快速回落至 2010 年 1.18,2013 年人口出生率和自然增长率分别降至 12.08 和 4.92;接踵而来的是人口结构[②]发生了重大而深刻的变化,少儿抚养比、老年抚养比从 1982 年的 54.2、7.98 分别变化至 2013 年的 22.2 和 13.08,2000 年中国正式进入老龄化社会[③],2013 年开始中国劳动力绝对数量增长已经停止,中国老龄化程度日益加重,人口结构日趋失衡。据国家统计局公布数据显示,2021 年末全国 16~59 岁的劳动年龄人口 88222 万人,占全国人口的 62.5%;60 岁及以上人口 26736 万人,占全国人口的 18.9%,其中 65 岁及以上人口 20056 万人,占全国人口的 14.2%。另一方面,由于计划生育政策的实施造成我国人口性别比严重失衡,据世界人口网公布数据显示,2013 年中国出生人口性别比高达 117.6∶100,而联合国明确认定男女出生性

---

① 总和生育率是指,一个国家或地区的妇女在育龄期间,每个妇女平均的生育子女数。通常将总和生育率 2.1 作为世代更替水平。

② 本文界定各年龄阶段人群为:劳动年龄人口指 15~64 岁人口,少儿人口指 0~14 岁人口,老年人口指 65 岁及以上人口,特殊说明除外。

③ 人口老龄化是指一个国家(或地区)60 岁及以上人口占总人口比重超过 10%或者 65 岁及以上人口占总人口比重超过 7%。

别比的通常值域为 102～107 之间。这种先天性的、原发性的性别比例失衡势必导致婚姻挤压等社会问题。基于当前严峻的人口形势,2013 年、2015 年国家分别对生育政策进行了调整,2016 年 1 月 1 日起实施了全国范围内实施"二孩"政策,结束了长达 30 多年的"独生子女"政策。但"全面二孩"政策实施效果并不理想,中国人口发展仍面临严峻的挑战。"七普"数据显示,中国育龄妇女总和生育率已跌破 1.5 警戒线,达到历史最低值 1.3,甚至低于人口处于负增长时代与严重老龄化的日本(1.4)。在此背景下,2021 年 5 月 31 日,中国中央政治局决定实行"全面三孩"政策,这是继"单独二孩"、"全面二孩"后,中国生育政策的第三次重大调整。

与此同时,依赖于投资、消费、出口"三驾马车"的拉动中国经济实现了长期快速的增长。消费作为促进中国经济增长的三大拉动作用力之一,是中国经济增长的内生原动力,对中国经济的飞速发展起着至关重要的作用,同时也是影响中国国民经济持续增长的重要因素。随着中国 GDP 增长率逐年放缓,中国经济发展进入新常态,而消费持续低迷已经严重影响到新常态下我国经济社会的健康可持续发展。导致中国居民消费需求不足的原因有很多,大多数研究中将收入因素归结为主要原因。由于社会中人既是生产者又是消费者,不同阶段人口在经济社会活动中扮演不同角色,少儿人口是消费者和潜在的生产者,劳动年龄人口既是生产者又是消费者,而老年人口退出了生产过程,被称为纯消费者。整个社会中只有劳动年龄人口进行生产带来财富,其财富在为自身消费提供支持的同时还通过"家庭转移支付"和"社会转移支付"为少儿人口和老年人口提供消费支持。

传统生命周期消费理论指出,个人所处不同人生阶段消费倾向也不同,由于计划生育政策对中国人口年龄结构及性别结构产生了重要的影响,居民消费率必然随之发生变化。一般来说,一个社会少儿人口和老年人口只存在于消费领域而不进入生产领域,因此相对于劳动年龄人口而言,他们往往具有较高的边际消费倾向,劳动年龄人口边际消费倾向则较低,但这一论断在实证研究中并未得到统一的结论,仍处于争论之中。一部分学者研究认为,孩子具有储蓄替代效应,计划生育政策的实施减少了孩子的数量,使家庭储蓄增加消费下降,即少儿抚养比下降对居民消费率具有负向影响,计划生育政策加快了中国进入老龄化社会的步伐,在一定程度上有助于居民消费率的提升。与此同时,计划生育政策的实施间接导致了人口出生性别比失衡,人口出生性别比失衡延伸至婚姻市场,使男性在婚姻市场中处于劣势地位,有男孩的家庭为了日后在婚姻市场具有更强的竞争力,会推迟消费增加储蓄以购置房产、汽车等,有女孩的家庭为使女孩嫁得更好,也会倾向于增加储蓄以添置嫁妆等。这些现象对中国高储蓄、低消费具有较强的解释力。由此可见,生育政策通过影响人口年龄结构、性别结构进而影响居民消费行为和消费结构。

由于中国人口基数庞大,且人口转变在短时间内得以完成,当前"少子老龄化"的人口结构模式仍将持续很长一段时间。人口结构与人口数量的变迁是否为影响城镇居民消费的重要因素?计划生育政策造成的人口结构转变与消费需求不足之间有着怎样的关系?生育政策调整对城镇居民消费影响如何,能否有效缓解当前消费需求不足的境况?如何在保证经济增长的同时,实现经济由投资和出口拉动转向需求拉动?未来中国经济发展面临诸多挑战,这些方面对改善民生和政府实施宏观调控都将产生重要影响。因此,当前中国消费现状及人口结构现状使得生育政策影响城镇居民消费变动的研究更加具有现实意义。

1.1.2　选题的理论与现实意义

1. 选题的理论意义

第一,从人口老龄化背景下,从扩大城镇居民消费的角度分析生育政策的经济意义,努力开拓消费理论与人口经济学发展的新领域,在经济发展过程中结合人口结构变动探讨生育政策影响城镇居民消费需求变动的机理与原因,不仅为评估中国过去的经济和人口政策提供参考,而且为今后制定经济和人口政策提供理论支撑。

第二,中国作为一个人口大国,由于施行特殊人口政策加速了人口结构的转变,根据生育政策实施及人口结构转变和中国城镇居民消费的实际情况,中国人口结构特征与城镇居民消费可以为理论检验提供独特的样本数据,用以检验西方消费理论在中国的适用性。

第三,力图从理论上阐明通过生育政策调整以扩大城镇居民消费促进经济增长的可能性与实现途径,以有效应对人口老龄化的负面效应与不利影响,有助于结合现有理论模型发展适合中国特点的消费理论模型,也有助于在生育政策调整的过程中有效扩大城镇居民消费,更进一步扩大消费拉动经济发展的基础作用。

2.选题的现实意义

1971年中国开始推行计划生育①,1982年计划生育政策作为一项基本国策被写入宪法,2002年《中华人民共和国人口与计划生育法》施行,2014年"单独二孩"政策、2016年"全面二孩"政策、2021年"全面三孩"政策陆续落地实施,中国生育政策已走过50多个年头。半个世纪生育政策的实施对中国人口、社会、经济带来了深刻的影响。随着计划生育政策实施的负面影响逐渐凸显,2000年中国正式进入老龄化社会。2014年以来实施的"单独二孩""全面二孩""全面三孩"政策,使中国短期内人口有较为明显的增加,生育水平有所回升②,这预示着许多家庭可能会迎来第二个乃至第三个孩子,子女消费作为城镇居民家庭消费的重要组成部分,生育政策的调整必然会对城镇居民消费产生一定的影响。

第一,从宏观层面来看,国家"十三五"规划明确提出,要发挥消费对增长的基础作用,着力扩大居民消费,研究城镇居民消费的变化特征及规律,对于如何有效扩大内需,实现国民经济的良好运行具有极为重要的意义。消费既是生产的起点又是生产的终点,是GDP的重要组成部分,居民消费水平的提高,消费结构的优化升级有助于刺激居民家庭支出的增加,从而带动与家庭生活消费有关产业的发展,从而拉动经济增长。因此,较完整地刻画生育政策对城镇居民消费变动的影响有利于政府做出正确的宏观政策安排。

第二,从中观层面来看,生育政策严格的实施使家庭失去选择生育孩子数量的权利,必然会影响城镇居民家庭消费行为。"单独二孩""全面二孩""全面三孩"政策实施后,城镇家庭新生儿增加将带来有关孩子生活、教育等各项即时支出增加。因此,家庭孩子数量增加将会使得母婴用品市场、早教市场、教育基金或其他成长期理财产品市场等出现更多的商机,从而带动企业或行业的发展。

第三,从微观层面来看,生育政策对家庭孩子数量的限制必然会给整个家庭带来重大影响,消费支出与消费结构都会有不同变化。生育政策调整后,家庭消

---

① 1971年7月,国务院以51号文件形式批转了卫生部、商业部、燃化部《关于做好计划生育工作的报告》,政府下决心开始在全国包括农村地区、大力推行计划生育政策。[注:1970年6月22日,煤炭工业部、石油工业部、化学工业部合并,组成燃料化学工业部(简称燃化部)。]

② 2021年5月31日以来实施的"全面三孩"政策由于时间尚短,实施效果尚未显现。

费支出增加,消费结构变化从而会影响家庭收入分配的变化。因此,研究生育政策带给城镇居民消费的影响对中国经济与社会发展具有重要的现实意义。

1.2 研究内容

1.2.1 本文研究的思路

本文研究结构按照"研究基础—影响机理—实证分析—对策建议"的逻辑,在大量文献和资料搜集整理的基础上,以劳动经济学、人口经济学、消费经济学、生命周期理论等为理论基础,初步构建生育政策对城镇居民消费影响的机理,并以此影响机理为基础进行实证分析,最后提出生育政策调整背景下促进城镇居民消费的对策和建议。具体实施方案如图1-1所示。

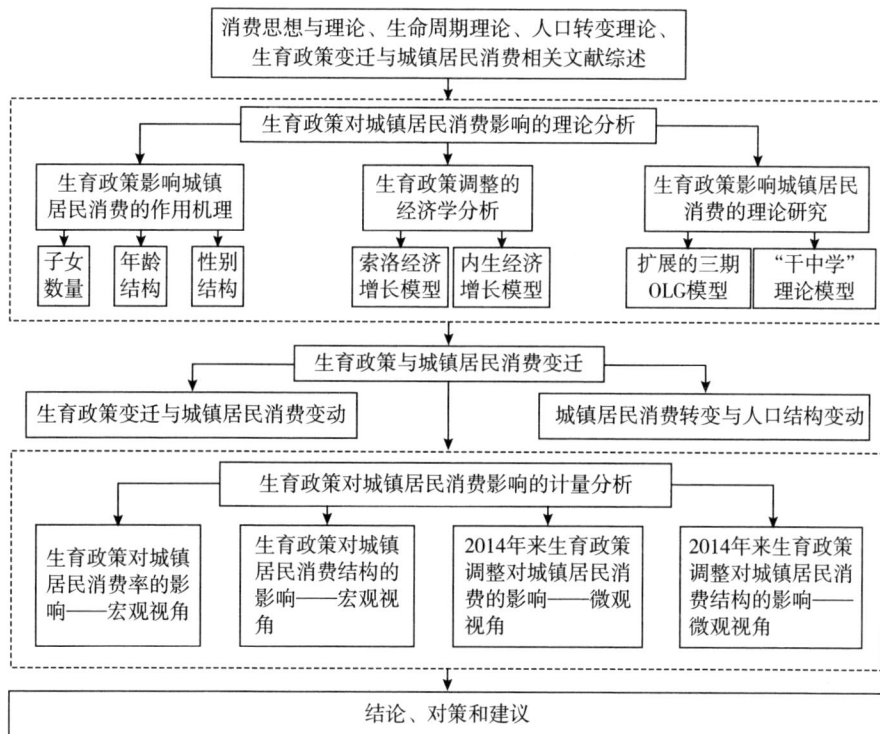

图1-1 本文研究思路及结构图

1.2.2 本文研究的内容

首先,结合生育政策实施与调整的现实情况,以生命周期假说、新家庭经济学等消费理论为指导,分析生育政策对城镇居民消费的影响,重点研究生育政策实施与城镇居民消费变动之间的关系,以及人口老龄化、生育政策调整对人口、经济、社会的影响,尤其是从不同角度不同层面对城镇居民消费率及消费结构的影响。

其次,在运用索洛(Solow)模型[①]、内生经济增长模型等宏观经济模型分析生育政策调整的经济学意义的基础上,进一步探讨生育政策调整对消费影响的理论基础。在具体的研究过程中,通过构建三期的戴蒙德世代交叠模型(扩展的 OLG 模型)[②]以及"干中学"[③]宏观经济理论模型分析得出了,2014 以来生育政策放松能够提高居民消费率这一结论。

第三,在考察生育政策对城镇居民消费变动影响的过程中,选取人口出生率、少儿抚养比、老年抚养比及人口性别比作为生育政策系统的核心变量。在宏观层面选取 31 个地区(省、直辖市、自治区)面板数据[④],运用静态回归和动态回归方法分别考察核心变量对城镇居民消费率的影响,为了考察生育政策实施对城镇居民消费率影响的异质性,在对总量考察的基础上,进一步根据经典面板数据模型分阶段、分区域进行回归分析。

第四,基于宏观层面数据运用灰色关联度分析方法分别计算生育政策系统、人口年龄结构与城镇居民消费结构系统之间的耦合度。通过测算结果可知,生育政策系统的核心指标变量、人口年龄结构与城镇居民消费结构中各类消费之间均存在较强的关联性,其中教育、文化和娱乐类消费与生育政策各系统指标变量的关联度最高,人口年龄结构中 0~4 岁年龄段人口与城镇居民消

---

① 罗伯特•默顿•索洛(Robert Merton Solow),生于 1924 年,美国经济学家,新古典派(Neo-classical)经济增长模型由于索洛的开创性工作而被称之为索洛模型。

② 彼得•戴蒙德(Peter A. Diamond),生于 1940 年,美国经济学家,2010 年诺尔经济学奖获得者,建立了著名的世代交叠模型(Overlapping-generations model,OLG)。

③ 阿罗(Arrow)于 1962 年提出了"干中学"(learning by doing)模型,把从事生产的人获得知识的过程内生于模型。

④ 本研究所研究的区域范围不包括香港、澳门两个行政区以及台湾地区,本书所涉及的数据均不包含上述 3 个区域。

费结构间的关联系数达 0.7911。

第五,在对省级面板数据进行总量回归和系统间耦合度测算的基础上,本文基于扩展的 AIDS 模型研究生育政策对城镇居民消费结构的影响,在研究过程中纳入了反映生育政策的四个主要指标变量,同时还考虑了其他控制因素对城镇居民消费结构的影响。在估计方法选择时,为了提高估计效率,本研究选择近似不相关回归(SUR)进行方程的估计,以考察各核心变量对城镇居民八大类消费的影响。

第六,以扩展的三期戴蒙德世代交叠模型为理论基础,运用微观家庭调查数据 CFPS2016 进行实证检验,以评估 2014 年以来生育政策调整对城镇居民家庭消费率和消费结构的影响,同时考虑到收入是影响家庭消费的最主要的因素,此部分在进行计量分析时进一步考察了生育政策调整对城镇不同收入群组家庭消费率和消费结构的影响。

最后,提出生育政策调整背景下促进城镇居民消费的对策与建议。

1.2.3　研究方法

本文以人口经济学、新家庭经济学、生命周期理论等学科理论为指导,综合采用各种研究方法。在具体研究方法上,结合特定的研究内容有针对性地采用不同的研究方法;首先通过文献查阅和整理分析,梳理当前人口老龄化、人口结构变动、生育政策与城镇居民消费之间的关系;运用宏观省级层面和微观家庭调查数据,借助于计量分析方法和相关工具分析生育政策实施对城镇居民消费率和消费结构的影响。在分析的过程中,宏观层面主要运用 31 个地区(省、直辖市、自治区)面板数据,数据来自国家统计局、中国劳动统计年鉴、各省市统计局及统计年鉴等;微观家庭层面数据来自中国家庭追踪调查(CFPS2016)等。

1.3　拟解决的主要问题与可能的创新

1.3.1　拟解决的主要问题

首先,在人口老龄化背景下,生育政策的实施对居民消费的影响机理及其对长期经济增长的影响。从家庭子女数量、人口年龄结构变动、性别结构失衡等方面分析其影响机理,并运用索洛经济增长等模型分析生育政策调整的经济学意义及其对居民消费的影响。

其次,生育政策对居民消费率和消费结构转型升级的贡献度。运用宏观省级层面数据进行计量经济分析,对居民消费率贡献度的实证在总量测算的基础上进一步分阶段分地区进行考察;关于生育政策对居民消费结构的影响,选择灰色关联度分析和扩展 AIDS 模型进行研究。

最后,从微观家庭层面考察生育政策调整对城镇居民家庭消费的影响。运用微观家庭调查数据库 CFPS 数据进行实证分析,2014 年生育政策调整以来生育"二孩"家庭消费水平、消费结构及消费行为如何变化,以检验生育政策调整能否使中国走出消费长期低迷的困境,能否缓解人口老龄化对经济增长带来的负面影响。

1.3.2 可能的创新之处

在理论与实证框架下考察生育政策如何影响城镇居民消费水平、消费结构和消费行为。一方面,从宏观层面通过计量方法分析生育政策对城镇居民消费率和消费结构的影响效果;另一方面,从微观层面分析 2014 年生育政策调整对城镇居民家庭消费率和消费结构的影响。

第一,本研究以生育政策为研究切入点,基于人口经济学、消费理论从消费水平、消费结构、消费行为方面较为全面地系统地考察生育政策对城镇居民消费的影响,以子女数量、人口年龄结构、性别结构为核心变量构造了较为完善的理论分析框架,将人口经济学、消费经济学、社会学等相关学科知识进行结合,对跨学科交叉研究进行探索和尝试。

第二,从宏观省级层面和微观家庭层面同时进行研究,宏观数据分析结果与微观调查数据分析相互补充,相互验证,力求更加深入和准确的全面考察生育政策对城镇居民消费的影响,避免单一层面数据分析中可能存在缺陷。

第三,在 AIDS 模型中引入反映生育政策的核心变量构建扩展的 AIDS 模型,结合空间面板数据模型进行实证分析,并运用近似不相关回归(SUR)估计方法来提高估计结果的准确性,丰富生育政策对城镇居民消费结构影响的研究方法。

第二章 相关理论与文献综述

2.1 有关中国人口生育政策相关研究

学术界关于中国人口生育政策的研究存在较大的争议,国外学者主要围绕着 20 世纪 70 年代以来中国实行的计划生育政策进行讨论。国内学者的研究主要就生育政策是否应该调整的问题而展开。

2.1.1 国外学者有关计划生育政策的研究

国外学者对中国人口生育政策有着不同的评价,一些学者反对中国实行计划生育,如阿马蒂亚·森(2002)不赞成计划生育,他强调人是发展的主体,并指出政府和社会需要在人的生存、保健、教育等领域承担责任。美国著名经济学家贝克尔认为中国计划生育政策导致生育率下降过快,并且降到了更替水平以下,这使得中国提前进入老龄化社会,也会产生社会保障等一系列社会问题,以此表达了对中国的人口政策的担忧。1991 年诺贝尔奖得主、新制度经济学创始人罗纳德·科斯认为中国计划生育政策是个具有毁灭性的政策,如果中国一直坚持实施下去,国家最终可能消亡。而另外一些学者支持中国实行计划生育,如美国学者布朗认为一旦中国政府放松计划生育政策,那么中国人口将快速增加,进而导致粮食供给不够。因为按照他当时的测算,到 2030 年中国国内粮食生产总量只够满足 42.5% 的总需求,而其余所需 57.5% 的粮食则要靠进口。这种粮食短缺的情况不仅会影响中国,甚至会波及全世界。印度的苏地生博士认为计划生育政策的实施是中国唯一的选择,中国的国情十分特殊,中国可耕地面积只占世界可耕地面积的 7%,而人口却占世界总人口的 20% 多,同时,他希望以美国为代表的一些国家应该多给予中国一些谅解而不是攻击。

2.1.2 国内学者有关生育政策调整的相关研究

1.支持生育政策调整的相关研究

梁中堂(2006)认为由于农民生育意愿因计划生育政策强制实施无法得到实现,给农民造成了伤害,他提出要改变生育政策,消除生育政策给社会带来的各种隐患。何亚福(2009,2013)认为,并不是紧缩生育政策就意味着人口控制的效果好,放宽了生育政策就会导致人口控制效果差,而应该看哪种生育政策更符合中国的国情,更符合中国的民情,这才是关键。并于之后提出了自主生育的建议。郭志刚(2010)认为,生育率既不能太高也不能太低,要把握好"度",不能一味强调降低生育率。而中国目前的状况是,无论社会和家庭、个人都存在着降低生育率的因素,而长期的低于更替水平的低生育率将对中国的发展产生一系列的危害,因此我们应该尽快全面放开二孩生育,以免在"人口发展问题上贻误战机"。桂世勋(2005)认为解决中国未来养老问题一个非常好的办法是在优生的前提下普遍允许每对夫妇生育两个孩子。顾宝昌(2010)认为,中国未来将不得不面对一个生育率不断走低、人口老龄化日益严重的社会,因此我们必须马上调整生育政策,普遍允许生育二孩,同时强调二孩政策完全有条件在全国推广。蔡昉(2006)指出,虽然中国的经济增长取得了世界经济史上罕见的佳绩,但是仍有一些因素制约着中国经济的增长,例如人口条件的变化。人口条件的变化意味着高储蓄率以及劳动力供给优势在减小,因此他提出要"调整人口政策,防止未富先老,延长人口红利"。左学金(2012)认为随着中国经济发展进入投资和外需的增长率下降、国内消费需求不足的新常态,要求我们在调整生育政策除了要考虑到人口学意义之外,还要兼顾经济学意义。他提出希望全面放开生育政策,或者在2015年起普遍允许生育二孩,然后在2016年或2017年开始完全取消生育限制。李通屏(2007)认为人口适度增长不会破坏内需,反而可以弥补其他政策扩大内需的不足,从而推动经济的增长。因此,应该改变人口生育政策的导向,让其从控制人口增长转向允许人口适度增长。易富贤(2008)分析了韩国、新加坡、伊朗、越南等国家近些年总和生育率的变化,认为中国目前即使取消计划生育政策也不会出现生育率的反弹。同时,他认为停止计划生育政策后出现的所谓"补偿性生育高峰"是好事而不是坏事,因为欧洲战后的婴儿潮就刺激了经济的快速发展,或许这也会成为中国经济增长的一个动力。曾毅(2006)通过对大量翔实的数据进行对比分析,得出二孩晚育软着陆的生育政策优于"双独"或"单独"夫妇生育二孩的政策,同时论证了二孩加间隔的生育政策的可行性,认为应该马上启动二孩晚育软着陆的生育政策,因为"机不可失,失不再来"。穆光宗(1993,1995,1998)认为人口生育政策需要符合尊重、安全、公平和发展四个原则,应该做到"城乡对等,性别平等;适度生育,鼓励二胎;投资人口,优化人口。"林毅夫(2008)指出一个国家的发展战略会对人均收入水平产生影响,进而影响了人口生育率。如果发展中国家遵循比较优势战略来发展经济,那么它的人均收入会增长得比较快,进而生育率下降得也会比较快。在经济学领域中,人均收入水平是影响人口生育率的重要因素。在低收入阶段,由于社会保障体系等的不完善,人们防老的手段是"养子",但随着收入水平的提高,养老途径的增加,"养子防老"的需求会减弱。从这个角度来说,生育率与人均收入水平负相关。同时,随着社会发展,高收入阶段的到来,父母工作的机会成本提高。从养育孩子的机会成本来说,生育率与人均收入水平负相关。林毅夫(2015)认为中国之前实行严格的计划生育政策是正确的,现在放松人口生育政策也是正确的。2015年在,山西省的"两会"上,该省政协常委、省卫生和计划生育委员会副主任梅志强呼吁,"为了中华民族的兴旺发达,为了我们和我们子孙后代的幸福,应尽早重视人口的结构调整,从政策和机制上让我们的子女生育两个孩子,而且一定要生下两个孩子。"王钦池(2014)认为不能将进一步放开生育政策,增加人口数量,维持所谓的人口红利作为中国人口生育政策调整的目标,他也不认为目前的出生性别比失衡是由这些年执行的人口生育政策造成的,因此立即放宽生育政策也不会改变性别比失衡的问题。王钦池提出人口生育政策调整应该采取渐进式,即从"双独二孩"到"单独二孩"再到"普遍二孩"。

2.反对生育政策调整的相关研究

在国家出台"单独二孩"生育新政后,翟振武(2014)指出根据测算结果,中国"单独二孩"生育政策的实施虽然会在一定时期内出现生育堆积现象,但是总和生育率不会超过2。因此,他认为"单独二孩"生育政策不能从根本上解决中国人口老龄化问题。而对于全面放开二孩的提议,翟振武,张现苓,靳永爱等人(2014)以2005年全国1‰人口抽样调查等数据为基础,推算出2012年中国独生子女的数量规模,然后进一步估算 2012 年普遍放开二孩生育政策的目标人群数量,从而观察年度出生人口的变化情况。分析结果表明,如果从 2012 年开始普遍放开二孩生育,那么符合生育政策的目标人群规模较大,同时根据翟振武等人的测算,中国女性二孩生育意愿较高,因此生育政策的变动和较高的生育意愿会导致出生堆积现象,致使中国人口数量规模急剧加大,高峰时女性生育水平会达到 4.5。虽然,这会明显延缓中国人口老龄化问题,增加劳动力供给数量,但是测算出的过高的生育率使得翟振武,张现苓,靳永爱(2014)等人不赞成立即全面放开二孩生育政策。但是他们也指出,因为此次的全面放开二孩后果分析是基于 2012 年的时间节点,如果延后几年,到 2017 年或者 2020 年,生育堆积情况将有很大的改善。李小平(2007)主张应该继续实行现有计划生育政策,甚至应该更严格些,把未来中国人口控制在 10 亿之内。同时,李小平指出中国目前的低生育水平在百年之内不会产生任何的不利和威胁,而且大多数低生育率的国家仍然保持着较高的人口密度,因此没有必要鼓励生育。程恩富(2011)提出"先控后减"的人口政策,即先把总人口控制在 15 亿左右,然后再逐渐减到 5 亿人。他认为除非将中国人口缩减到适度规模(5 亿人),否则应该一直把计划生育政策作为中国的基本国策,同时提出城乡人口统筹的方法,将农村剩余劳动力和农民工变成北京、上海等城市的正式市民,并禁止所有城市推行"单独"甚至"双独"可以生育二孩的政策。郑志国(2003)认为控制人口是解决中国社会主要矛盾的前提,为了实现科学发展和民族复兴就必须坚持不懈地继续推行"一胎化"政策。赵耀主张严格控制人口数量,因为这样可以将有限的教育资源投入到现有的潜在劳动者身上,可以用更多的资源进行教育改革,使有限的资源得到更为合理的分配。

2.1.3 生育政策调整对社会经济的影响研究

按照国际标准 65 岁以上老年人口占人口总数的 7% 及以上,则意味着这个国家或地区的人口处于老龄化社会,按照此标准我国 2000 年已经步入老龄化社会[①]。超低总和生育率和日益严重的人口老龄化现象可能给经济发展带来的影响成为学术界和政策决策者普遍关注的热点问题(袁志刚和宋铮,2000;蔡

---

① 2000 年"五普"数据显示,中国 65 岁及以上的人口为 8811 万人,占总人口的 6.96%,约为 7%,因此,普遍认为中国进入老龄化社会是从 2000 年开始,个别文献中认为是从 2001 年开始。

昉,2001;汪伟,2009,2010)。为了应对持续低生育率和老龄化带来的挑战,学界关于放松计划生育政策的呼声渐高,但是关于放松生育政策对中国经济增长的影响,目前学界看法也并不一致。一些学者(陈友华,2005;王丰,2010;左学金,2010;沈可等,2012;蔡昉,2013)认为放松计划生育政策有助于缓解人口老龄化,增加劳动供给和延长人口红利并提高潜在经济增长率。邹至庄(2005)认为放开生育政策不会使经济增长率大幅下滑,相反对人力资本投资有利。Li & Zhang(2007)实证研究发现生育率上升会损害经济增长。刘永平和陆铭(2010)建立了一个纳入家庭教育决策的微观模型,他们发现放松计划生育政策会降低家庭的人力资本投资,从而不利于经济增长。黄少安和孙涛(2013)则认为放松计划生育政策会使中国陷入"人口红利"依赖症,无法实现从人口结构优势向产业、人力资本与技术升级优势转化,从而不利于长期的经济增长。一些学者认为由于人口增长惯性和个人生命周期特征影响,人口政策对经济社会的影响往往具有强烈的滞后性。蔡昉(2012)认为,计划生育政策使得我国生育率在自然变化的过程中受到了强烈的外在力量的干预,大大缩短了我国人口从传统农业社会人口增长模式向现代人口增长模式的转变时间。在短时间内宏观上表现为人口红利的集中释放,1978 年以来中国经济高速增长过程中一个非常重要的因素是中国人口结构的变化,大量劳动力进入劳动供给市场,人口抚养比下降,给中国经济带来了前所未有的活力,但当前"未富先老"的人口结构现状,蔡昉(2013)认为与人口结构快速转变有关。

2.2　有关消费及消费函数的研究与应用

2.2.1　有关消费需求不足的研究

有学者认为中国经济结构正处于快速变化之中,社会保障系统还没有完全建立,未来支出和收入的不确定导致中国居民采取预防性储蓄,以防患于未然,是造成中国现阶段总消费不足的原因之一(刘建国,1999;宋铮,1999;龙志和和周浩明,2000;孟昕,2001;孙凤,2001;万广华等,2001,2003;杭斌和申春兰,

2002;罗楚亮,2004)。还有学者认为中国收入分配不均是造成中国现阶段总消费需求不足的另一个重要原因(赵友宝和张越玲,2000;刘文斌,2000;袁志刚和朱国林,2002)。也有一些学者研究了政府支出与居民消费之间的关系,大多数研究认为政府支出对居民消费起到了刺激作用(刘溶沧和马拴友,2001;曾令华,2000;胡书东,2002;王志涛和文启湘,2004;李广众2005),但中国的实际情况是,政府支出规模一直比较大,居民消费率却仍然呈现出下降的趋势,因此,这种观点还有待于商榷。

有些学者认为消费不足与投资过度之间有一定关系,有些学者对此持有不同的观点。Portesand Santorum(1987)通过供给方程和需求方程模型,运用中国 1954—1983 年的相关数据进行实证研究得出,在大跃进、"文革"和改革开放初期中国存在消费者对商品和服务的超额需求。由于他们使用的模型变量存在各种组合方式,因此有可能产生设定偏误。刘建国(1999)认为,由于农村的生产和生活保障制度不完善、农村集体产权模糊、农民的自主权被干预等,造成农民对未来预期悲观,导致农民消费不足。孙永波(2001)发现,投资和消费的相关性高并不表示投资多就一定带动消费多,当前中国投资带动的消费还很小,当然这也与投资的方向和领域有关。刘立峰(2004)分析比较了全球 82 个国家与中国的投资率和最终消费率,发现贫困国家的最终消费率全球最高,因此他认为,最终消费率越高越好的论点,理由是不充分的。不能简单地拿欧美发达国家最终消费率与中国相比,就说消费不足,要考虑国情,从实际出发,具体问题具体分析,要与所处的经济发展阶段相适应。林跃勤(2005)表明,中国这么高的投资率,所形成的巨大产出能力是国内市场所无法消化的,过剩产品只能出口,造成出口额大增,引发中国经济对投资和出口的过分依赖,产生了巨大的市场风险。而厉以宁(2007)认为当前中国的投资并不过度,加大投资对于目前正快速工业化的中国来说,是十分重要的,加大投资可以驱动经济发展,增加就业,扩大消费,确保经济增长。余东华(2004)总结了中国最终消费率持续下降和投资率不断上升的原因:一是较高的储蓄率和较低的消费倾向影响消费需求的上升;二是政府在投资中的主导地位及其滞后影响。当前中国处在工业化阶段,最终消费率和投资率的波动反映着这一时期消费和投资变化的一般规律,未来随着产业结构调整,最终消费率和投资率也将随着发生变化,最终消费率将相应上升,投资率将开始下降,持类似观点的还有吕冰洋和毛捷(2014)。

有关收入与消费之间的关系的研究,相关理论与文献较多,主要的消费理论有凯恩斯的绝对收入假说、杜森贝里的相对收入假说、莫迪利安尼的生命周期假说、弗里德曼的持久收入假说、霍尔的随机游走假说、预防性储蓄假说、流动性约束理论等。国内的学者就收入分配与消费之间的关系也做了深入研究。张平(2002)认为在经济发展和体制改革时期,居民收入带有很大的不确定性,收入分配的不平等加剧降低了全社会的消费倾向,而边际消费倾向又直接决定财政乘数效应,因此,他认为消费下降问题的根源在于收入分配不均。张国忠(2004)在考虑消费者预期和社会收入分配这两个因素的基础上,认为政府的宏观调控政策在动用税收、政府购买和转移支付、货币量调控、利率调节等手段进行总量调节的同时,还应调节收入分配、降低收入的不确定性、明确居民预期。陈乐一(2005)研究了20世纪30年代美国经济大萧条时期的收入分配和消费支出的关系,认为收入分配与消费支出关系紧密,收入差距扩大是消费下降的重要原因。郭红霞(2001)认为二元经济结构是中国内需不足的重要原因,中国区域经济发展的不平衡,收入分配差距扩大引起国内消费的疲软。柳欣和曹静(2006)认为贫富差距过大导致了目前中国消费的严重不足,得出类似结论的还有段先盛(2015)等。

随着中国社会保障制度的建立与逐步完善,学者们开始关注并广泛研究社会保障的完善程度对最终消费率的影响,不过研究社会保障对居民消费行为的影响始终没有脱离消费函数理论框架(刘新等,2010)。最早源于凯恩斯提出的社会需求不足理论,其主张国家制定相关财政政策干预国家经济行为,而社会保障和转移支付等为相关财政政策的重要方面,这直接推动了世界各国广泛建立社会保障制度。这方面研究的主要学者有 Feldstein (1974)、Modigliani (1975)、Mundell(1974)、Darby (1979)和 Blake (2004),他们得出相似的研究结论即社会保障将降低居民储蓄;同时,也有学者的研究结论并不支持 Feldstein (1974)的观点,如 Barro(1978)、Leimer 和 Lesnoy(1982)、Auerbach & Kotlikoff(1983),这些学者的研究成果认为社会保障对消费的影响并不显著(Aydede,2008)。

另外,也有一些学者从不确定性方面研究影响消费的原因(Leland,1968;

Deaton,1989；Caballero,1990；Skinner,1988；Caballero,1991；Hubbard et al,
1995；秦朵,2002；郭英彤和张屹山,2004；姜洋和邓翔,2009；徐会奇等,2013)。

2.2.2 有关消费函数的研究

20 世纪 80 年代以后,随着中国改革开放不断深入推进,国内学者对消费函数理论研究和实证研究也同时展开。这些研究主要以中国为研究对象,结合中国的具体国情,采用经验归纳法或理论演绎法建立符合中国国情的消费函数以研究中国消费者行为特征及其影响因素。

1.经验归纳法

臧旭恒(1994)在其著作《中国消费函数分析》中构造了 4 个模型,分别将1952—1978 年间、1978—1991 年间全国居民、城镇居民和农村居民相关变量折算为现期消费,然后对这些变量分别进行滞后一期、二期和四期的最小二乘(OLS)回归,结果表明:1952—1978 年间我国城镇居民和农村居民的现期消费主要取决于现期收入,与凯恩斯的绝对收入假说模型相符合。因此,他把1952—1978 年间的中国消费者行为称为受束缚的、短视的、原始的消费者。而1978—1991 年间数据实证结果表明,相对收入假说、持久收入假说和生命周期假说在中国的适用性逐渐增强,理性预期生命周期假说不适合中国。他的研究主要运用国外主流消费理论研究中国居民消费行为。

唐文进和段海虹(1995)运用计量分析方法,通过对中国 1979—1990 年间数据对比分析,发现居民边际消费倾向总体呈递减趋势,而平均消费倾向则基本保持平稳趋势,这个结论与相对收入假说一致。吴有昌(1995)以绝对收入假说和持久收入假说为基础建立消费函数模型,通过比较中国城乡居民消费行为,得出两种假说均具有较强解释力的结论。盛从锋(1996)运用 1980—1989年时间序列数据,利用最小二乘法分别对绝对收入假说、相对收入假说和持久收入假说模型下居民消费函数进行比较分析,认为实际可支配收入是消费的基本解释变量,同时还应考虑滞后的实际消费支出的影响。周伏平和王美今(1997)根据凯恩斯绝对收入假说建立线性回归模型,研究发现收入增长是居民储蓄的决定性因素,同时又利用弗里德曼的持久收入假说模型,验证了持久收入假说对我国居民储蓄行为的适用性。其他一些学者也尝试用现代计量经济学的各种方法,对我国消费函数模型中的各个解释变量的系数进行回归估计(廖成林、沈晓栋等,2005)。

2.理论演绎法

由于中国经济发展处于转型期,居民未来预期收入存在不稳定性,导致消费储蓄动机波动性较强,因此,国内一些学者认为西方传统消费理论在中国的运用具有一定局限性,这些传统消费理论不能完全解释中国消费者的消费行为。他们试图通过理论演绎法对中国消费者消费特征和消费行为进行解释。

赵志君(1996)认为生命周期假说不适用于中国消费者行为,他假设家庭是生命无限期且具有前瞻行为的基本消费单位,并在此假设基础上将生产、分配和消费过程进行综合考察,推导出了生命无限期的消费函数。余永定和李军(2000)以持久收入假说和生命周期假说为理论框架,结合中国的制度特征,建立中国宏观居民消费函数模型并进行实证检验。金晓彤和杨晓东(2004)认为,中国居民的消费表现为具有间歇式、周期性波动特征。消费者以有独立收入为前提来安排自己的消费,并且为应付一生中不同阶段的消费高峰而进行相应的储蓄。王军(2001)建立了三个消费函数模型,这三个模型分别以相对收入假说、持久收入假说和生命周期假说为基础,并根据1980—1998年间的数据对模型进行实证研究。田检(2008)使用线性回归分析方法,以绝对收入假说消费函数、生命周期假说消费函数等作为理论依据,分析了家庭当期收入、平均可支配收入、持久收入等因素对我国城镇、农村居民消费的影响。结果显示:城镇居民当期消费基本由居民当期收入决定,而农村居民当期消费则主要由居民当期收入和其个人资产决定。艾春荣等(2008)从具有内部习惯偏好的消费函数出发,对 Campbell 和 Mankiw(1990)等的模型进行扩展,结合短视行为和流动性约束与预防性储蓄动机对随机游走假说在中国解释消费变动失效的内在原因进行了细致分析,并运用1995—2005省级面板数据进行了实证检验,得出在总消费增长率变动上城镇与农村表现出一定程度的耐久性,在非耐用消费支出上农村居民表现出一定的习惯,但城镇居民的消费习惯几乎不存在。无论是城镇还是农村居民的消费变动都呈现出对预期收入变动的过度敏感。

2.3 有关人口老龄化、人口结构变动、生育政策与居民消费关系的研究

2.3.1 人口老龄化与消费

关于人口老龄化与消费总量之间的关系,学术界的研究已经较为成熟。理论层面而言,一方面,根据生命周期假说,理性消费者为实现整个生命周期内的效用最大化水平,通常会将工作期收入的一部分储蓄起来以备老年时消费,随着整个社会人口年龄结构不断老化,国民储蓄率会降低,即人口老龄化的负担效应会使得消费率与人口老龄化之间呈正向相关关系。另一方面,Yaari(1965)通过构建理论模型发现具有理性预期的消费者当意识到自己将会生活更长年限时,便会自主调整其在工作期的储蓄和消费行为,这种未雨绸缪的行为可能会带来储蓄率的上升,即人口老龄化的寿命延长效应使得其与消费率之间表现为负相关关系。实证层面,就人口老龄化与消费率之间的关系,学者们也进行了大量研究。Loayza 等(2000)通过跨国面板数据发现了老年抚养比与国民储蓄率(消费率)之间呈负(正)相关关系。袁志刚和宋铮(1999)通过数值模拟发现,人口老龄化是造成中国城镇居民消费倾向下降的重要原因。王德文等(2004)研究发现人口年龄结构对储蓄率具有明显负效应,这意味着人口老龄化反而使得中国的消费率上升。此外,李文星等(2008)通过运用 GMM 回归方法发现人口年龄结构转变对消费率的影响并不确定,一方面虽然少儿抚养比对居民消费有负向影响,但影响是比较微小的;另一方面老年抚养比对居民消费率的影响基本不显著,他们认为中国居民消费率过低并非人口年龄结构转变造成的,而是由于中国居民消费习惯非常稳定。另外,值得注意的是,汪伟和艾春荣(2015)甚至认为由于种种原因的影响,转型期的中国居民消费路径与“随机游走”假说相去甚远,具体表现为 2000 年中国进入老龄化社会以来,总需求不足的情况下居民储蓄总量持续扩张与储蓄率大幅升高。

总体而言,人口老龄化与消费总量之间关系的探讨已经非常丰富,但关于

人口老龄化如何影响消费结构内部变动的研究比较缺乏。从一些文献来看,主要集中在两个方面,一是就人口年龄结构变动与消费结构变迁进行定性统计描述与判定,由于缺乏严谨数理论证,得到的结论往往缺乏说服力。二是采用宏观层面数据进行简单的实证检验,例如,李洪心和高威(2006)采用灰色关联度的方法分别考察了人口老龄化对食品、衣着、医疗保健、文教娱乐以及交通通信等消费的影响。在微观数据方面,茅锐和徐建炜(2014)以中国 2002—2009 年城镇住户调查数据为样本,研究发现消费者年龄是消费结构的关键决定因素;朱勤和魏涛远(2015)以中国家庭追踪调查(CFPS2012)数据为样本,分析了城乡居民不同年龄段的消费模式,但以上文献均没有明确考察人口老龄化对消费结构升级的影响效应。

2.3.2 人口结构变动与消费

Modigliani & Cao(2004)通过研究中国 1953—2000 年相关数据发现人均收入增长率和少儿抚养比的改变是居民消费率较低的重要原因,但由于该研究使用了中国改革开放以前(1953—1978)的数据,因此其结果的准确性有待进一步商榷。Kraay(2000)利用中国 1978—1989 年居民家庭调查面板数据进行研究,发现少儿抚养比对消费的影响在统计上并不显著。Horioka,C. Y. & Wan J(2006)以生命周期理论为模型,利用 1995—2004 年间对中国不同省份家庭储蓄调查面板数据,研究发现人口年龄分布相关的变量对家庭储蓄率有预期影响的采样只占 25%。倪红福等(2014)选用 CHIPS 微观调查数据,研究城镇家庭和农村家庭人口结构与消费结构和储蓄率的关系,得出农村和城镇家庭储蓄率与收入均呈"倒 U 型关系",两种类型家庭在食物消费上都服从恩格尔定律,即随着收入增加,食物消费占比减少,老年家庭衣着占比、教育占比明显小于年轻家庭,而在医疗方面占比较高。李春琦、张杰平(2009)基于我国农村家庭在赡养老人和养育孩子负担较重的社会事实,研究了老年抚养比和少儿抚养比对农村家庭消费的影响,其中少儿抚养比和老年抚养比均与家庭消费有显著负相关性,因为在农村改变子女命运的出路在于加大教育投资,通过教育改变命运;而为了预防意外支出,家庭老人会减少消费多储蓄馈赠子女遗产,独生子女养老负担加重也会多储蓄少消费。在城镇样本中,陈晓毅(2015)研究发现少儿抚养比上升使生存型消费比重提高,老年抚养比上升仅对收入水平高的家庭生存型消费比重产生正的影响,越是富裕的家庭子女数量变动对发展型消费比重的影响越小,养老负担的加重使得较贫穷的家庭降低了发展型消费的比重;在农村样本中,老年抚养比对生存型消费的负影响越显著,老年抚养比上升通过作用于医疗保障支出而对享受型消费产生正影响,对于越富裕的家庭,老年抚养比对享受型消费的影响越弱。

2.3.3 子女对居民消费的影响

国外许多实证研究揭示了子女出生与父母工资收入和工作劳动供给之间的关系。Becker(1985)认为,家庭中如果有小孩存在,母亲的自然使命使得其花在孩子、家庭中的时间较多,从而工作时间较少,导致小孩的存在会抑制母亲的劳动供给。有同样研究结果的还有 Koremnan & Neumark(1992)。而 Lundberg & Rose(2002)研究发现子女出生对父亲劳动供给有正向作用,从性别来看,男孩比女孩促进作用更强。Chiappori(1992)、Browni & Chiappori(1998)提出了集体模型(Collective Model)这一概念。其核心思想是家庭成员通过相互之间的议价过程达到了家庭内部资源分配帕累托最优。无论在家庭中还是社会上,一般情况下女性议价能力要低于男性。父母对子女投入的多少决定了其生活质量的高低。研究发现,家庭中父亲和母亲愿意为子女分配的资源有比较明显的区别,作为女性的母亲更愿意在子女身上增加投入。因此,家庭中子女的存在显著影响着家庭内部资源的分配。Masako Oyama(2006)使用了等价规模模型,收集了 1993—1999 年间日本家庭消费支出的面板数据,计算出不同类型家庭的等价规模,较为精确地计算出在日本负担一个孩子的消费支出。Knight 等(2010)研究发现中国家庭中拥有一个男孩和最后一个孩子是男孩的夫妻会有相对较高收入的社会现象,为了解释这一现象,同时考虑到严苛的计划生育政策和中国农村父母普遍的生男孩倾向,提出了两种主要的假设:基于收入水平的性别选择使得富有的家庭更可能拥有较多男孩,以及有男孩的家庭具有提高收入的倾向和动机。测验结果更倾向于家庭中男孩会刺激收入的假定,但并未对男孩是否影响消费做出详细的研究分析。魏尚进等(2011)用"竞争性储蓄动机",解释中国一直居高且日渐上升的家庭储蓄率,他们认为随着中国性别结构不均衡的加剧,拥有独生子女为男孩的家庭中父母出于竞争性目的储蓄更多资金使儿子在未来婚姻中拥有相对优势,这种储蓄上的压力自然也蔓延到了其他的家庭。这一假设在不同地区和不同家庭的调查中都得到了证实。于吴森、杨娇娇、王冠等(2013)通过多元线性回归模型发现,子女数量多会增加农村居民的教育消费和减少家电的消费,且女孩数量比男孩数量具有更大的影响作用,而收入水平受男孩影响较大。

2.3.4 有关生育政策与消费之间的关系研究

计划生育政策的严格执行使中国迅速进入了一个低生育阶段。在生育受到约束的背景下,家庭所面临的预算约束与经济激励必然会发生改变,进而对家庭的消费、储蓄、子女培养与养老决策产生影响,而正是家庭的微观决策影响了资本积累与人均收入增长的路径。从现有文献来看,研究生育政策与消费之间关系的文献较少,大多数文献从人口老龄化、人口结构变动对储蓄、消费影响角度来展开(Leff,1969;Higgins & Williamson,1997;Loayza et al.,2000;Demery & Duck,2006;Loumrhari,2014;Sun Hanlin,2014 国内学者大多从储蓄角度研究居民消费的影响因素(李文星和徐长生,2008;张玉周,2011;刘苓玲和徐雷,2012;毛中根、孙武福和洪涛,2013)。

袁志刚、宋铮(2000)和 Schultz(2004)认为在人口老龄化背景下,随着预期寿命的不断增加,养老支出也将增加,而计划生育政策破坏了家庭在养老方面的功能,储蓄成为养老的唯一手段,因而人口老龄化导致消费下降储蓄率上升,计划生育政策可能刺激了这种结果。Wei & Zhang(2009)认为计划生育政策导致中国性别比严重失调,从而造成婚姻市场上竞争性存款增加,有儿子的家庭推迟消费进行储蓄。Schultz(2005)认为计划生育政策还刺激了消费行为的转变,因为生育数量外生给定,家庭决策将变成储蓄和消费的权衡,同时还认为如果储蓄和孩子是互替的,计划生育政策对储蓄的影响应该更大。汪伟(2010)研究认为计划生育政策引发的人口急剧转变对储蓄与经济增长产生直接影响,从而间接影响消费。郭东杰、余冰心(2016)基于生命周期理论构建了二元经济结构下居民消费模型,利用 2002—2014 年间统计数据进行实证分析得出,"独生子女"政策是造成居民消费需求不足的重要原因,原因是计划生育政策造成少儿抚养比下降和人口老龄化。梁超(2017)利用 CFPS 调查数据,对计划生育政策和子代收入不平等之间的关系进行考察,证实了生育政策在不同人力资本家庭和不同发展程度地区间的异质性作用,可见由于计划生育政策的异质性对不同家庭消费所产生的间接影响也不同。贺丹、黄匡时(2017)基于中国家庭发展追踪调查数据采用多分类 Logistic 回归考察了计划生育政策对家庭收入和消费的影响效应,结果得出:计划生育政策对家庭经济收入有提升效应,而对家庭消费却有一定程度的拉低效应。

从有关模型研究来看,由于计划生育政策是一种强制性的制度安排,家庭不能自主选择生育孩子的数量,因此传统的生育选择、孩子的数量与质量互替以及在其基础上发展起来的内生增长模型(Becker and Lewis,1973;Barroand Becker,1989;Becker et al.,1990),并不适合分析计划生育政策对中国经济增长的影响。然而,上述模型仍然是具有启发意义的,由于家庭受到计划生育政策的约束,生育孩子的数量通常没有达到其合意的水平,因此父母会更加重视孩子的质量,这会促使父母在孩子未成年期给他们提供好的生活条件以及更加重视孩子的培养等,从而家庭消费支出水平和消费行为会发生变化。Zhang et al.(2001)认为父母关心孩子的培养具有利他性,经济增长依赖于家庭储蓄率和对子女的人力资本投资,但其模型仍然建立在内生生育框架下。刘永平和陆铭(2008)分析的出发点是中国家庭中的父母出于养儿防老的目的而重视子代的培养,他们将孩子数量、质量和家庭的储蓄都看作家庭的养老资源,在这样的假设下,计划生育政策的变化对经济增长的影响依赖于模型的参数。但利己性假设可能并不符合中国的实际,事实上中国的文化传统有更多的利他性成分,父母通常在其成年期就已经积累了足够的资源以待养老,在他们享尽天年时常常也没有将其终身资源消费殆尽甚至刻意给子女留有遗产,父母对子女的付出通常是不计回报的。因此,我们认为父母对子女的培养具有"消费"而非"投资"性质,即利他性的假设可能更为适合。汪伟(2016)通过构建一个考虑双向代际转移的三期世代交替模型,讨论人口老龄化、生育政策调整如何影响中国家庭的储蓄、人力资本投资决策与经济增长。

2.4　现有文献评述

在搜集和整理国内外学者有关消费、消费理论、人口转变理论、人口结构变动对储蓄和消费的影响、中国生育政策等相关文献与资料的基础上,通过不断总结和归纳可以发现,国外主流消费需求理论的研究主要集中在消费者行为、消费结构、消费函数、消费与经济的关系。有关生育政策对储蓄消费的影响研究起步于 2000 年左右,研究主要集中于计划生育政策导致的人口结构变动带来的影响,且主要着眼于宏观层面,缺乏对微观家庭层面的影响研究,有关"单独""全面二孩"政策实施的效果评价亦是如此。主要特点归纳如下:

第一,集中于宏观层面上计划生育政策变动对储蓄、消费的影响,微观家庭层面的研究相对较少。

通过梳理文献可以发现,学者们主要通过研究人口老龄化、人口结构变动对储蓄、消费及经济增长的影响来反映计划生育政策所带来的影响。同时,国内对计划生育政策效果的评估也主要集中在宏观视角上,微观家庭视角的研究不多,对生育政策变迁影响的评估,不仅需要宏观层面上对老龄化、人口结构、人口红利视角的分析,也需要从微观家庭视角进行更全面的研究。

第二,集中关注总消费水平、消费率等总量指标,对消费结构内部变动的研究较为缺乏。

从现有的文献来看,在考察人口年龄结构转变与消费之间的关系时,大部分研究较多地关注总消费水平、消费率或储蓄率等宏观指标。人口老龄化、人口结构变动与消费结构变动相关内容的研究较少,从仅有的一些研究消费结构变动的文献来看,主要集中于省级层面的数据,其研究结论可能存在一定的偏差。

第三,集中于生育政策调整带来的直接影响,对其间接影响的研究较少。

事实上,生育率明显是影响人口转变的一个重要变量,而生育政策调整直接导致生育率增加,短期内少儿抚养比重上升,在一定程度上缓解当前中国老龄化程度,从而导致家庭由于子女数量增加而改变消费支出水平。与此同时,生育政策调整对家庭收入、女性就业、母婴产业发展、房地产市场、资产的代际流动、养老决策等将产生间接的影响,当前文献对这些方面的系统研究尚少。

通过以上分析,由于已有文献主要集中于宏观层面生育政策对储蓄、消费的影响,并且主要集中于总量指标如总消费水平、消费率的考察,本研究在已有理论与文献基础上,不仅研究宏观层面上生育政策对城镇居民消费的影响,同时拟运用微观调查数据库对微观家庭层面有关消费行为、消费结构等相关内容进行分析和研究。同时,针对当前研究集中于生育政策实施及其调整对人口结构转变的情况,将拓展生育政策对家庭收入、女性就业、相关产业发展、婚姻挤压、家庭养老决策等方面的分析与研究,以期补充当前研究的不足。

第三章　生育政策影响城镇居民
消费的理论分析

　　人口是在特定时间和空间里作为自然界最高等生物存在的一个集群。这个集群之中成员之间除了有生物学意义上的关联之外,还在日常生活中结成错综复杂的社会关系。人们日常活动中最基本的概念"需求"与"供给"与人口作为人"口"、人"手"、人"头"这种统一体的特征紧密相关。从人"口"的视角来考察,人口是一种消费因素的集合。每一个个体的人的存在,都必须有衣、食、住、行及娱乐等生存与发展方面最基本的物质和精神方面的需求。这些需求的满足构成了经济发展最原始的动力,需求不断增加和升级推动了社会不断演进,经济发展水平不断提高。从人"手"、人"头"的视角来考察,人口是一种生产因素的集合。人口集合中的每一个个体通常情况下均具有从事体力或者脑力劳动的能力,能够创造出满足人们生存和发展以及精神层面需求的各种物质和非物质产品。人口与经济发展之间具有相互依存相互影响的关系,人口是经济活动的主体,满足人口的物质和精神需求是经济发展的目的,特定的人口特征影响到相应经济发展规模、模式与绩效,经济发展通过一系列中间变量的影响决定了人口的自然变动与社会变动。

生产方式&消费水平　　　　　　人口自然变动&人口社会变动

经济发展　　　　　　　　　　人口发展

劳动力&消费&投资　　　　人口数量&人口质量&人口结构

图 3-1　人口发展与经济发展的关系

3.1 生育政策影响城镇居民消费的作用机理

生育政策的实施直接影响人口数量供给,进而影响人口结构与人口质量,进而对居民消费产生不同的影响。诸多研究表明家庭子女数量、性别结构与父母的工资收入、劳动供给之间存在一定关系。Becker(1985)研究认为家庭子女数量增加会导致女性劳动参与率下降,女性用于子女教育和家庭劳动的时间和精力更多,家庭子女数量增加对女性劳动供给会产生抑制作用,一些研究同时发现家庭子女数量在一定程度上抑制女性收入(Korenman & Neumark,1992);而子女数量增加对男性收入具有正向影响,其影响男孩高于女孩。Knight 等(2010)研究发现,中国家庭中生育一个男孩或者最后一个出生的孩子为男孩的家庭中父母收入水平相对较高。考虑到中国严格的生育政策及男孩偏好行为,对各种假设进行验证结果更倾向于家庭子女中男孩出生对家庭收入具有正向刺激作用。

3.1.1 家庭子女数量

1. 人口、消费与经济发展

人的经济活动一般可以分解为消费和投资两个方面。从宏观经济角度进行分析,居民消费是影响经济增长的重要因素之一,人口变化必然会影响居民消费变化,假设经济中由人口变化带来的消费变化为 ΔC,则可用公式表示为:

$$\Delta C = \Delta C_1 + \Delta C_2 \tag{3.1}$$

其中,ΔC_1 为由人口数量变化带来消费总量的变化,ΔC_2 为不考虑人口数量变化条件下消费水平变化带来消费总量的变化。

无论是 ΔC_1 还是 ΔC_2,其基本形式均可表达为:

$$C = F(Y, P) \tag{3.2}$$

或者

$$C = P \times \frac{C}{P} \tag{3.3}$$

其中,C/P 为人均消费水平,式(3.2)表示消费是国民收入和人口的函数,其中 Y 为国民收入,P 为人口数量;式(3.3)表示在一定消费水平下,消费总量与人口规模正相关。

根据宏观经济核算基本原理,一国经济总量可以分解为消费 C 与储蓄 S,利用增量关系可以得到:

$$\Delta S = \Delta Y - \Delta C = \Delta Y - (\Delta C_1 + \Delta C_2) \tag{3.4}$$

由式3.4可知,一国经济发展是缩减、维持现状还是扩张取决于储蓄水平高低,储蓄增加则经济规模扩大,储蓄缩减则社会扩大再生产的能力降低。储蓄水平高低取决于消费总量和消费水平的变化,而人口变化是影响消费总量和消费水平变化的重要因素。

过去30多年中国经济增长取得的举世瞩目的成就与高储蓄率有密切联系。根据宏观经济增长模型理论可知人口增长率是经济增长的关键因素,既往诸多研究者将中国高储蓄率归因于1980年以来的计划生育政策导致出生人口数量急剧下降,家庭抚养子女数量下降,因而家庭消费率下降,储蓄率上升。

2.孩子的成本

孩子作为家庭再生产的产品,换言之作为家庭一种特殊的"物品",给家庭带来了诸多价值(积极价值和消极价值),积极价值如情感的满足、经济贡献、对父母的激励、家庭的纽带与传承载体等,消极价值如情感和心理付出与损失、经济负担、机会损失、体力付出等。在生养孩子过程中家庭需投入一定成本,父母抚养和教育孩子的成本包括两部分:直接成本和间接成本。

直接成本包括诸如孩子出生前各类支出和孩子出生后养育所需费用。孩子出生前各类支出主要包括母体孕前与孕期身体检查与调理,为保证孕期母体营养健康所进行的诸如鸡鸭鱼肉、各类蔬果和滋补汤水、钙片、维生素片、DHA片等各类进补保健药品的支出,及孕期各类产前检查及分娩费用支出等;孩子出生后各类支出主要包括孩子直接生活支出即衣、食、住、行等基本生活消费支出、孩子全面成长和发展所花费的教育和娱乐等发展型消费支出及医疗卫生方面的支出等,同时这种费用还延续至父母为子女成家立业进行的转移支付(如嫁妆、聘礼、婚宴等实物消费和现金补贴)。在某些情形下,甚至还包括对隔代孙辈的直接付出,这种付出的直接对象是子女的后代,但可以看成是生养子女成本的延续。

间接成本是指因抚养和教育一个新增孩子，父母损失受教育和带来收入的机会，亦称机会成本，包括母亲妊娠期间、哺育期间所损失的工资收入，母亲因照料孩子失去的受教育机会和工作机会；其次是在怀孕和哺育期间，父母的流动性减少而带来损失的收入；再次是由于照料和抚养一个新增加孩子，父母以及其他家庭成员消费水平下降以及时间损失等。

根据 H. 莱宾斯坦家庭[①]抚养孩子的成本和效用理论，图 3-2 中纵轴 OY 表示给定胎次（孩子）的成本和效用，横轴 OX 表示人均收入，孩子的成本与家庭人均收入水平有密切的关系：无论直接成本还是间接成本均随着人均收入水平的提高而上升。即随着家庭收入的增加，父母花费在抚养和教育孩子身上的费用将不断增多，比如吃得好些、穿得好些、住房条件改善、文化教育娱乐及医疗条件更好等，均带来家庭直接成本不断上升；随着家庭收入水平的提升，父母参加生产性经济活动机会可能增多，花费在消费活动上的时间价值也会增高，这说明父母的时间价值增大。尽管父母主要是母亲照料孩子所损失的时间单位和之前一样多，但由于单位时间价值上升导致孩子的机会成本也在不断上升，即孩子的间接成本也随着家庭收入的增加而增加。

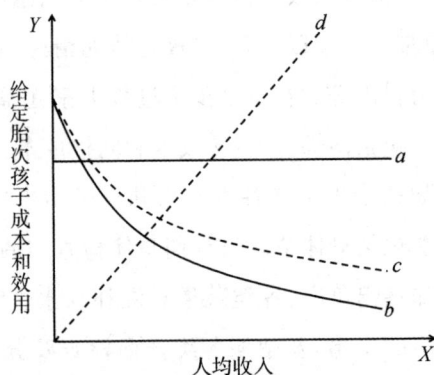

图 3-2　孩子的成本与家庭人均收入之间的关系

生育成本是影响育龄家庭生育意愿的最重要因素之一。2005 年，社科院在

---

① H. Leeibenstein, Economic Backwardness and Economic Growth[M]. Wiley, 1957: 162.

一份报告[①]中提到:中国普通家庭将一个孩子养育成人需要花费 49 万元。其中除了基本的生活医疗费用,剩下几乎全是教育经费;2016 年根据南方都市报报道,按照一般城市一般家庭估算,养育一个孩子,家庭需要花费 70 万元,在成本最高的城市北京抚养一个孩子的成本则高达 200 多万。原国家卫计委在 2017 年进行的全国生育状况抽样调查结果显示,育龄妇女不打算再生育的前三位原因依次是"经济负担重"、"年龄太大"、"没人带孩子",分别占 77.4%、45.6% 和 33.2%。由此可以看出,孩子的养育费用在家庭消费中占有较大的比重,家庭子女数量越多的家庭用于子女抚养及教育等方面的消费支出越大,居民家庭消费率越高,反之,在计划生育政策严格控制子女数量的前提下,家庭子女数量减少将降低居民消费率。

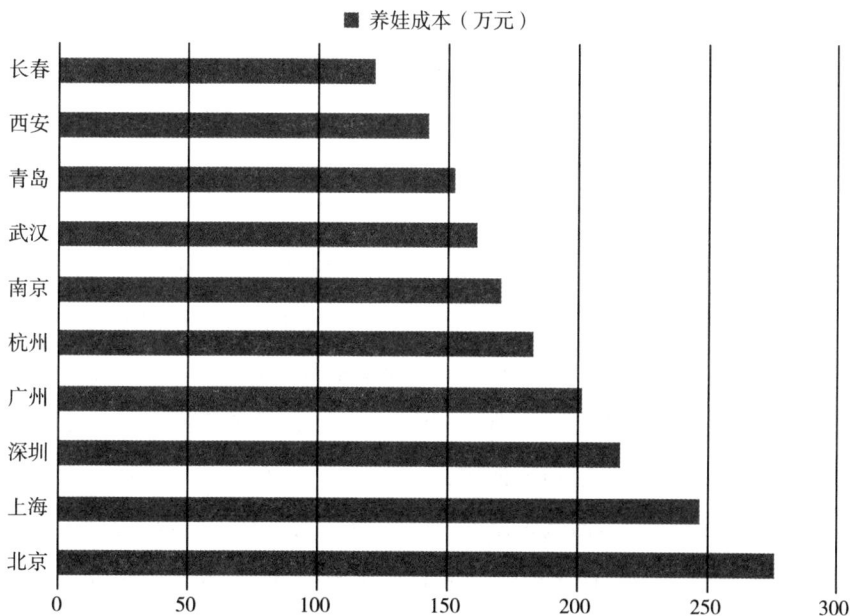

图 3-3　我国养娃成本最高的 TOP10 城市

数据来源:第一财经 2021-01-12。

---

① 养孩成本 TOP10 城市曝光:养个孩子消灭一个百万富翁[N].南方都市报,2016-09-20。

表 3-1 2016 年中等城市中等家庭养育一个孩子的支出估算

年龄阶段	总费用	列支项目
0～3 岁	3×12×2500 元＝9 万元	主要包括奶粉、尿不湿等基本生活用品消费及早期启蒙教育等
3～6 岁	3×12×3000 元＝10.8 万元	主要支出为学前教育、基本生活及医疗卫生费用等
6～12 岁	6×12×2400 元＝17.28 万元	主要支出为各种兴趣班的教育经费支出
12～18 岁	6×12×3150 元＝22.68 万元	主要为教育经费支出，穿着方面支出增加、医疗费用下降
18～22 岁	4×12×2200 元＝10.56 万元	除学习方面的开支还包括各种活动、各种社团及个人爱好方面的消费支出
0～22 岁合计	70.32 万元	

数据来源：南方都市报 2016-09-20。

《中国生育成本报告 2022 版》[①]根据国家统计局发布的居民收入和消费支出数据以及各种物价对 2019 年育儿成本进行了估算。得出全国家庭 0～17 岁孩子的养育成本平均为 48.5 万元；0 岁至大学本科毕业的养育成本平均为 62.7 万元。其中城镇孩子的养育成本平均为 63 万元，农村孩子的养育成本平均为 30 万元。从地区来看，北京和上海家庭 0～17 岁孩子的平均养育成本分别为 96.9 万元和 102.6 万元，西藏家庭 0～17 岁孩子的平均养育成本只有 29.3 万元，贵州省家庭 0～17 岁孩子的平均养育成本只有 33.3 万元。从收入水平来看，占总人口 20% 的低收入组家庭 0～17 岁孩子的平均养育成本为 11.6 万元，占总人口 60% 的中等收入组家庭 0～17 岁孩子的平均养育成本为 39.5 万元，占总人口 20% 的高收入组家庭 0～17 岁孩子的平均养育成本为 120.8 万元。从分孩次养育成本来看，城镇一孩、二孩、三孩家庭平均每个孩子 0～17 岁的养育成本分别为 63.1 万元、49.7 万元、37.7 万元；而农村一孩、二孩、三孩家庭平

---

① 梁建章、任泽平设立的"育娲人口研究"于 2022 年发布的《中国生育成本报告》。

均每个孩子 0～17 岁的养育成本分别为 38.1 万元、30 万元、22.8 万元。根据国家统计局数据,2019 年全国 GDP 总额为 990865 亿元,年末总人口为 141008万人,人均 GDP 为 7.03 万元人民币。按照估算,2019 年全国家庭 0～17 岁孩子的养育成本平均为 48.5 万元,这意味着,把一个孩子抚养到刚刚年满 18 岁相当于人均 GDP 的 6.9 倍。而 2018 年澳大利亚抚养成本仅相当于人均 GDP的 2.08 倍,2021 年新加坡这一数据也仅为 2.1。

3. 家庭储蓄需求模型

根据萨缪尔森(1958)等提出的家庭储蓄需求模型分析可知,家庭财富存在代际转移行为,对于成年父母而言,子女与储蓄具有相同的经济功能,孩子和储蓄可以看出家庭所拥有的不同的财富形式,具有一定的养老保障功能,子女与储蓄在一定程度上存在替代关系,孩子数量增加使父母未来养老保障得以实现,家庭将通过减少当期储蓄以增加消费;反之,当家庭生育子女数量减少时,父母通过增加储蓄以增强老年期养老保障,将会挤出当期消费。

4. 子女数量与家庭劳动供给

诸多研究证实子女数量与家庭劳动供给和收入具有密切关系。家庭中子女出生对母亲劳动供给具有显著的负影响,从集体模型(Chiappori,1992)这一概念理解,在家庭内部成员之间通过相互议价来实现家庭内部资源配置的帕累托最优[1],一般情况下(或者基于自然分工),女性不论在家庭还是在社会上其议价能力均较弱,再加上母亲的天然使命使其在孩子养育、家务等方面投入的精力更多。家庭子女数量对家庭内部资源分配具有重要的影响。子女出生挤压了女性劳动供给,母亲的劳动报酬下降(Becker,1985;Korenman & Neumark,1992),与此相反,由于男性在劳动市场回报率高于女性,子女出生对父亲劳动供给具有积极的正向促进作用(Lundberg & Rose,2002)。

---

[1] 帕累托最优,也称为帕累托效率,是指资源分配的一种理想状态,假定固有的一群人和可分配的资源,从一种分配状态到另一种状态的变化中,在没有使任何人境况变坏的前提下,使得至少一个人变得更好。帕累托最优是公平与效率的"理想王国"。

表 3-2　在美国拥有 18 岁以下孩子的数量与家长兼职率的关系

孩子数量	兼职两个或者更多人数的比重(%)
没有 18 岁以下的孩子	6.0
1 个 18 岁以下的孩子	7.8
2 个 18 岁以下的孩子	8.9
3 或 4 个 18 岁以下的孩子	10.5
5 个 18 岁以下的孩子	11.3

资料来源:转引自彭松建.现代西方人口经济学教程[M].北京:北京大学出版社,2014,第 234 页。

关于上述结论,西蒙(1984)着重从微观角度系统地分析了子女数量增加对父母劳动供给的影响。首先,家庭子女数量增加对母亲的劳动供给具有负效应。孩子出生后一直到 12 岁对父母的劳动供给均有影响,主要是在孩子出生之后的几年内,母亲的劳动供给明显下降。假定把 12 岁作为其母亲参加劳动供给不受影响的年龄,又假定每个育龄妇女多生一胎将减少两年的劳动供给,又以全部就业妇女中 2/3 从事全日制工作,每增加一个孩子每位女性共损失 0.45 年的劳动供给[①]。其次,子女数量增加对父亲劳动供给具有正效应。不考虑其他因素的影响,每增加一个孩子父亲将增加 0.10 年劳动供给[②],父亲增加的劳动供给主要来自兼职。考虑到男性在劳动力市场中回报率较高,经过模拟计算估计得出每个父亲为每个新增孩子增加 0.25% 的劳动[③]。家庭劳动供给决定了家庭收入水平的高低,从而影响消费总量和消费水平。

5.子女数量与消费结构

基于对人力资本投资的研究,著名人口经济学家贝克尔(1981)提出孩子数量与质量之间存在替代关系,当家庭孩子数量较多时,在既定收入水平下,家庭

---

① 估算方法为孩子在 6 岁以下的女性每周工作 5～6 小时,而没有 18 岁以下的孩子的女性每周平均工作 15.5 小时。这样,两年中每周共损失 10 小时,年。

② 估算方法为假定男性种族、年龄、受教育水平和职业保持不变,多生一个孩子,等于每周多工作 0.2 小时,假定新增孩子出生后按每周 44 小时工作 25 年时间计算,年。

③ [美]西蒙.人口增长经济学[M].北京:北京大学出版社,1984,70-77.

用于每个孩子的人力资本投资将下降;家庭孩子数量较少时用于每个孩子的人力资本投资将会增加,因此家庭子女数量与每个孩子人力资本投资成反比,进而影响家庭的消费水平的变化。贝克尔在研究人力资本投资与孩子数量时只关注了用于每个孩子教育方面的投资水平下降,但是对于整个家庭而言,孩子数量增加虽然减少了每个孩子的人力资本投资,但对于家庭而言,用于人力资本投资总量却是增加的。因此,通过分析贝克尔的孩子质量替代数量的理论可以得出,孩子数量增加家庭用于教育等方面的消费支出总量将增加,反之,孩子数量减少家庭用于教育等方面的消费支出总量将下降。

综合以上分析,提出如下假设:

假设 1:子女数量对居民消费具有正向影响作用。

3.1.2　人口年龄结构

人口年龄结构变动通过直接和间接两种方式对居民消费产生影响。不同年龄阶段人口消费有其显著的特征,消费水平也大不相同。少儿人口(0～14 岁)是被抚养人口,此阶段的主要消费支出为身体成长性支出和教育类支出,或者说是未来劳动力人力资本投资。尽管一般将青年人口(15～24 岁)归入青年劳动年龄人口,但其中很大一部分仍在接受高等教育,他们对社会经济的影响实际上有别于其他劳动年龄人口。中青年劳动年龄人口(25～49 岁)劳动供给最为旺盛,参与经济活动广泛,是整个人口中最具生产性的群体。高龄劳动年龄人口(50～64 岁)中一部分人口仍继续参与劳动,另一部分已经退出生产领域。老年人口(65 岁及以上)绝大多数已经退出劳动力市场,作为被赡养人口,其消费支出集中在医疗保健。一般而言,抚养少年儿童的支出主要集中于基本生活、教育文化娱乐等方面,也可看作为培养新一代劳动力进行的生产性投资;而对老年人口赡养的支出则相对集中于基本生活资料、医疗卫生和日常护理等方面,基本全部属于消费性支出。

根据美国经济学家 Modigliani 提出的生命周期消费理论,人们在较长时期内规划自己的消费开支,将终生收入在当期消费和未来消费之间进行最优配置,以期实现终生效用最大化。假设消费者生命周期为三个阶段,即少儿期、成年期、老年期。成年期参加工作获得收入,此阶段的收入用于当期消费和储蓄;少儿期和老年期没有收入来源,处于纯消费阶段进行负储蓄。由此可知,随着年龄不断变化,消费者的社会角色也在不断变化,其消费决策也将随之而发生改变。为实现效用最大化,人们习惯于根据自身所处年龄阶段而将其收入在消费和储蓄之间进行分配。从该理论分析可知,当一个国家处于少儿期和老年期的人口数量越多,居民消费倾向就越大,居民消费率将呈上升趋势,若劳动年龄人口比重较大,居民消费倾向下降,居民消费率则呈下降之势。

以上从微观主体视角分析了人口年龄结构与居民消费之间的关系,每种理论研究的侧重有所不同但均支持人口年龄结构影响居民消费这一结论。从宏观层面分析人口年龄结构对消费的影响,诸多研究选择宏观总量指标为研究对象,这些指标主要包括:人口出生率、劳动年龄人口占比、人口老龄化、少儿抚养比等。

1.人口出生率变化对消费的影响

人口出生率变动直接影响人口自然增长率,进而影响人口总量及人口年龄结构。一方面,人口出生率下降导致人口自然增长率下降,人口总量增速放缓,居民消费总量增长趋于缓慢,反之,人口出生率上升将导致人口总量不断增加,在一国经济发展水平一定的情况下,人口总量越多则居民消费总量越大,由消费引致的产出也越大;若人口总量过大导致人均资本存量下降,且进一步导致产出下降时,人口出生率升高将抑制居民消费;若人口过度膨胀导致储蓄或者投资急剧减少且无外来资金支持时,这种人均资本过低将导致一国(或地区)经济陷入低水平均衡增长路径,经济停滞将进一步导致居民消费水平停滞甚至倒退。同时,人口出生率的变化将导致人口总量中少儿人口占比变化进而影响人口金字塔形状,人口结构发生变化。诸多研究证实人口结构中少儿抚养比增加将促进消费,反之,少儿抚养比下降将抑制消费。

综上所述,人口出生率变化将通过人口总量和人口年龄结构两个方面影响居民消费,人口出生率上升将导致少儿人口占比增加,人口出生率上升在短期内将促进该国(或地区)消费;反之,人口出生率下降将抑制居民消费。

综合以上分析,提出如下假设:

假设2:人口出生率对居民消费具有正向影响作用。

2.少儿人口占比对消费的影响

少儿人口的消费具有一定的特殊性,家庭用于子女的支出既是消费在某种程度上也是投资。家庭对于0~14岁少儿人口的消费支出主要集中于有利于青少年成长和增加人力资本的消费需求,当社会中少儿人口所占比重越大,诸如儿童用品、托幼服务产品、青少年服装、体育用品、教育文化娱乐用品及设施、耐用消费品等商品的需求越旺盛,将刺激和推动社会更多地生产和提供此类消费品。

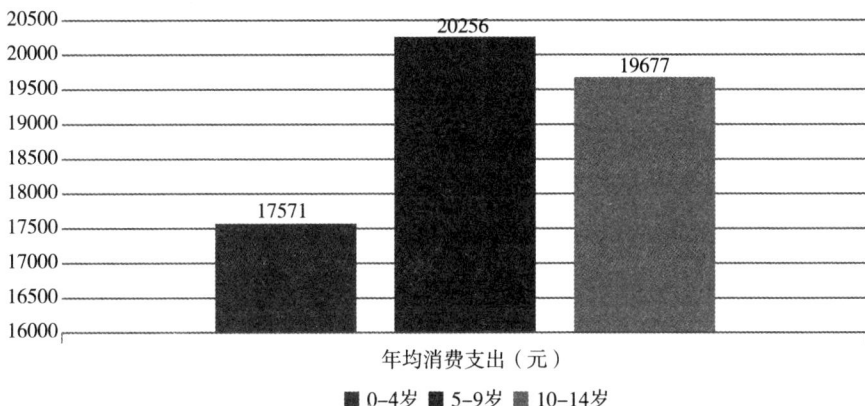

图 3-4 2017 年不同年龄少儿人口年均消费支出

数据来源:国家统计局,N=1500+家庭样本调研。[1]

表 3-3 不同年龄少儿养育支出类型占比

消费支出类别	0~4 岁	5~9 岁	10~14 岁
基础教育	6%	21%	16%
玩具	23%	13%	13%
食品饮料	21%	10%	16%
书籍	10%	12%	18%
兴趣爱好/兴趣班/训练营	9%	13%	11%
服饰	14%	8%	8%
早教机器	4%	8%	2%
亲子旅游/旅游度假	6%	6%	5%
日常休闲娱乐	3%	4%	8%
护肤/洗浴用品	3%	1%	0%

数据来源:国家统计局,N=1500+家庭样本调研。[2]

---

[1] 问题为:"过去一年,您在孩子身上(人均)花费的总金额大概是多少?"(单选)
[2] 问题为:"请您选择现阶段您在孩子日常消费中花费最多的三个方面,按照花费多少排序。"

《2018 中国少儿家庭洞察白皮书》[①]显示,随着现代社会家庭教育理念的不断升级,子女在家庭消费中的决策地位日益上升,"一人带动全家"的消费现象明显。2017 年,中国 0～14 岁少儿人口为 2.335 亿,养孩子的成本已达人均 2万/年,全年孩子支出占家庭总收入(税前)的 22% 左右,且有持续增加的趋势,保守估计 2018 年儿童消费市场规模达 4.5 万亿。随着孩子年龄的增加,家庭用于孩子的消费支出逐渐向教育、书籍、兴趣类消费倾斜,随着孩子的成长,教育、书籍、兴趣培养类消费占比明显提升。家长育儿观念走向平等、开放,孩子开始拥有更多的消费参与和决策权,特别是对玩具、文具、书籍、食品饮料等快消品类的消费决策,家庭外出/旅游的决策也会更多参考孩子的意见,但最终决策者妈妈占多数(下文中将研究女性在家庭消费决策中的地位和作用)。

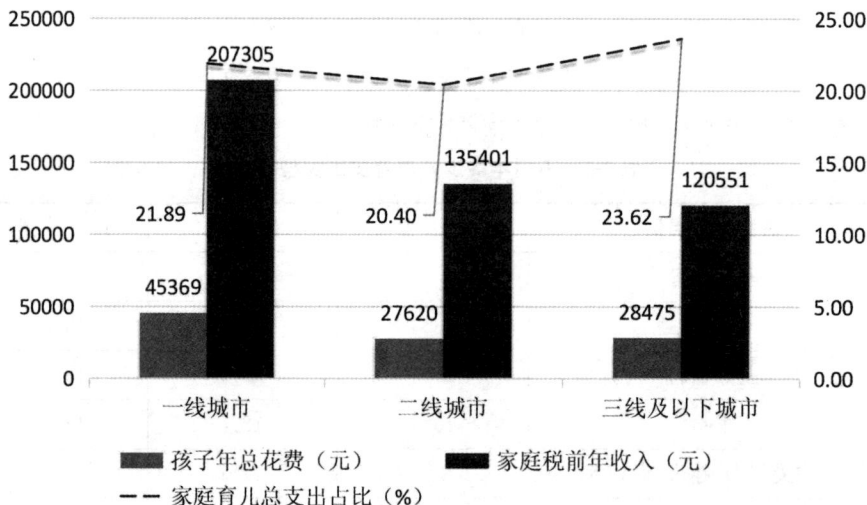

图 3-5 2017 年不同级别城市家庭育儿总支出占比。

数据来源:国家统计局,$N=1500+$ 家庭样本调研。[②]

综合以上分析,提出如下假设:

假设 3:少儿人口占比对居民消费具有正向影响作用。

---

① 腾讯数据实验室基于腾讯数亿用户大数据积累,结合面向全国一至四线城市超过 1500 户家庭的线上调研和线下家庭面访,于 2018 年 9 月发布了《2018 中国少儿家庭洞察白皮书》。
② 问题为:"您的家庭平均税前月收入属于以下哪个范围?(单选)";"过去一年,您在孩子身上(人均)花费的总金额大概是多少?(单选)"

3. 劳动年龄人口占比变化对消费的影响

按照中国劳动力市场发展所建立的劳动力统计体系,按年龄将总人口分类为前劳动年龄人口(16 岁以下)、劳动年龄人口(16～64 岁)和后劳动年龄人口(64 岁以上)。中国人口的劳动力主要是指 16 岁以上劳动力资源,包括经济活动人口(即劳动力)和非经济活动人口(即非劳动力)。经济活动人口包括就业人口和失业人口,非经济活动人口包括未在劳动力市场寻找工作、也未在工作的人口,包括在校学生、待学人员、离退休后不再从业的人员和家务劳动者等。

按照国际社会对人口年龄结构的划分标准,劳动年龄人口是指 15～64 岁人口。作为生产和消费统一体的人口,劳动年龄人口不仅生产满足自身需要的财富,而且生产满足青少年和老年被抚养人口的财富,同时还要生产满足社会其他需要和用于积累的财富,是全社会财富生产的担当者,在人口整体中处于核心和支配的地位。随着经济社会的发展,社会生产规模日渐扩大,生产物质资本不断扩大,生产资料和劳动对象的数量不断增加,相比之下,劳动力年龄人口将出现相对短缺,从而可能导致生产资料和技术设备闲置,从而影响整个社会生产活动。因而,劳动年龄人口占比通过直接和间接两个途径影响居民消费。

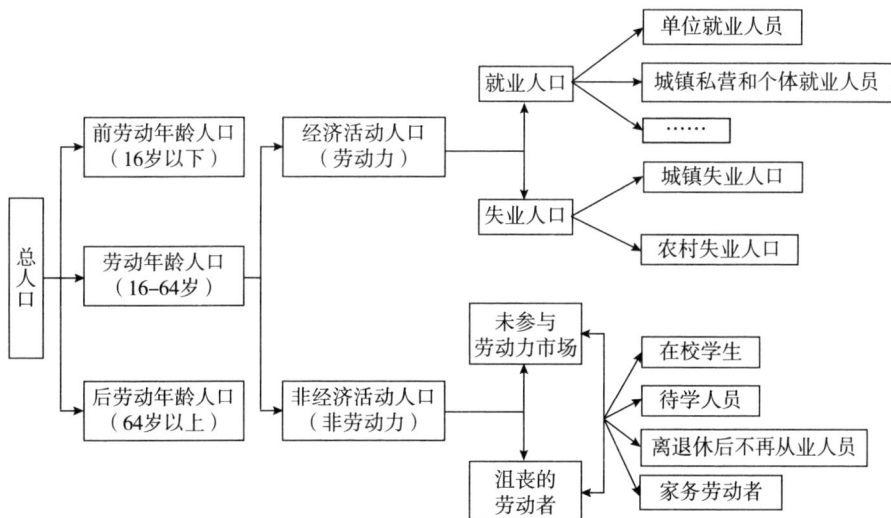

图 3-6　中国劳动力市场分类①

① 根据国际劳工组织定义,本图中"沮丧劳动者"是指那些以前曾经工作或没有工作过,有工作能力并愿意工作,但没有积极寻找工作机会的劳动力。按照国际惯例,"沮丧劳动者"不计入失业者范围。

　　一般而言,较为年轻的人口年龄结构意味着一个国家(或地区)将有较充裕的劳动力供给,劳动年龄人口比重增加直接引致居民消费率下降,这是由于在人口总量中劳动年龄人口比重增加意味着少儿抚养比和老年抚养比之和的下降,即社会总抚养负担在减轻,社会总产出保持不变,意味着家庭有更多的产出用于消费或者储蓄(投资),若家庭将其直接用于增加消费则劳动年龄人口比重增加会增加短期消费,如将其用于储蓄(投资)则长期内人均产出增加进而增加长期居民消费水平;反之则相反。以上研究忽略了不同年龄段人口消费结构的差异,若不考虑少儿人口、劳动年龄人口及老年人口消费倾向、消费结构等方面的差异,则此结论存在一定的不稳定性。

　　劳动年龄人口占比的变动通过影响投资水平、产出水平、劳动力供给、收入水平等间接影响居民消费。首先,一方面当一个国家(或地区)人均资本存量不存在过剩的情况下,劳动年龄人口比重增加将使人均资本存量下降,进而导致人均产出下降,居民消费水平将下降;另一方面社会总抚养负担下降将抵消因劳动年龄人口增加带来的人均资本下降,进而抵消产出下降和居民消费下降。因此,劳动年龄人口占比增加通过改变人均资本存量间接影响居民消费的方向是模糊的;其次,劳动作为生产的基本要素之一,劳动年龄人口比重增加直接带来总产出的增加,这是因为与少儿人口、老年人口相比劳动年龄人口生产性更强,因此劳动年龄人口增加为经济发展提供了充足劳动力,一国(或地区)劳动年龄人口占比增加为经济增长和人均产出增加注入了动力,相应的人均收入水平增加,进一步居民消费也不断增加;最后,劳动年龄人口占比增加为劳动力市场提供充足劳动力,因此劳动供给增加导致人均实际工资水平下降,由于劳动年龄人口边际消费倾向较高,长期实际工资水平下降将抑制消费。

　　综合以上分析,提出如下假设:

　　假设4:劳动年龄人口占比对居民消费的影响是模糊的。

　　4.人口老龄化对消费的影响

　　老年人口消费具有鲜明的实用性、习惯性等特征,一个国家(或社会)老年人口增加将显著影响居民消费。老年人口消费水平受其收入水平制约,一般而言,老年人口所领退休金、养老金只及原来工资或者薪水水平的50%～70%,有的甚至更低,收入水平的下降将导致其购买能力下降,消费水平也将随之下降。

　　社会老年人口增多会使老年消费品需求增加,如老年人所需的服装、食品、休闲设施及用品、医疗服务和药品尤其是保健品的消费需求。随着社会老龄化程度逐渐加深,老年人口对耐用消费品需求却不增加,有时甚至达到极限。从消费结构方面来考察,据美国相关数据显示,65岁及以上人口消费中住房消费占比最高(28.9%),其次分别为食品支出(21.4%)和医疗药品支出(8.3%)。住房消费支出占比高是因为在通货膨胀条件下,随着物价上涨,房租、房屋修缮和管理等费用上升,而老年人收入水平较低且相对固定;另一个可能的原因为老年人身体条件日渐变差,对取暖和空调等需求增加使得住房消费占比上升;另外随着年龄增长老年人发病率上升,用于医疗保健和药品等方面支出的绝对数和相对数均呈上升趋势。

　　根据生命周期消费假说,老年人口在年轻时储蓄、年老时消费,老年人口占比增加,居民消费也应增加,但老龄化社会中存在抵消消费增加的力量。体现在以下几个方面:第一,老年人口遗赠动机存在,将使其增加储蓄减少消费;第二,根据预防性储蓄假说,在面临不确定性因素时人的消费行为更加谨慎。当前,中国社会保障水平较低且不完善,老年人主要依靠家庭养老,家庭为了应对疾病、养老及其他不确定因素带来的影响,家庭预防性储蓄动机增强挤出消费;第三,一个国家(或地区)老龄化水平越高,社会用于诸如医疗保健等方面的支出会显著增加,在既定产出水平下,社会用于储蓄(投资)的产出将会减少,导致人均资本存量下降,从长期来看,社会产出将下降,抑制居民消费;第四,人口高龄化是当前人口老龄化的一个重要特征,随着老年人口预期寿命的不断延长,为提高年龄延长后消费支出保障,家庭将有意识地减少消费增加储蓄;最后,老年人消费习惯具有更强的顽健性,具有较低的边际消费倾向,由于其消费习惯的固化,对新产品的消费意愿较低甚至具有排斥心理,因此,老年人口增加直接影响居民消费水平和消费层次的提升。

　　社会中老年抚养比增加将导致劳动年龄人口占比下降及劳动参与率下降,进而影响社会产出水平和居民消费。老龄化水平加深一方面使社会用于生产的劳动力数量下降,另一方面社会需要赡养人口增多,成年子女不得不把本应用于劳动生产的一部分时间用于照料老年人,因而降低了劳动参与水平,劳动力数量及劳动参与率下降均导致社会产出下降,进一步抑制居民消费。

综合以上分析,提出如下假设:

假设5:老龄化对城镇居民消费的影响由于存在财产代际转移和遗赠动机,不一定满足生命周期假说理论分析,若财产代际转移和遗赠动机足够强烈,其对居民消费的影响可能出现负效应。

3.1.3　性别结构

人口结构中性别结构差异对消费的影响主要通过以下途径来实现:一是性别差异对居民消费产生影响,二是通过婚姻市场对居民消费产生影响,三是性别差异对劳动力供给的影响,四是性别差异对收入差距的影响。

1.性别差异对消费的影响

性别差异体现在生理属性和社会属性两个方面,生理属性与生俱来不可改变,而社会属性则根据其所处的社会地位、所获得的收入水平等对其行为方式、认知水平、行为规范等产生不同的影响。性别差异对男性和女性的消费需求、消费习惯、消费行为具有显著影响。鲍德里亚(1970)在其《消费社会》中指出,男性和女性消费各自具有不同的特征,男性消费特征为高要求的、选择性强的,而女性的消费特征为一种讨好性的自我取悦式的。在消费社会中,女性消费者是一个重要的群体。女性消费者的地位随其在不同时代经济社会地位变化而变化。总体而言,从前现代到现代,女性经历了一个从"被动"消费者到"主动"消费者的转变过程。加德纳和谢泼德指出:"传统性别分工就是男人生产,女人消费。"在传统社会,男性被社会性地定义为"生产者",是对社会有意义的"贡献者",被赋予了自主性与创造力。女性则主要被视为"消费者",是资源的被动"消耗者"。

在19世纪下半叶开始,西方社会经历了三次女性主义运动,女性逐渐获得了平等的公民权,获得了受教育和就业的机会,更多女性进入职场,获得了独立的经济收入,此时她们既是社会的生产者,也是消费者,"男主生产,女主消费"的性别二元分工结构逐渐被打破。20世纪60—70年代,西方主要发达国家进入消费社会,其中一个重要转变是,社会重心从过去主要强调"生产"向逐渐强调"消费"转移,消费成为社会生活和生产的主导动力和目标,消费活动在社会层面被赋予了前所未有的重要性。在性别领域,如果说男性是"生产时代"的

"英雄",女性则开始被视为"消费时代"的主力军。

进入消费社会后,女性消费表现出与短缺经济时代截然不同的特点,这主要表现在消费模式的个体化趋势、消费审美化、注重时尚消费、追求商品符号价值与奢侈消费以及网络消费兴起等方面。随着个人及家庭收入提高、物质产品丰富及生活方式转变,女性逐渐走出以购买家庭生活必需品为中心的消费模式,更多地开始关注自我消费,关注"对自己投资"。在个体化的消费中,女性的主体性在一定程度上得以彰显。传统上,女性是家庭用品的主要采购者,消费内容多以家庭成员的服装、食品等日用品为主。而现代都市女性开始更加关注自我,追求美丽,追求生活品位,女性消费内容也在过去以家庭食品和日用品、住房、轿车、孩子教育投入为主的模式基础上,不断增加自我消费的比重。对比以往调查数据,服饰消费连续多年在"女性个人最大一笔开支"排名中稳居榜首。女性个人追求与社会期待糅合在一起,催生出一股巨大的消费力,产生的经济效应被称为"她经济",其影响力不可小觑。女性在这种个人化消费中,也能够更好地表现自身的个性、喜好、风格和审美,以更加自由自主的方式来塑造心目中理想的自我。比如近年来,美容产业快速发展,已形成继买房、买车、旅游后的第四波消费热潮。

网络消费是互联网应用快速发展下产生的一种新型消费方式,它以丰富、即时、便捷、精准等特点满足现代人多元化的消费需求,具有传统购物方式不可比拟的优势,越来越得到消费者,尤其是年轻消费者的青睐,其中女性消费者占较大比重。网络消费已经成为当代女性的一种"须臾不可离"的消费方式,也正在改变着她们的生活方式。网上购物的方便快捷给消费者带来了传统购物方式所没有的"足不出户,买尽天下"的便利,也因此成为一种更具"黏性"的消费方式。它使人越发被织入"消费"之网中,来自"物的诱惑"、消费的诱惑更是无处不在。只要拿起手机或坐在电脑前,就可实现"随时随地购物","全天候消费者"成为可能。网购的便利一定程度上也助长了女性"冲动消费"、不理性消费。

由此可知,在当前社会中女性消费越来越占据主导地位,性别差异必然对居民消费和消费结构产生一定的影响,当前中国人口性别比失衡导致男性人口数量增加对居民消费水平的提升在一定程度上具有抑制作用。

2.婚姻市场对消费的影响

中国社会的"婚配梯度模式"使得男性婚姻挤压在历史上就一直存在。20世纪80年代初以来,男性婚姻挤压现象更为突出,那些地处偏远农村地区、经济社会地位低下、资源匮乏的男性更容易沦为"受婚姻挤压者"。在性别比失衡、少儿人口占比不断下降的双重作用下,婚姻市场中男女数量失衡进一步加剧,由于男性和女性适婚人口比例失衡导致婚姻市场竞争日益激烈,男性婚姻匹配难度加大,婚姻的成本因而水涨船高。由于婚姻市场中信息存在不对称性,家庭对未来的预期具有不确定性,为使儿子在未来婚姻市场中具有更强的竞争力,有男孩的家庭将改变其经济行为以提高社会经济地位,个人社会经济地位的提升有助于提高其在婚姻市场中的议价能力。因此,有男孩的家庭会将其拥有的资源在消费和储蓄中进行配置,以实现其在婚姻市场中成功匹配的概率。同时,有女儿的家庭为了寻得更好的伴侣,也将为准备嫁妆而进行竞争性储蓄,这一现象在城市中更为突出。从经济学角度来考察,性别比失衡越严重的地区,女性在婚姻市场中的议价能力越突出,进而女性在家庭决策中具有更大的发言权,对家庭消费和子代的投资具有主导性,因此,女性在激发消费市场活力方面具有较大的影响力。

婚姻市场所形成的竞争性储蓄行为与中国几千年来的婚姻文化息息相关,自古以来在男性主导的社会里,结婚送彩礼、买房或自建房是男性或者男性家庭应尽的基本职责。[①] 性别比失衡即男多女少,必然意味着在婚姻市场上,男性将面临激烈的竞争,丈母娘要求自己的准女婿必须要有房子才肯点头,从而导致住房市场的"刚需"居高不下。婚姻市场中性别比进一步恶化确实导致家庭购买更贵的住房,婚姻市场竞争加剧推动了房价的上涨(魏尚进等,2012)。随着男性婚姻成本尤其是房价节节攀升,房价上涨速度远远超过家庭收入的增加,为了让儿子在婚姻市场中具有更强的竞争力以找到合适的伴侣,家庭不得不缩减未来预期消费支出以增加储蓄甚至举债以支持高昂的首付,再加上后期的房贷等形成的经济负担,家庭只能减少其他生活、交通、娱乐等方面的消费开支,因而家庭边际消费倾向将降低,且其消费项目更加偏向于满足基本生活需

---

① 郭峰."婴儿潮"支撑了中国住房"刚需"?[N].东方早报,2013-05-18.

求的产品类型。

　　3.性别差异对劳动力供给的影响

　　恩格斯在《家庭、私有制和国家的起源》中指出,劳动力的最初性别分工是由于家庭财富的增长,劳动力不足以满足家庭生产和交换的需要,家庭制度从母系氏族逐渐过渡到父权制,男性主要承担生产活动,女性则主要承担家务劳动。在劳动力和非劳动力市场中都存在性别分工,男性和女性在劳动力市场参与率、就业率、兼职率和行业职位选择等方面有各自的特点,存在较大差异。总体来看,2000—2013年城镇就业性别比随着就业人口不断增加一直处于上升过程(男性就业人口比女性就业人口)。2013年性别比达到峰值为1.86,随着就业总人口出现转折,就业人口性别比也呈现快速下降趋势。

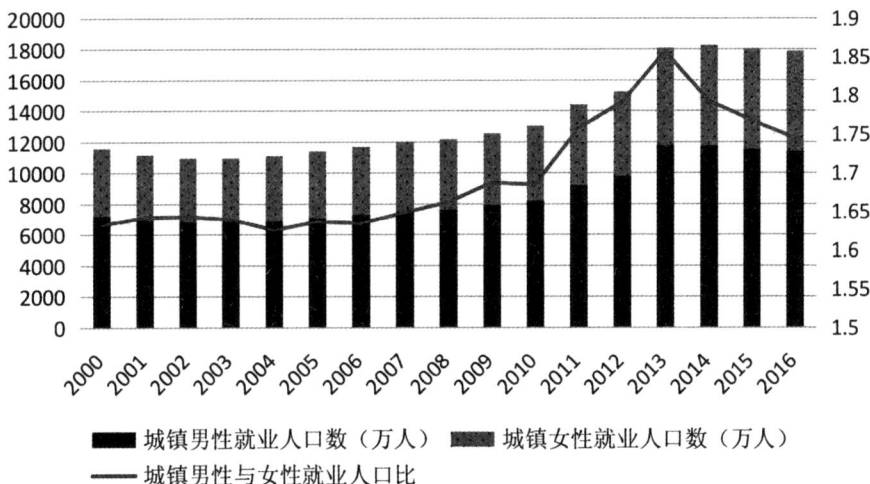

图 3-7　2000—2016 年城镇分性别就业人数

数据来源:《2017 中国人口与就业统计年鉴》。

　　女性劳动力供给与劳动参与率紧密联系在一起,而女性劳动参与率与其受教育水平、婚姻状况、子女数量等均有密切关系。一般而言,劳动参与率与受教育程度具有正相关性,受教育程度越高劳动参与率越高。张车伟等(2003)研究发现中国城镇男性和女性劳动参与率与受教育程度并未呈现简单的线性关系,男性劳动参与率峰值出现在初中群体,女性劳动参与率峰值出现在大专群体,随着受教育程度不断提高,两性之间劳动参与率差距呈不断下降的趋势。

　　西方传统家庭供给理论认为家庭与两性劳动参率与之间有密切的联系,当夫妻之间工资收入差距较大时,收入高的一方更多地从事市场劳动,而工资相对较低的一方更多地从事家庭生产。从西方国家女性劳动参与率来看,已婚女性劳动参与率显著低于单身女性,近年来无论在发达国家还是发展中国家包括中国在内,女性总体劳动参与率呈上升趋势,这种增长主要来自已婚女性劳动参与率的增长。有关女性劳动供给趋势和水平方面,婚姻和家庭以及相应的义务是非常重要的影响因素。多数已婚者已证明,非市场工作是家庭生活的重要方面,而多数家务劳动则是由女性承担。由于女性劳动参与率不断提升,其非市场劳动工作时间将会有所减少,说明女性参与市场工作对工资率弹性高于男性。若女性在非市场劳动生产中相对男性而言是一种比较优势,说明即使女性能和男性一样平等地参与市场工作,且其劳动报酬相同的情况下,女性更倾向于专门从事非市场劳动生产。

由前文分析可知,孩子数量越多,男性劳动参与率就越高而女性劳动参与率越低,家庭中需要照顾的孩子数量越多女性退出劳动力市场的概率越大。在研究孩子数量与女性劳动参与率的同时还应考虑孩子看护成本与家庭最小孩子的年龄,相对昂贵的看护成本将显著降低女性劳动参与率,同时家庭最小孩子的年龄越小对女性劳动参与率的负影响越大。

4.性别差异对收入差距的影响

在劳动力市场中,多种原因影响女性在劳动力市场中得到公平的待遇,女性包括收入在内的显性和隐性资源均无法达到与男性同样的公平对待,性别差异导致的劳动报酬率差异显著。收入水平是决定消费数量和消费水平的重要因素,收入是影响个体社会经济地位的基础。收入的性别差异一方面影响其生存和发展,另一方面还影响女性在家庭、社会中的决策能力和福利水平。一般而言,女性收入水平越高在家庭决策中影响力越大,越有利于家庭内部资源的优化配置,有利于女性生育自主选择权的提升,并有助于提高子女人力资本水平。从家庭角度看,男性与女性之间收入平等程度越高,越有利于家庭的形成和稳定,以及家庭功能实现和福利改善。从宏观角度分析,性别收入公平影响社会经济发展全局,对促进社会与人口协调发展以及保证社会经济可持续发展也是至关重要的。性别收入差异产生的原因集中于人力资本差异、补偿性工资差异、性别歧视三个方面。

　　人力资本是指体现在劳动者身上的资本,通过人力投资形成,主要包括:教育支出、卫生保健支出、劳动力国内流动支出、移民入境支出等。人力资本的获取主要途径为教育、职业培训以及经验积累等,因此人力资本投资中最重要的投资为教育投资,通过教育投入可以提高劳动者科学文化素质、工作能力和技术水平,进而提高劳动生产率。研究发现随着教育层次不断提升,两性入学率差距呈不断扩大之势,究其原因一方面是因为随着教育水平提高选择程度增强,女性被淘汰概率增大,另一方面可能是因为家庭对女孩的教育投资偏好较低,随着教育层次不断提升,家庭用于女孩的教育投入倾向下降。

　　根据补偿性工资差额理论[①],不同职业工资率在同一个地方必然完全相同,或者趋同。在劳动力市场中,男性和女性之间存在明显的工作偏好差异引致工作和报酬的差异。一般来说,男性比女性更可能从事既上白天又上晚上的换班制工作,这种工作形式比固定白天工作制形式收入更高,而男性从事兼职工作的概率相对较低。同时,工作性质有好和差之分[②],好工作与差工作对收入的影响模式也不尽相同。好工作声誉是其报酬中非常重要的一个部分,从金钱报酬来看是有限的,从社会地位来看,高社会地位常常与较低收入水平联系在一起,以补偿地位带来的声誉受益。其他因素也会影响工作的理想性,如:理想的工作环境(包括干净的设备和宽敞明亮的办公条件等)、高水平的边缘受益(如免费的工作餐、交通等补贴、健身器械和设备、良好的人际关系、自由的工作时间等),这些因素均会产生负的补偿差异,在其他条件相同的情况下,女性更倾向于选择具有理想工作环境的工作(如教师、图书管理员等),因此其金钱报酬将会低于男性。而对于一些一般性的工作如屠夫、垃圾回收员等,男性比女性更倾向于选择,因为其收入相对较高。

　　劳动力市场中性别歧视普遍存在,婚育状况直接影响女性在劳动力市场中被歧视程度。众所周知,婚育不但是绝大部分女性生命历程的重要事件,还是为社会再生产提供劳动力、维护社会可持续发展的重要途径,但在市场化资源配置的劳动力市场,婚育却成了广大雇主对女性就业性别歧视的重要借口。

---

　　①　由亚当·斯密在《国富论》中首次提出。
　　②　好工作意味着良好的工作环境、稳定的就业岗位、较高的社会声誉以及拥有较多的晋升和培训机会;差工作则指工作环境较差、失业风险大、社会地位较低且以体力劳动为主的工作。

综合以上分析,提出如下假设:

假设6:由于性别本身差异及婚姻市场竞争的存在,性别结构对居民消费的影响是模糊的。

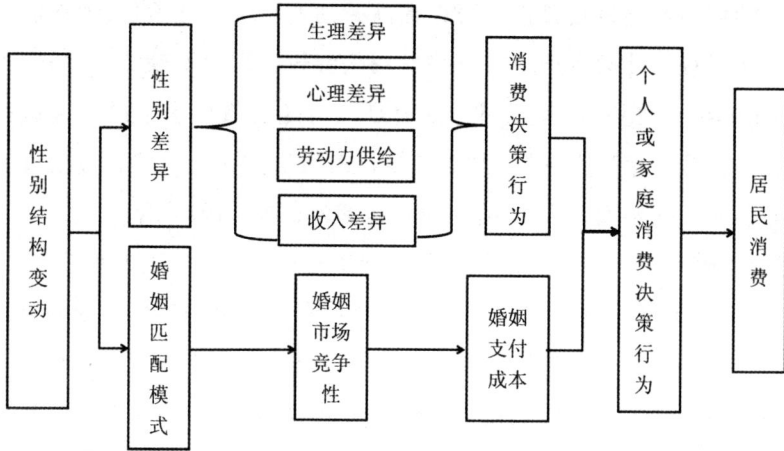

图 3-8   性别结构影响居民消费的作用机理

3.2   生育政策对居民消费影响的经济学分析

3.2.1   基于三期 OLG 模型的理论分析

世代交叠模型(Over lapping-generations model,OLG)由美国经济学家彼得·戴蒙德(Peter Diamond)在拉姆齐(Ramsey)研究基础上以生命周期假说为理论基础所建立。该模型考虑了人口的新老更替,即每个社会成员都具有有限的生命,随着年老一代的逝去,新的人口不断进入经济生活,在相同的时点上,不同代际的人共同生活。在该模型中假设时间是离散的,模型中的时间变量按 $t=0,1,2\cdots\cdots$ 进行定义,为了进一步分析,模型假设每个消费者都生存两期:年轻时期和年老时期,第一期年轻时期通过劳动获得收入并用于消费和储蓄,第二期年老时期没有劳动收入,依靠第一期进行的储蓄及利息进行消费,老年人去世时没有遗产也不留债务。

1.三期世代交叠模型的基本假设

首先,对两期世代交叠模型进行扩展,原假设代表性个体只存活两期(年轻期和年老期),本研究将其扩展为少儿期、成年期和老年期。该扩展的三期迭代模型有如下假设:①假定经济社会中只生产一种产品,该产品既用于消费也用于投资;②假定只有成年人生育子女,在生育政策约束下成年人无法自由选择生育子女的数量,假设其生育子女的数量为 n_t(参照汪伟 2016 年的处理方式,这里所指成年人是指代表性成年人,也可看作一对夫妇,老年人为上一期代表性成年人中一部分,少儿则为下一期代表性成年人);③假定成年人拥有 1 单位劳动时间,并将其在家庭抚养子代、赡养父代与劳动市场中进行分配;④假定所有的少儿人口全部存活至成年期,而成年人口以 $p_t(p_t \in (0,1))$ 的概率存活至老年期;⑤未进入老年期而死亡的成年人其储蓄所积累的财富通过遗产形式由其子代继承。

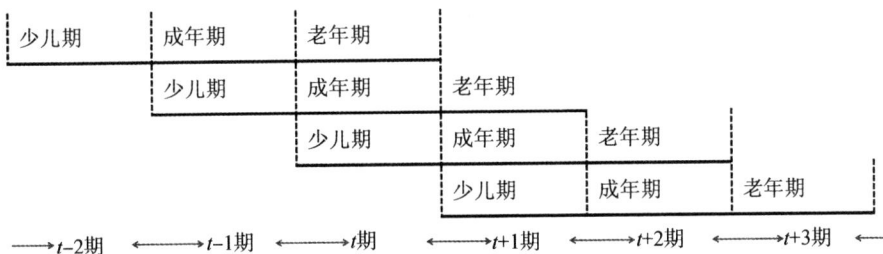

图 3-9　扩展的三期 OLG 模型

假设 t 期社会总人口为 L_t,少儿人口为 L_{1t}、成年人口为 L_{2t}、老年人口为 L_{3t} 则有:

$$L_t = L_{1t} + L_{2t} + L_{3t} \tag{3.5}$$

$$L_{1t} = n_t L_{2t} \tag{3.6}$$

$$L_{3t} = p_{t-1} L_{2t-1} \tag{3.7}$$

$$L_{2t} = n_{t-1} L_{2t-1} \tag{3.8}$$

联立式(3.5)—(3.8)得:

$$L_{2t-1} = \frac{L_t}{(n_t n_{t-1} + n_{t-1} + p_{t-1})} \tag{3.9}$$

由此可得 t 时期人口结构分布如下:

$$L_{1t} = \frac{n_t n_{t-1} L_t}{(n_t n_{t-1} + n_{t-1} + p_{t-1})} \tag{3.10}$$

$$L_{2t} = \frac{n_{t-1} L_t}{(n_t n_{t-1} + n_{t-1} + p_{t-1})} \tag{3.11}$$

$$L_{3t} = \frac{p_{t-1} L_t}{(n_t n_{t-1} + n_{t-1} + p_{t-1})} \tag{3.12}$$

2. 代表性个体决策行为

由前文假设可知,每个成年人所拥有的 1 单位劳动时间分配于抚养子女、赡养老人和工作,假设每个未成年子女需要成年人照料的时间为 λ,则成年人用于抚养未成年子女的时间为 λn_t,假设每位老人所需照料时间为 θ,则成年人用于照料老年人的时间为 $\theta \dfrac{p_{t-1}}{n_{t-1}}$,由此可得每位成年人在劳动力市场工作的时间为:

$$m_t = 1 - \lambda n_t - \theta \frac{p_{t-1}}{n_{t-1}} \tag{3.13}$$

假设单位劳动所得的工资报酬为 w_t,则代表性个体在工作期间所得的总报酬为:

$$w_t = m_t w_t = w_t \left(1 - \lambda n_t - \theta \frac{p_{t-1}}{n_{t-1}}\right) \tag{3.14}$$

基于中国的国情,处于每一个成年人承担着培养子女和赡养父母的义务,假设其为每个子女培养所支付的成本为 c_{yt},赡养老人所需的成本为 $\zeta m_t w_t$,则每一个代表性个体的培养子女和赡养老人的支出分别为 $n_t c_{yt}$、$\zeta m_t w_t$;父母用收入的一部分支付子女的培养费用并从子女培养的过程中获得效用。成年子女从未进入到老年期的父母那里继承其所积累的财富。

代表性个体的预算约束为:

$$\begin{cases} C_{2t} + n_t c_{yt} + \zeta p_{t-1} m_t w_t + S_t = w_t \left(1 - \lambda n_t - \theta \dfrac{p_{t-1}}{n_{t-1}}\right) + \dfrac{(1 - p_{t-1})}{n_{t-1}} r_t S_{t-1} \\ C_{3t+1} = r_{t+1} S_t + \zeta n_t m_{t+1} w_{t+1} \end{cases}$$

$$\tag{3.15}$$

其中 C_{2t}、C_{3t+1}、r_t 分别表示代表性个体在成年期和老年期的消费及 t 期利率水平。

为了计算方便,本研究借鉴汪伟(2010、2016)、刘铠豪(2016)有关效用函数的形式将效用函数取对数形式即 $U(C_t) = \log C_t$,代表性个体效用函数包含四部分,分别是教育子女获得效用、成年期消费效用、老年期消费效用、赡养父母获

得效用,可得代表性个体的效用函数为:

$$U = \log C_{2t} + \frac{1}{1+\varphi} n_t{}^{\rho} \log c_{yt} + p_t \frac{1}{1+\beta} \log C_{3t+1} + \frac{1}{1+\delta} \zeta \log p_{t-1} m_t w_t$$

$$(3.16)$$

其中,β 为消费者时间偏好贴现率,$\frac{1}{1+\beta}$ 为贴现因子;φ 为子女培养费用支出效用贴现率,$\frac{1}{1+\varphi}$ 为贴现因子;ρ 为子代数量权重指数,表示随着子女数量的不断增加,每一个子女带给父母的效用水平不断下降;δ 为赡养父母费用支出效用贴现率,$\frac{1}{1+\delta}$ 为贴现因子,其中 β、φ、ρ、δ 的取值在 0 和 1 之间。

t 期的成年人(代表性个体)所面临的问题是在式(3.15)的预算约束下最大化其终生效用,即:

$$\max U = \log C_{2t} + \frac{1}{1+\varphi} n_t{}^{\rho} \log c_{yt}$$
$$+ p_t \frac{1}{1+\beta} \log(r_{t+1} S_t + \zeta n_t m_t w_t) + \frac{1}{1+\delta} \zeta p_{t-1} \log m_t w_t$$

$$(3.17)$$

人力资本形成中教育投资是最主要的手段,因此假定子代人力资本 H_{t+1} 由培养费用支出 c_{yt} 和父母自身的人力资本存量 H_t 共同决定,人力资本积累模型为:

$$H_{t+1} = T c_{yt}{}^{\eta} H_t{}^{1-\eta}, \eta \in (0,1)$$

$$(3.18)$$

其中,T 为人力资本生产技术参数。

3. 代表性厂商行为

在产品生产过程中厂商使用现有的劳动和资本进行生产,按照各自的边际产出分别支付报酬,并出售生产的产品,假设生产函数规模报酬不变且经济是竞争性的,因此厂商获得的利润为零,为了研究方便假定资本折旧在一期内完成。

企业生产函数形式为:

$$Y_t = A K_t^{\alpha} (H_t m_t L_{2t})^{1-\alpha}, \alpha \in (0,1)$$

$$(3.19)$$

其中,A 为产品生产技术参数,K_t 为物资资本存量,$m_t L_{2t}$ 为劳动投入数量。

劳动和资本的报酬分别为:

$$\begin{cases} w_t = (1-\alpha) A \left(\dfrac{k_t}{H_t} \right)^{\alpha} H_t \\ r_t = \alpha A \left(\dfrac{k_t}{H_t} \right)^{\alpha-1} \end{cases}, k_t = \dfrac{K_t}{m_t L_{2t}}$$

$$(3.20)$$

4. 市场出清

假定市场(产品市场、资本市场、劳动市场)最终实现出清,即生产总产出等于劳动的报酬和资本的报酬之和,即 $Y_t = m_t L_{2t} w_t + r_t K_t$;资本的收入由存活的老年人和去世的老年人的子女获得,因此,t 期老年人获得资本收入总和为 $p_{t-1} L_{2t-1} r_t S_{t-1}$,去世的老年人的子代获得资本收入总和为 $(1-p_{t-1}) L_{2t-1} r_t S_{t-1}$,且已知 $k_t = \dfrac{K_t}{m_t L_{2t}}$,$L_{2t-1} = \dfrac{L_{2t}}{n_{t-1}}$,由此可得:

$$L_{2t-1} r_t S_{t-1} = \frac{L_{2t}}{n_{t-1}} r_t S_{t-1} = r_t K_t \tag{3.21}$$

进一步,

$$r_t S_{t-1} = m_t n_{t-1} r_t k_t \tag{3.22}$$

由前文式(3.13)可知,劳动力市场中每位成年人在劳动力市场工作的时间为:

$$m_t = 1 - \lambda n_t - \theta \frac{p_{t-1}}{n_{t-1}}$$

5. 求解最优化问题及分析

根据预算约束(3.15)式及代表性个体一生效用最大化函数式(3.16),求解最大化问题可得少儿期、成年期、老年期各年龄阶段最优消费及父代对子代培养费用的最优支出水平:

$$c_{yt} = \frac{n_t^{\rho-1}}{1+\varphi} C_{2t}, C_{3t+1} = \frac{p_t}{(1+\beta)} r_{t+1} C_{2t} \tag{3.23}$$

$$C_{2t} = \Pi_{c,t} \left\{ m_t w_t (1 - \zeta p_{t-1}) + \frac{\zeta n_t m_{t+1} w_{t+1}}{r_{t+1}} + \frac{(1-p_{t-1}) r_t S_{t-1}}{n_{t-1}} \right\} \tag{3.24}$$

$$S_t = \Pi_{s,t} \left\{ m_t w_t (1 - \zeta p_{t-1}) + \frac{\zeta n_t m_{t+1} w_{t+1}}{r_{t+1}} + \frac{(1-p_{t-1}) r_t S_{t-1}}{n_{t-1}} \right\} - \frac{\zeta n_t m_{t+1} w_{t+1}}{r_{t+1}}$$

$$\tag{3.25}$$

其中,$\Pi_{c,t} = \dfrac{1}{1 + \dfrac{n_t^\rho}{1+\varphi} + \dfrac{p_t}{1+\beta}}$ 表示代表性个体一生中投入成年期消费的比例,$\Pi_{s,t}$

$= \dfrac{p_t}{(1+\beta)\left(1 + \dfrac{n_t^\rho}{1+\varphi} + \dfrac{p_t}{1+\beta}\right)}$ 为老年期消费所进行的储蓄部分占其总资产的比

例;由 $c_{yt} = \dfrac{n_t^{\rho-1}}{1+\varphi} C_{2t}$ 可以看出,当家庭生育孩子的数量 n_t 增加时,家庭用于培养

子代的总支出增加,而用于每个子代身上的培养支出下降。

由式(3.20)可得$\frac{r_t k_t}{w_t} = \frac{\alpha}{1-\alpha}$,将其代入式(3.25)得:

$$S_t = \Pi_{s,t}\left[m_t w_t(1-\zeta p_{t-1}) + \frac{\zeta n_t m_{t+1} w_{t+1}}{r_{t+1}} + \frac{\alpha}{1-\alpha}(1-p_{t-1})m_t w_t\right] - \frac{\zeta n_t m_{t+1} w_{t+1}}{r_{t+1}} \tag{3.26}$$

由式(3.22)可知$S_t = m_{t+1} n_t k_{t+1}$,将其代入式(3.26)得:

$$S_t = \Pi_{s,t}\left[m_t w_t(1-\zeta p_{t-1}) + \frac{\zeta(1-\alpha)}{\alpha}S_t + \frac{\alpha}{1-\alpha}(1-p_{t-1})m_t w_t\right] - \frac{\zeta(1-\alpha)}{\alpha}S_t \tag{3.27}$$

求解(3.27)式得:

$$S_t = \frac{\Pi_{s,t} m_t w_t\left[(1-\zeta p_{t-1}) + \frac{\alpha}{1-\alpha}(1-p_{t-1})\right]}{1+(1-\Pi_{s,t})\frac{\zeta(1-\alpha)}{\alpha}} \tag{3.28}$$

6. 生育政策调整对居民消费率的影响

由于社会中最后由成年人进行储蓄,因此,式(3.28)乘以成年人口数即为

全社会总储蓄额$L_{2t}S_t$,即$S_t^T = \dfrac{\Pi_{s,t} m_t w_t\left[(1-\zeta p_{t-1}) + \frac{\alpha}{1-\alpha}(1-p_{t-1})\right]}{1+(1-\Pi_{s,t})\frac{\zeta(1-\alpha)}{\alpha}}L_{2t}$,由此

可以得出全社会总消费率$Cr_t = \dfrac{Y_t - S_t^T}{Y_t}$,结合式(3.19)、(3.20)得:

$$Cr_t = 1 - \frac{\Pi_{s,t}\left[(1-\zeta p_{t-1}) + \frac{\alpha}{1-\alpha}(1-p_{t-1})\right]}{H_t\left[1+(1-\Pi_{s,t})\frac{\zeta(1-\alpha)}{\alpha}\right]} \tag{3.29}$$

对式(3.29)关于n_t求偏导,得$\frac{\partial Cr_t}{\partial n_t} > 0$,由此可知代表性个体家庭消费率是关于其生育子女数量n_t的增函数,说明中国长期实施的计划生育政策直接导致居民消费率的下降。2014年以来,由"单独二孩"政策快速过渡到"全面二孩"政策再

至"全面三孩"政策,将有效增加家庭生育子女数量,由此可以带动居民消费率的提升。

通过以上扩展的三期世代交叠模型推导,可以得出,2014 以来生育政策放松能够提高居民消费率。生育政策放松对居民消费率的影响主要体现在以下几个方面:①"全面二孩"政策乃至"全面三孩"政策开放后,家庭生育子女的数量增加,将带来家庭用于子女教育培养方面总的支出增加;②父代养老资源中一部分来自成年子女收入,由于家庭生育子女数量的增加使得父代养老资源更加丰富,因而成年父母将减少储蓄增加消费;③由于老年父母处于纯消费状态,随着老年父母预期寿命的不断延长,代表性个体成年期用于赡养父母的费用支出比例将不断增加,因而消费支出增加。

3.3.2 基于"干中学"的理论分析

"干中学"(Learning by Doing)又称为"$Y=AK$"模型,其核心思想为人们在生产产品时,会不可避免地想方设法改善生产过程。因此,有的知识积累并不是可以努力的结果,而是常规经济活动的副产品,故而此类知识积累被称为"干中学"。

1. "干中学"基本模型

若技术进步只来源于"干中学",则知识积累率不再依赖于经济资源中用于研发的比例,而是依赖于常规经济活动中产生了多少新知识。设 K_i、L_i 分别为厂商 i 使用的资本和劳动,厂商 i 的生产函数为:

$$Y_{it} = K_{it}^{\alpha}(A_t L_{it})^{1-\alpha},且 A_t = BK_t \tag{3.30}$$

代表性家庭的效用函数是常相对风险规避形式,即 $U(C_t) = \dfrac{C_t^{1-\theta}}{1-\theta}$。

2. 消费的均衡增长率推演

由式(3.30)可得资本和劳动的边际产量分别为:

$$\frac{\partial Y_{it}}{\partial K_{it}} = \alpha B^{1-\alpha} K_t^{1-\alpha} \left(\frac{K_{it}}{L_{it}}\right)^{-(1-\alpha)} \tag{3.31}$$

$$\frac{\partial Y_{it}}{\partial L_{it}} = (1-\alpha) B^{1-\alpha} K_t^{1-\alpha} \left(\frac{K_{it}}{L_{it}}\right)^{\alpha} \tag{3.32}$$

由于要素市场是完全竞争的,均衡状态的各厂商的资本和劳动的边际产量均相同。根据方程(3.31)、(3.32),相同的边际产量意味着各厂商的资本劳动比率都相同,从而对于全部厂商存在$\frac{K_{it}}{L_{it}}=\frac{K_t}{L_t}$。假设资本的折旧为0,则实际利率等于资本的边际产量,即由(3.31)得:

$$r_t = \frac{\partial Y_{it}}{\partial K_{it}} = \alpha B^{1-\alpha} K_t^{1-\alpha} \left(\frac{K_{it}}{L_{it}}\right)^{-(1-\alpha)} = \alpha B^{1-\alpha} K_t^{1-\alpha} \left(\frac{K_t}{L_t}\right)^{-(1-\alpha)} = \alpha B^{1-\alpha} L_t^{1-\alpha}$$

(3.33)

由代表性家庭的效用是常相对风险规避形式可得,代表性家庭消费的均衡增长率为:

$$\frac{\dot{C}_t}{C_t} = \frac{r_t - \rho}{\theta} = \frac{\alpha B^{1-\alpha} L_t^{1-\alpha}}{\theta}$$

(3.34)

3.人口增长对代表性家庭消费增长率的影响

假设经济中人口增长率为n,则有$L_t = L_0 e^{nt}$,将其代入式(3.34)可得:

$$\frac{\dot{C}_t}{C_t}t = \frac{r_t - \rho}{\theta} = \frac{\alpha B^{1-\alpha} L_0^{1-\alpha} (e^{nt})^{1-\alpha}}{\theta}$$

(3.35)

由此可知,消费的均衡增长率是关于人口增长率n的增函数,人口增长速度越快,消费增长也随之加快。因此,2014年以来中国所进行的生育政策调整有助于提高家庭消费的增长率。

3.3　本章小结

第一,研究家庭子女数量对居民消费率的影响。孩子作为家庭再生产的产品,家庭在生养过程中需投入一定的成本,从而构成家庭的消费的一部分。孩子的养育费用支出在家庭消费中占有重要的比重,家庭子女数量越多的家庭用于子女抚养及教育等方面的消费支出越大,从而居民家庭消费率越高,反之,在计划生育政策严格控制子女数量的前提下,家庭子女数量减少将降低居民消费率。通过分析得出如下假设:子女数量对城镇居民消费率具有正向作用。

第二,人口年龄结构的变动会通过直接和间接方式对居民消费产生影响。人口出生率的变化将导致人口总量中少儿人口占比的变化,进而影响人口金字塔的形状,使人口结构发生变化。根据诸多研究证实人口结构中少儿抚养比的增加将促进消费,反之,少儿抚养比下降将抑制消费。劳动年龄人口占比对城镇居民消费率的影响是模糊的。老龄化对城镇居民消费率的影响由于存在财产代际转移和遗赠动机的存在,不一定满足生命周期假说理论分析,若财产代际转移和遗赠动机足够强烈,其对城镇居民消费率的影响可能出现负效应。

第三,人口结构中性别结构差异对消费的影响主要通过四个途径来实现:一是性别差异对居民消费产生影响,二是通过婚姻市场对居民消费产生影响,三是性别差异对劳动力供给的影响,四是性别差异对收入差距的影响,性别比失衡对居民消费率影响效应并不确定。

第四,根据构建的三期 OLG 模型推论可以得出,代表性个体家庭消费率是关于其生育子女数量的增函数,说明计划生育政策是居民消费率低迷的原因之一,2014 年以来由"单独二胎"政策快速过渡至"全面放开二胎"政策,将有效增加家庭生育子女数量,有助于居民消费率提升。

第五,运用"干中学"理论分析生育政策对居民消费的影响。理论分析认为均衡的消费增长率是关于人口增长率的增函数,人口增长速度越快,消费增长也随之加快。因此,2014 年以来中国所进行的生育政策调整有助于提高家庭消费的增长率。

第四章　生育政策调整的经济学 分析及生育政策变迁

4.1　生育政策调整的经济学分析

4.1.1　索洛经济增长模型

1.索洛经济增长模型基本假设

索洛经济增长模型(Solow Growth Model)是罗伯特·索洛所提出的发展经济学中著名的模型,又被称作新古典经济增长模型、外生经济增长模型,是在新古典经济学框架内的经济增长模型。索洛模型包括四个变量即产出(Y)、劳动(L)、资本(K)及"知识"或"劳动效率"(A)。在任意时刻,经济中总是同时存在资本、劳动、知识,这些是生产中所投入的要素。同时该模型假设劳动(n)和知识(g)的增长率是不变的,资本(K_t)和有效劳动(A_tL_t)规模报酬是不变的,生产要素全部被利用,充分就业,储蓄率恒定不变,不存在政府且经济环境是封闭的。其生产函数的基本形式为:

$$Y_t = F(K_t, A_tL_t) \tag{4.1}$$

其中 t 表示时间,A_tL_t 表示有效劳动。

在衡量一国经济发展水平或者人民生活水平时我们关注的是人均 GDP 的增长而非 GDP 总量的增加,因此,在研究经济增长时使用了生产函数的紧凑形式。令 $y = \dfrac{Y}{AL}$,$k = \dfrac{K}{AL}$ 及 $f(k) = F(k,1)$,由于存在规模报酬不变,故生产函数的紧凑形式为:

$$y = f(k) = \frac{Y}{AL} = F\left(\frac{K}{AL}, 1\right) = \frac{1}{AL}F(K, AL) \qquad (4.2)$$

假设 1：为了保证经济增长的路径不会发散，上述生产函数的紧凑形式 $y = f(k)$ 还需满足：$f'(k) > 0$，$f''(k) < 0$，且 $\lim\limits_{k \to 0} f'(k) = \infty$，$\lim\limits_{k \to \infty} f'(k) = 0$。

假设 2：人口和知识的增长率分别为 n、g，二者为外生参数，人口和知识按照其增长率增长，即：

$$\dot{L}_t = nL_t, \dot{A}_t = gA_t \qquad (4.3)$$

假设 3：总产出中固定比例 s 用于投资，该参数外生保持不变；资本按照折旧率 δ 进行折旧，即：

$$\dot{K}_t = sY_t - \delta K_t \qquad (4.4)$$

假设 4：n、g、δ 三者之和为正，即 $n + g + \delta > 0$。

2. 经济的平衡增长路径

随着时间变化经济总量不断增长，单位有效劳动资本存量为 $k_t = \dfrac{K_t}{A_t L_t}$，单位有效劳动产出为 $f(k_t) = \dfrac{Y_t}{A_t L_t}$，利用链式法则可得：

$$\dot{k}_t = sf(k_t) - (\delta + n + g)k_t \qquad (4.5)$$

该方程为索洛模型的关键方程，表明了单位有效劳动平均资本存量的变化率为两部分之差，第一部分 $sf(k_t)$ 为单位有效劳动的实际投资，第二部分为 $(n + g + \delta)k_t$ 表示使得 k_t 保持在现有水平所需要的必要投资即持平投资。

如图 4-1 所示，若单位有效劳动的实际投资超过所需的持平投资，则 $\dot{k}_t > 0$，k_t 将会增加，若实际投资小于持平投资，则 $\dot{k}_t < 0$，k_t 将会下降，若二者相等，则 $\dot{k}_t = 0$，此时 $k_t = k^*$ 保持不变。通过以上分析可知，不论开始时 k_t 处于何处，最终总会收敛于 k^*。此时，资本存量 $K_t = A_t L_t k_t$，其增长率 $\dfrac{\dot{K}_t}{K_t} = n + g$，由于资本和有效劳动的增长率相等，在规模报酬不变的前提下，经济总量也按照 $(n + g)$ 这一比率进行增长。

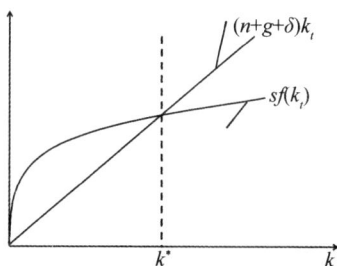

图 4-1　实际投资与持平投资

3.基于索洛经济增长模型的人口增长率上升对经济增长的影响

考虑在平衡增长路径的索洛经济,假定技术增长率 g、资本折旧率 δ 保持不变。如图所示,人口增长率上升导致持平投资曲线更加陡峭,由于 $\dot{k}_t = sf(k_t) - (\delta + n + g)k_t$,在 n 上升之前,经济处于平衡增长路径,$\dot{k}_t = 0$;n 上升为 n_{new} 后,$\dot{k}_t < 0$。因此,在 k^* 处,实际投资 $sf(k_t)$ 小于持平投资 $(n_{new} + g + \delta)k_t$,$k_t$ 转移到较低的平衡增长路径上。随着 k_t 的下降,单位有效劳动产出由 y^* 降至 y_{new}^*,由于产出中用于储蓄的比例保持不变,因此人均消费将随着人均产出的下降而下降(图 4-2 所示)。

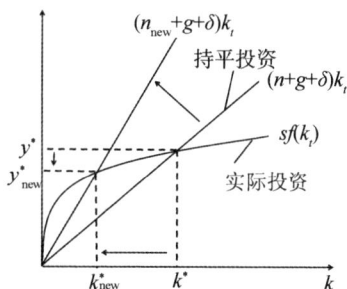

图 4-2　人口增长率上升对经济增长的影响

由于 $Y_t \equiv A_t L_t y_t$,总产量的增长率可表示为:

$$\frac{\dot{Y}_t}{Y_t} = \frac{\dot{A}_t}{A_t} + \frac{\dot{L}_t}{L_t} + \frac{\dot{y}_t}{y_t} \text{ ①} \tag{4.6}$$

在原来的平衡增长路径上,$\dfrac{\dot{y}_t}{y_t} = 0$,单位有效劳动产出不变,因此,

$$\frac{\dot{Y}_t}{Y_t} = \frac{\dot{A}_t}{A_t} + \frac{\dot{L}_t}{L_t} = g + n_{new} > g + n \tag{4.7}$$

---

① 注:由"两个变量之积的增长率等于其各自增长率之和"的性质得来。

技术增长率 g 是外生给定的,因此,人口增长率上升时,经济总产出按照更高的速率增长。

经济增长之所以在较高的速率路径上增长是因为在原来平衡增长路径上,有效劳动、资本和总产出均按速率 $(n+g)$ 进行增长,人口增长率上升使得有效劳动突然开始以较高的新速率 $(n_{\text{new}}+g)$ 进行增长。于是,总产出 Y_t 将突然按照介于资本增长率 $(n+g)$ 与有效劳动增长率 $(n_{\text{new}}+g)$ 之间的速率进行增长。因此,在路径转变过程中,总产量的增长率慢于新平衡增长路径上所对应的增长率,快于人口增长率没有上升时的增长率。在路径转变过程中,随着总产量的增长率逐渐加快,资本的增长率也逐渐加快,最后资本 K_t、有效劳动 A_tL_t、总产出 Y_t 均按照较高的新速率 $(n_{\text{new}}+g)$ 进行增长(图 4-3 所示)。

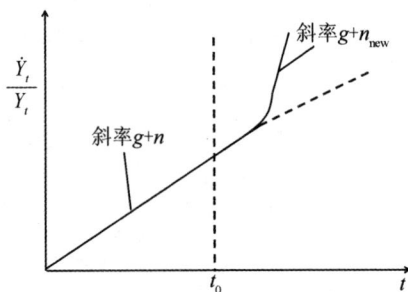

图 4-3　人口增长率上升所引起的经济增长率变化路径

通过索洛经济增长模型分析可知,2014 年以来进行生育政策调整,有助于人口增长率提升,虽然会导致人均产出的下降,但却能够提高经济增长率,能够使中国经济向发展速度更快的平衡路径上转变。以上分析我们假定技术增长率保持不变,人口增长率上升将带来经济增长率的提高。由于人是技术进步的主体,技术的进步需要一定的人口基础,从这一意义上来看,"全面二孩"乃至"全面三孩"政策有助于中国技术的改进和革新,有助于提高劳动的生产效率,有助于社会总产出的增加,从而最终有助于居民生活水平的改善和消费水平的提高。

4.1.2　内生经济增长模型

1.内生经济增长模型的理论框架与基本假设

内生经济增长模型是在放松新古典经济增长理论假设的基础上发展而来

的。该模型中包含 4 个变量:劳动(L)、资本(K)、技术(A)和产出(Y)。

假设 1:经济中存在生产和研发两个部门。劳动力中 α_L 比例用于研发部门,$1-\alpha_L$ 的比例用于产品生产部门。资本中 α_K 比例用于研发部门,$1-\alpha_K$ 的比例用于产品生产部门。

假设 2:研发生产函数和产品生产函数均为广义柯布-道格拉斯函数,即幂函数,但投入要素的指数之和并不限定为 1。

假设 3:储蓄占产出的比例以及研发部门中使用劳动和资本的比例看作外生不变的。

假设 4:α_L、α_K 为外生的,资本 K 和技术 A 看作内生变量。

假设 5:由于想法或知识是非竞争性的,因此两个部门都使用全部知识存量 A。

在假定资本和劳动规模报酬不变的前提下,时刻 t 生产的产出量为:

$$Y_t = \left[(1-\alpha_K)K_t\right]^\alpha \left[A_t(1-\alpha_L)L_t\right]^{1-\alpha}, 0 < \alpha < 1 \tag{4.8}$$

新知识的生产取决于用于研究的资本和劳动的数量及技术水平,因此有:

$$\dot{A}_t = \left[\alpha_K K_t\right]^\beta \left[\alpha_L L_t\right]^\gamma, B > 0, \beta \geqslant 0, \gamma \geqslant 0 \tag{4.9}$$

其中,B 为转化参数,θ 刻画了现有知识存量对研发成功率的影响。不考虑折旧,由于假定储蓄率、人口增长率是外生的,因此,

$$\dot{K}_t = sY_t, \dot{L}_t = nL_t^{①} \tag{4.10}$$

2.内生经济增长模型知识和资本的动态学

首先,将生产函数(4.8)代入资本积累模型(4.9)可得:

$$\dot{K}_t = s\,(1-\alpha_K)^\alpha\,(1-\alpha_L)^{1-\alpha}\,K_t^{\alpha}\,A_t^{1-\alpha}\,L_t^{1-\alpha} \tag{4.11}$$

则:

$$g_{Kt} = \frac{\dot{K}_t}{K_t} = c_K\left(\frac{A_t L_t}{K_t}\right)^{1-\alpha}, 其中\ c_K = s(1-\alpha_K)^\alpha(1-\alpha_L)^{1-\alpha} \tag{4.12}$$

进一步对式(4.12)两边取对数并对时间求导得:

$$\frac{\dot{g}_{Kt}}{g_{Kt}} = (1-\alpha)(g_{At} + n - g_{Kt}) \tag{4.13}$$

同埋得:

---

① 假设人口不会出现负增长。

$$\frac{\dot{g}_{At}}{g_{At}} = \beta g_{Kt} + \gamma n + (\theta - 1)g_{At} \qquad (4.14)$$

由式(4.8)可知,产出的生产函数是规模报酬不变的,因此两种内生要素总体上是规模报酬递增、递减或者不变取决于知识生产函数(4.9)中的规模报酬状况。式(4.9)表明知识生产函数对资本和技术的规模报酬为$(\beta+\theta)$。

(1)$\beta+\theta<1, n>0$

$\beta+\theta<1$ 时,$\frac{1-\theta}{\beta}>1$,因此$\dot{g}_A=0$线比$\dot{g}_K=0$线更陡峭,二者动态变化如图4-4所示,通过该图可知,不论g_A和g_K初始位置如何,二者均收敛于图中E点,此时二者均为增长率0,故在E点满足$g_A{}^* + n - g_K{}^* = 0$ 和$(\theta-1)g_A{}^* + \gamma n + \beta g_K{}^* = 0$,即$g_A{}^* = \frac{\beta+\gamma}{1-(\theta+\beta)}n$,$g_K{}^* = g_A{}^* + n$,故$\dot{g}_K=0$曲线的斜率为1,截距为人口增长率$n$。若技术和资本分别按照速率$g_A$、$g_K$增长,则产出会按速率$g_K{}^*$增长,从而工人平均产出会按速率$g_A^*$增长。因为,$g_A^*$是关于人口增长率$n$的增函数,故$g_K^*$也是关于人口增长率$n$的增函数,由此可得,在$\beta+\theta<1$时,经济产出的增长率会随着人口增长率的提高而提高。

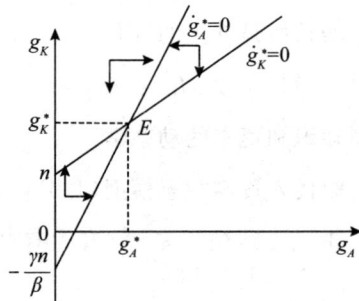

图4-4 资本与知识增长率的动态学(1)

(2)$\beta+\theta>1, n>0$

$\beta+\theta>1$ 时,$\frac{1-\theta}{\beta}>1$,因此$\dot{g}_A=0$线比$\dot{g}_K=0$线更平坦,即$\dot{g}_A=0$线的斜率小于$\dot{g}_K=0$线的斜率1,两条曲线逐渐分离,二者动态变化如图4-5所示。通过该图可知,不论g_A和g_K初始位置如何,最终都进入且$\dot{g}_K=0$线在$\dot{g}_A=0$线的中间区域。由生产函数方程式(4.8)可得产出增长率为$\frac{\dot{Y}_t}{Y_t} = \alpha g_{Kt} + (1-\alpha)$

$(g_{At}+n)$，因此，当 $\beta+\theta>1$，$n>0$ 时，产出增长率是关于人口增长率 n 的增函数，随着 g_A、g_K、n 的不断增加产出的增长率也不断增加。

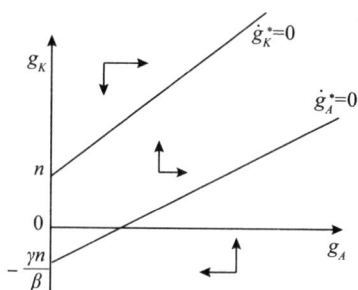

图 4-5　资本与知识增长率的动态学(2)

(3)$\beta+\theta=1$，$n>0$

$\beta+\theta=1$ 时，$\dfrac{1-\theta}{\beta}=1$，因此 $\dot{g}_A=0$ 线与 $\dot{g}_K=0$ 线平行，因为 $n>0$，故 $\dot{g}_K=0$ 线在 $\dot{g}_A=0$ 线的上方。二者动态变化如图 4-6 所示，其经济的动态方程类似于 $\beta+\theta>1$，$n>0$ 时的情形，不论 g_A 和 g_K 初始位置如何，最终都进入且 $\dot{g}_K=0$ 线在 $\dot{g}_A=0$ 线的中间区域。经济一旦进入该区域，资本、知识和产量的增长率都不断增加。因此，当 $\beta+\theta=1$，$n>0$时，经济产出的增长率随着 g_A、g_K、n 的不断增加产出的增长率也不断增加。

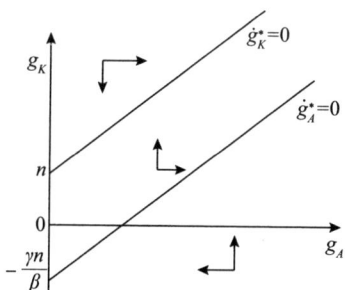

图 4-6　资本与知识增长率的动态学(3)

3. 基于内生经济增长模型的人口增长率上升对经济增长的影响

通过以上三种情形分析可知，不论知识生产函数对资本和技术的规模报酬递增、递减或者不变，人口增长率为正的情形下，经济的长期增长速率随着人口增长率的增长而增长。这是由于人是知识生产的基本要素，从事研究的人越多，得到的新发现就越多，则知识存量的增长就越快，在其他条件不变的条件下,人均产出的增长就越快,其对经济增长率影响作用的强烈程度与 $\beta+\theta$ 的取值有关。通过内生经济增长模型分析可以得出,人对知识生产是有贡献的,而人口的增长就体现了这种贡献;人口正增长是长期经济增长所必需的,并且长期增长率随着人口增长率递增。同样的结论罗默模型得以印证,罗默模型认为人口数量上升会促进长期增长,这是因为一方面在既定研发工人比例不变的前提下,研发人员总量增长速度增加以及从事研发的工人比例不断上升,另一方面由于知识具有非竞争性,经济规模扩大拓展了发明者可触及的市场,从而研发的回报率提升。由此可知,2014 年以来,中国生育政策的调整有助于提高人口增长率,从而能够提高中国长期经济增长的速度。

4.2　中国生育政策变迁

中国的计划生育事业开始于 20 世纪 50 年代。1953 年提出节制生育,1957 年开始叫计划生育。计划生育在 50 年代末至 60 年代初和 60 年代后期经历了两次大的挫折与停顿,70 年代初开始在全国范围内逐步推行。先在大城市,而后推向小城镇和农村;先在东、中部地区,而后推向西部、偏远地区;先在汉族居民中实行,而后在少数民族居民中,直至在全国城乡居民中广泛实行计划生育。开始实行计划生育时只是宣传教育倡导,后有计划生育政策和人口计划。计划生育和人口计划管理也是不断发展和完善的。在计划生育事业发展过程中,计划生育组织结构(政府机构和非政府机构)由建立到逐步健全;计划生育工作者队伍不断壮大;节育科学研究和节育技术服务逐步加强;计划生育领域的国际合作与交往逐步扩展;计划生育管理由卫生部门为主转向由单独建立的计划生育部门为主;由少数几个部门参与转变为党委、政府领导下多个部门齐抓共管,全社会参与;计划生育措施由单纯的避孕节育方面发展到生育、生活、生产诸多方面,逐步形成一条综合治理的道路;生育政策的实施以及不断完善为促进社会进步,实现全面、协调、可持续发展战略目标具有重要的意义。20 世纪 50 年代以来,人口发展经历了 70 余年的历程,与之相伴的生育政策也经历了不同的变化,主要包括以下几个阶段。

表 4-1 新中国成立以来我国计划生育政策的变革历史

序号	时间	内容
1	1953 年 8 月	政务院批准了卫生部关于《避孕及人工流产法》。
2	1955 年 3 月	中共中央发出了《关于控制人口问题的指示》。
3	1957 年 2 月	毛泽东在最高国务会议上提出了:"人类要控制自己,做到有计划地增长。"当年,马寅初提出了他对人口问题的主张,发表了"新人口论"。
4	1962 年底	中共中央和国务院发出《关于认真提倡计划生育的指示》。
5	1971 年	国务院批转了卫生部、商业部、燃化部《关于做好计划生育工作的报告》,提出:除人口稀少的少数民族地区和其他地区外,都要加强对这项工作的领导。
6	1973 年	国务院成立了计划生育领导小组。在计划生育宣传教育上,提出了"晚、稀、少"的口号。
7	1978 年	中国共产党十一届三中全会把计划生育提到国策的高度,实行"独生子女"政策。
8	1979 年	第五届全国人民代表大会第二次会议提出:"鼓励一对夫妇只生育一个孩子"。
9	1980 年	中共中央提出:计划生育要采取立法的、行政的、经济的措施,鼓励只生育一个孩子。
10	1980 年 9 月	第五届全国人民代表大会第三次会议通过了新的《婚姻法》,第十二条规定:"夫妻双方都有实行计划生育的义务。"
11	1982 年	出台农村第一个是女孩的还可以生第二个孩子的"一胎半"政策;6个省市①相继出台农村普遍二孩政策。
12	1982 年 12 月	第五届全国人大五次会议通过的《中华人民共和国宪法》中规定:"国家推行计划生育,使人口的增长同经济和社会发展计划相适应。"

---

① 6 个省市分别为:北京、天津、上海、重庆、江苏、四川。

续表

序号	时间	内容
13	2002 年	出台夫妻双方均为独生子女的可以生育第二个孩子的政策,放开"双独"。
14	2013 年 8 月	国家卫生计生委发布消息称,为缓解卫生计生系统群众反映强烈的突出问题,国家卫生计生委党组日前决定开始实施"服务百姓健康行动",并适时出台完善生育政策调整方案。
15	2013 年 12 月	实施夫妻双方有一方为独生子女的可以生育第二个孩子,放开"单独"。
16	2015 年 10 月	坚持计划生育的基本国策,完善人口发展战略。全面实施一对夫妇可生育两个孩子政策。
17	2021 年 5 月 31 日	5 月 31 日,中共中央政治局召开会议决定实施"全面三孩政策"。
18	2021 年 7 月 20 日	《中共中央、国务院关于优化生育政策促进人口长期均衡发展的决定》(下称《决定》)公布。《决定》称,为进一步优化生育政策,实施一对夫妻可以生育三个子女政策及配套支持措施,并详细规划了相关配套支持措施,包括加强税收、住房等支持政策,将入户、入学、入职等与个人生育情况全面脱钩,取消社会抚养费等,每条配套措施都关乎生育友好型社会的构建。

资料来源:根据相关资料整理所得。

4.2.1 宽松的生育政策(新中国成立—1970 年)

1949 年新中国成立之时,全国人口数量究竟有多少？并未有一个确切的数字。从 1912 年以来,关于中国人口数量的统计数值从 4 亿至 4.8 亿不等,4.5亿则是流传最广、接受程度最高的估计值。1941—1944 年的联合国人口统计年鉴公布的中国人口也是 4.5 亿。受战乱和饥荒的影响,虽然 20 世纪 40 年代中国人口一直在缓慢增长,多数机构估计 1948 年新中国成立前夕,中国人口规模仍然为 4.5 亿左右。1940—1949 年之间的人口出生率和死亡率一直缺乏令人信服的全国统计数据,多数专家估计出生率和死亡率大体维持在 35‰～40‰,

出生率略高于死亡率。

表 4-2　1940—1949 年中国人口统计

年份	人口数	资料来源
1940 年	463 230 000 人	内政部统计处《户口统计》(1941)
	468 661 000 人	第二次《中国劳工年鉴》
	458 313 000 人	《联合国人口统计年鉴》(1948)
1941 年	467 320 000 人	内政部统计处《国民政府年鉴》(1943)
	454 693 000 人	《联合国人口统计年鉴》(1948)
1942 年	454 849 000 人	《联合国人口统计年鉴》(1948)
1943 年	451 308 000 人	《联合国人口统计年鉴》(1948)
	467 610 000 人	内政部统计处《国民政府年鉴》(1944)
1944 年	454 665 734 人	内政部户政司《国民政府年鉴》(1945)
	450 610 000 人	《联合国人口统计年鉴》(1948)
1945 年	516 458 301 人	《中国人口通史》(路遇、腾泽之,2015)之《民国三十四年人口考》
	454 928 992 人	内政部户政司《户政导报》创刊号(1945)
1946 年	470 026 252 人	《中国经济年鉴》(1947)
	445 592 065 人	主计处统计局《中华民国统计提要》(1947)
1947 年	463 198 093 人	内政部人口局《户政导报》第 4 期(1948)
	462 798 093 人	依据台湾当局 1951 年官方年鉴
1948 年	474 032 668 人	《中国经济年鉴》(1948 年)
	464 663 798 人	依据台湾当局 1951 年官方年鉴
	463 493 418 人	内政部人口局《全国人口统计》(1948 年)
1949 年	550 920 000 人[①]	《中国统计年鉴》(1981)

　　此表数据转选自:路遇、滕泽之.中国人口通史[M].北京:中国社会科学出版社,2015:
743.

---

　　①　中华人民共和国建立后国家统计局公布的大陆人口为 54167 万,这里增加了台湾及港澳台地区人口约 925 万。

新中国成立之初，人口统计十分不完善，有人估计新中国成立之初的人口数为 4.75 亿，这一数字得到广泛的认可，引用。但事实上，新中国成立之初的人口早已大大超过了 4.75 亿。1953 年，中国进行了有史以来第一次科学的人口普查，这是中国历史上第一次采用现代人口调查方法进行的普查。"一普"结果表明，截至 1953 年 6 月 30 日 24 时的总人口为 601 938 035 人，去除华侨、留学生和台湾地区人口，大陆人口就已达 5.8 亿之多。在人口结构方面，0～14 岁人口占总人口比重为 36.0%，65 岁及以上老年人口仅占总人口的 3.6%，中国属于年轻型人口。[①]

1. 鼓励生育阶段（1949—1953 年）

由于战乱频繁，社会动荡不安，经济得不到发展，人口发展缓慢。新中国成立之初，中国人口相对较少。1949 年 9 月 16 日新中国成立前夕，毛泽东为新华社写了《唯心历史观的破产》指出中国人口众多是一件极大的好事，生产可以解决人口众多的问题[②]。在毛泽东"革命加生产即能解决吃饭问题"人口思想理论的指导下，中国人口处于宽松无节制增长状态，政府并出台了限制避孕和人工流产的政策，鼓励人口生育。如：1950 年 4 月 20 日，国家卫生部和军委卫生部联合发布了《机关部队妇女干部打胎限制的办法》，规定"为保障母体安全和下一代生命，禁止非法打胎"。1952 年 12 月，在上述规定的基础上，卫生部制定了一个面向全民的《限制节育及人工流产暂行办法》，将适用于机关部队妇女干部的规定在全国推广，其中规定：非疾病不得进行绝育手术及人工流产；手术要经指定医生诊断和当地卫生行政机关核准；私自绝育和人工流产者，以非法堕胎论罪；因病使用节育用具，须经妇产科医生证明；未经批准商店不得出售节育用具。1953 年 1 月，卫生部又以"与国家政策不符"为理由，通告海关禁止进口避

---

① 路遇，翟振武.新中国人口六十年[M].北京：中国人口出版社，2009：53.
② 中国人口众多是一件极大的好事。再增加多少倍人口也完全有办法，这办法就是生产。西方资产阶级经济学家如像马尔萨斯者流，所谓食物增加赶不上人口增加的一套谬论，不但被马克思主义者早已从理论上驳斥得干干净净，而且已被革命后的苏联和中国解放区的事实所完全驳倒。根据革命加生产即能解决吃饭问题的真理……十分困难时，饭匀着吃，房子挤着住……世间一切事物中，人是第一个可宝贵。在共产党领导下，只要有了人，什么人间奇迹也可以造出来。我们是艾奇逊反革命理论的驳斥者，我们相信革命能改变一切，一个人口众多、物产丰盛、生活优裕、文化昌盛的新中国，不要很久就可以到来，一切悲观论调是完全没有根据的。

孕用具和药物。这些政策都强化了人们多生多育的观念和行为。

但当时城市婴幼儿死亡率已经下降,部分干部和城市居民由于工作和住房等现实压力,有强烈的避孕要求。而1952年成立了国际计划生育联合会,控制人口的全球思潮已经开始掀起。当时,节育不但在知识分子和城市居民中,而且在政治领袖中有相当大的共识。1953年春,张竞生①写下了1.3万字的《我的几点意见》,建议实行计划生育。中央机关收到后批示"退回、酌办",把信退回广东省委,省委又把它退回张竞生所在单位②。

无限制的人口增长于1953年第一次人口普查后发生了急剧的转变。第一次人口普查6亿人口的庞大数目远远超过了原来4.5亿的估计值,高达20‰的人口增长率,以及未来每年至少净增长1200万以上的发展趋势,是中国不可避免地面临一个人口急剧增长和膨胀的发展时期。第一次人口普查和人口抽样调查的结果,深深地震动了当时的国家领导人。庞大的人口规模以及它对资源和经济的巨大压力,不仅让决策者,也让学术界开始冷静客观地考虑控制人口过快增长的问题,从中央领导到学术界都提出一些节制生育的观点。周恩来总理对潜在的矛盾表达了自己的忧虑:"我国人口之多是世界第一,现在已经是五万万八千万了。……这样多的人口,要满足他们的需要,就是一个很大的负担。其中,农业是负担的一个主要方面。因为人民首先需要的就是粮食,衣服可以穿破的,可以少穿一件,而粮食每天要吃。这是一个很大的负担。农业的发展需要相当长的时间,我们只能逐步地满足人民的需要。我们的农业发展很不平衡,在地区的分布上,有的地区人口很密,每人平均得不到一二亩地;有很多地区则人口极少,移民也不容易一下都移了去。所以,在长期内发展生产要靠增加单位面积产量,这就需要我们很大的努力。我国的人口还在增加着。我们大致算了一下,我国人口大概每年平均要增加一千万,那么十年就是一万万。中国农民对生儿育女的事情是很高兴的,喜欢多生几个孩子。但是,这样一个增长率的供应问题,却是我们的一个大负担。……过去,农民过的是'半年糠菜半年粮'的生活,现在他们生产了粮食,要求改善一下生活,每人每天多吃一两米

---

① 张竞生(1888—1970年),广东饶平人,著名哲学家、美学家、性学家、文学家和教育家。
② 陈冰.张竞生.现代中国学术疆域的拓荒者[N].晶报,2008年9月25日第A16版。

并不算多,全国四万万八千万农民合起来一年就是一百多亿斤……"①。1953年8月政务院批准了卫生部关于《避孕及人工流产法》。

2.支持节育及政策反复阶段(1954—1959年)

1953年"一普"结果大大超出了政府预期,同时人口暴增的滞后效应逐渐在衣食住行、医疗、教育、就业等方面显现,并且社会主义改造使得不少妇女有了自发避孕、参加劳动(比如挣工分)提升生活质量的需求,节制生育政策逐渐被提出。1954年11月10日,卫生部发出《关于改进避孕及人工流产问题的通报》,规定"避孕节育一律不加限制","一切避孕用具和药品均可以在市场销售,不加限制"②。

1955年3月,中共中央发出了《关于控制人口问题的指示》,指示提出:"节制生育是关系广大人民生活的一项重大政策性问题,在当前的历史条件下,为了国家、家庭和新生一代的利益,我们党是赞成当地节制生育的。"

1956年初,中央公布了《1956到1967年全国农业发展纲要》(修正草案)③,在纲要中明确提出:"除了少数民族的地区以外,在一切人口稠密的地方,宣传和推广节制生育,提倡有计划地生育子女,使家庭避免过重的生活负担,使子女受到较好的教育,并且得到充分就业的机会。"1956年9月16日,周恩来在《关于发展国民经济的第二个五年计划的建议的报告》中两处讲到节制生育。1957年2月,毛泽东在最高国务会议上提出了:"人类要控制自己,做到有计划地增长。"

同时学术界开始有控制人口增长观点的论文发表,新闻媒体上也陆续出现了许多主张节制生育的舆论。1954年9月,全国人民代表大会在北京召开,著名民主人士邵力子④在第一次会议上,发表了一个呼吁控制人口、提倡避孕节育

---

① 周恩来:《第一个五年建设计划的基本任务》(1953年9月29日)、《周恩来经济文选》。

② 《中央人民政府卫生部关于改进避孕及人工流产问题的通报》,[54]卫药字第579号(1954年11月10日).

③ 该纲要草案由中国共产党中央委员会在1956年1月提出,是在我国第一个到第三个五年计划期间,为迅速发展农业生产力,以便加强我国社会主义工业化、提高农民以及全体人民生活水平的一个斗争纲领。

④ 邵力子(1882年1月26日—1967年12月25日),原名闻泰,字仲辉,号凤寿。浙江绍兴人。中国近代著名民主人士,社会活动家,政治家、教育家。他积极参加新中国建设,力主节制生育、控制人口,为促进祖国和平统一贡献了毕生精力,被誉为"和平老人"。

的讲话。他提出:"人多是喜事,但在困难很多的环境里,似乎也应有些限度"。1954 年 12 月 19 日,邵力子在《光明日报》上发表了《关于传播避孕常识问题》的长文。著名经济学家和教育家马寅初[①]从 1954 年起就把人口问题作为研究的主要课题。1954—1955 年,他曾先后三次到浙江省调查人口问题,并分析研究了国内外的一些人口资料。1955 年 7 月,他在全国人大一届二次会议浙江组会议上作了《控制人口与科学研究》的书面发言。1957 年 6 月,他在全国人大一届四次会议上系统地阐述了对人口问题的主张,同年 7 月 5 日,《人民日报》全文发表了他的发言,这就是著名的《新人口论》。虽然中央领导在第一次人口普查后,多次明确表示应提倡节制生育,由于人口问题在政治上的敏感性,因此,邵力子、马寅初等人的呼吁在学术界出现了"冷场"的局面。

1956 年中央提出"百花齐放、百家争鸣"[②]的方针。在宽松的政治环境下,一批人口学专家学者受到了鼓励,打消了顾虑。一时间,中国人口规模是否过大,怎样有效控制人口规模,怎样在群众中推行避孕节育等话题成了 20 世纪 50 年代学术界和新闻界的热点之一。

正当中国的人口研究处于百花齐放的春天时,形势突然发生急剧转变。1957 年 6 月 8 日,《人民日报》发表了社论《这是为什么》,号召全国人民反击右派分子的进攻。1958 年开始的"大跃进"[③]及随后的"三年困难时期",改变了中国人口转变的方向。"大跃进"提出的"大干快上"使得"人多力量大""人多可以办大事"的观点一度成为主流,在一些领导心目中再次占据主要地位,使得当时的一些领导人对人口形势产生了乐观情绪。

人口学术界的许多教授、学者、民主党派人士、爱国人士等均被卷入此次政治风暴,随着主张限制人口增长的经济学家马寅初先生于 1958 年至 1960 年间在全国两次被批判,其他一些老人口学家也被纷纷划为"右派分子"。人口学界变成万马齐暗的一潭死水,节制生育的政策主张被扼杀在摇篮里。

---

① 马寅初(1882 年 6 月 24 日—1982 年 5 月 10 日),名元善,中国著名经济学家、教育家、人口学家。他一生专著颇丰,特别对中国的经济、教育、人口等方面有很大的贡献,有当代"中国人口学第一人"之誉。

② 1956 年 4 月 28 日,毛泽东在中共中央政治局扩大会议上提出:"百花齐放、百家争鸣,应该成为我国发展科学、繁荣文学艺术的方针。"

③ "大跃进"运动是指 1958 年至 1960 年间,中国在经济建设上开展的群众运动。

20 世纪 50 年代,是中国人口发展史上具有特殊意义的时期。第一,它是后来 50 年中国人口变化的一个历史起点。人口规模的变化状况在很大程度上左右和影响了后来 50 年人口规模的基本格局;第二,由于在生育率依然维持高水平的同时,死亡率大幅度下降,导致 50 年代人口增长的高峰,形成后来的"人口包袱";第三,关于中国人口规模是否过大、人口增长是否过快、中国是否需要节制生育的那场全国性辩论,让真理的光辉照亮了沉默的人口学术界。但是辩论的结果,却把人口学界推入到一个更加死气沉沉的境地。

3.提倡晚婚,提出计划生育号召(1960—1969 年)

1958 年至 1961 年间,"大跃进"失败和三年困难时期,给中国经济带来了灾难性影响,使人民生活困难,并导致人口出生率下降,人口死亡率升高,人口自然增长率下降,1960 年人口自然增长率为负。在这个阶段,节制生育政策再次被提出。1962 年 4 月 5 日,卫生部发出《继续开展避孕只是宣传与技术指导工作的通知》,要求卫生部门做好避孕知识的宣传与技术指导,并配合有关部门做好避孕药品、用具的生产供应工作。12 月 18 日,中共中央、国务院发出《关于认真提倡计划生育的指示》,明确提出:"在城市和人口稠密的农村提倡节制生育,适当控制人口增长率,使生育问题由毫无计划的状态逐渐走向有计划的状态,……提倡节制生育和计划生育,不仅符合广大群众的要求,而且符合有计划地发展我国社会主义建设的要求。"[1]并要求各级党委和政府把这一工作列入议事日程。同月,卫生部妇幼司设立计划生育处。

1962—1965 年人口增长出现补偿性回升。1964 年人口普查时全国总人口为 6.946 亿(不包括台湾地区和港澳同胞国外华侨等人口)。此次人口普查结束后,现实人口增长的压力,使控制人口和节制生育的思想得以复苏。1964 年 12 月 21 日,周恩来在三届全国人大一次会议上所作的《政府工作报告》中说:"要继续加强对计划生的宣传教育和指导工作。"截至 1964 年年底,全国共有 25 个省、自治区、直辖市成立了计划生育行政领导机构,共有专职人员 2000 人左右。

---

① 1962 年中共中央和国务院联合发布的《关于认真提倡计划生育的指示》提出:"使生育问题由毫无计划的状态逐渐走向有计划的状态,这是我国社会主义建设中既定的政策。"

1965 年 6 月,中共中央、国务院批转《上海市委、市人委关于计划生育工作的报告》。中央的批语指出:"上海市 1964 年人口自然增长率已经下降到 14.5‰,这是一个很大的成绩。……各地应参照上海的做法,结合本地区情况,切实地总结自己的经验,更好把计划生育工作开展起来。"在城市计划生育工作初步取得成绩时,中共中央在 1965 年 9—10 月召开的中央工作会议指出:计划生育的重点应当转向农村。①

1966 年 1 月 28 日,中共中央就卫生部部长钱信忠《有关计划生育的几个问题的报告》做出批示,并以中发〔66〕70 号文件下发全国。中央批语指出:"实行计划生育,是一件极为重要的大事。"1968 年 8 月国务院成立计划生育领导小组,有关计划生育工作由卫生部军管会业务组统一领导。

纵观 20 世纪 60 年代的计划生育工作,各地做了很多探索,积累了很多经验;避孕措施也进一步改善和普及;尤其是 60 年代中期以来中学教育的跨越性发展,使得 70 年代初的生育率快速下降。但总体来看,这一时期中国的计划生育工作经历了一个曲折的过程。1960 年和 1961 年计划生育工作处于停顿状态。1962 年开始恢复并逐步发展。这一时期,中国的人口和计划生育发展发生了两个重要变化:一是改变了出生率和自然增长率城市高于农村的状况,从 1964 年开始城市的出生率和自然增长率都低于农村;二是出生率、自然增长率和总和生育率呈逐年下降趋势。但由于"文革"的影响,在 60 年代的中后期,虽然党和政府并没有放弃控制人口过快增长的方针,仍在实行限制人口增长的生育政策,但一些计划生育机构名存实亡,有的甚至被"革命委员会"给取消了,节制生育的实际工作停顿了,人口又处于盲目发展的状态,因此,这种下降非常缓慢,甚至在个别年份还有所回升。

4.2.2　"晚、稀、少"政策逐步形成和全面推进阶段(1971—1980 年)

"文革"时期中国人口规模再度急剧膨胀,1968 年出生人口数达到最高峰 2757 万人,人口净增量达到 2121 万,1969 年全国总人口突破 8 亿大关。1966—1972 年间,出生人口一直保持 2500 万以上,年均人口净增量保持在

---

①　路遇,翟振武.《新中国人口六十年》[M].北京:中国人口出版社,2009:786.

1900万以上。人口急剧扩增和"文革"使经济严重滑坡,使得人口与经济本来已尖锐的矛盾更加突出。同时,这一时期人口自然增长主要是由于人口出生导致的,人口死亡率基本保持稳定。这种客观现实的存在,迫使党和国家领导人在国民经济恢复后不得不重申控制人口的重要性。1971年,中共中央、国务院下定决心把一度放松和中断的计划生育工作抓起来,开始在全国包括农村地区、大力推行计划生育政策。

1.计划生育再次启动

1970年7月,国务院以51号文件形式批转(国发〔1971〕51号)该报告。国务院在批语中强调指出:"人类在生育上完全无政府主义是不行的,也要有计划生育。'计划生育,是毛主席倡导多年的重要事情,各级领导同志必须认真对待。'除人口稀少的少数民族地区和其他地区外,都要加强对这项工作的领导,深入开展宣传教育,使晚婚和计划生育变成城乡广大群众的自觉行动,力争在第四个五年计划期间做出显著成绩。"[①]作为国家计划的一部分,人口计划以人口自然增长率的形式正式提出,要求人口自然增长率逐年降低,争取到1975年,一般城市降到10‰以下,农村降到15‰以下。在当年制订的"四五"计划中,提出"一个不少、两个正好、三个多了"的政策。这个文件第一次明确号召在全国城乡范围内普遍推行计划生育。成为后来大规模计划生育运动的起点。

1973年7月,国务院恢复成立了计划生育领导小组。华国锋兼任国务院计划生育领导小组组长。各地区各基层单位也陆续开始建立计划生育机构。

1974年12月,毛泽东再次提出:"人口非控制不可。"[②]这对进一步推动全国的计划生育工作起到了重要的作用。

1975年1月,邓小平在卫生部关于召开卫生工作会议的请示上批示:"要特别注意节制生育问题。"[③]同年8月,国务院在批转这次会议的报告时指出:"各级领导要进一步加强卫生工作和计划生育工作的领导,摆上议事日程,认真讨论和检查,切实解决存在的问题,把工作做得更好。"

1978年2月,国务院在批转第四次全国计划生育工作汇报会的报告时,在

---

① 路遇,翟振武.《新中国人口六十年》[M].北京:中国人口出版社,2009:796.

② 路遇,翟振武.《新中国人口六十年》[M].北京:中国人口出版社,2009:136.

③ 路遇,翟振武.《新中国人口六十年》[M].北京:中国人口出版社,2009:133.

充分肯定计划生育工作取得显著成绩的同时指出:"有些地方人口自然增长率高,还降不下来。今后计划生育工作任务仍很艰巨,望各级领导要作为一件大事来抓。"要"因地制宜,落实节育措施,做好药具生产和供应,提高节育手术质量。""要加强计划生育科学技术和人口理论的研究。"

2."晚、稀、少"生育政策形成

20 世纪 50 年代提出计划生育时,主要是开展宣传教育,普及科学技术知识,提供避孕节育技术服务,没有人口增长指标,也没有生育政策。1970 年,周恩来在接见卫生部军管会人员时提出:"计划生育属于国家计划范围,不是卫生问题,而是计划问题。你连人口增长都计划不了,还搞什么国家计划!"①国务院提出了"四五"期间人口增长计划,政府将人口发展第一次列入国民经济和社会发展五年计划和年度计划,这是我国第一个人口增长计划,即争取到 1975 年,把城市人口净增率降到 10‰左右,农村人口净增率降到 15‰以下。但从执行结果来看,"四五"末,人口自然增长率由 1970 年的 25.83‰降到了 1975 年的15.69‰,其中城市降到 9.32‰,农村降到了 16.58‰,基本达到了规定要求。"五五"末,1980 年全国人口自然增长率降到 11.87‰,其中农村降到 12.35‰(目标降到 10‰左右),城市降到 8.69‰(目标降到 6‰),未达到预期目标。②

为了有效地控制人口增长速度,不仅要有适当的人口发展计划,也要有合理的计划生育政策。计划生育在城乡逐步推开以后,制定计划和政策的必要性就凸显出来了,各地相继开始了计划生育政策的探索。

卫生部军管会在 1972 年 1 月召开的 17 省、市计划生育工作座谈会上,11 月召开的 27 省、市、自治区计划生育负责人座谈会上,都讨论了"晚、稀、少"的计划生育政策问题。1973 年 12 月,国务院计划生育领导小组办公室召开了第一次全国计划生育工作汇报会,正式提出了"晚(晚婚晚育)、稀(两胎间需要间隔)、少(少生)"的生育政策,并在全国进行了推广。"晚"是年龄方面的限制,指男 25 周岁以后、女 23 周岁以后结婚,女 24 周岁以后生育,提倡晚婚晚育;"稀"是生育间隔方面的限制,要求生育间隔 3 年以上;"少"是生育数量方面的限制,

---

① 彭珮云.中国计划生育全书[M].北京:中国人口出版社,1997:136.

② 路遇,翟振武.新中国人口六十年[M].北京:中国人口出版社,2009:799.

一对夫妇最多生育两个孩子。

1974 年末,在中共中央转发河北省《关于召开全省计划生育工作会议的情况报告》中,肯定了按"晚、稀、少"要求结婚和生育的政策。1974 年底,毛泽东在国家计委《关于 1975 年国民经济计划的报告》上做了"人口非控制不可"的批示[①]。1975 年 8 月 5 日,国务院以国发〔1975〕121 号文件批转卫生部《关于全国卫生工作会议的报告》。国务院批语要求:"各级领导要进一步加强卫生工作和计划生育工作的领导,摆到议事日程,认真讨论和检查,切实解决存在的问题。"

1978 年 3 月 5 日,第五届全国人民代表大会第一次会议通过的《中华人民共和国宪法》第五十三条规定:"妇女在政治的、经济的、文化的、社会的和家庭的生活各方面享有同男子平等的权利。男女同工同酬。男女婚姻自主。婚姻、家庭、母亲和儿童受到国家的保护。国家提倡和推行计划生育。"1978 年 6 月,国务院计划生育领导小组会议进一步明确了"晚、稀、少"的内涵;会议还提出了一对夫妇生育子女数"最好一个、最多两个"的新要求。并于当年 10 月中央批转《关于国务院计划生育领导小组第一次会议的报告》(中发〔1978〕69 号),明确提出"提倡一对夫妇生育子女数最好一个,最多两个"。1978 年 12 月,中国共产党十一届三中全会把计划生育提到国策的高度。

1979 年 6 月,第五届全国人民代表大会第二次会议提出:"鼓励一对夫妇只生育一个孩子"。1980 年 1 月 4 日,中共中央、国务院以中发〔1980〕1 号文件批转国家计委《关于 1980 年国民经济计划安排情况的报告》。国家计委报告提出:"计划生育要采取立法的、行政的、经济的措施,鼓励只生育一个孩子。"

从 20 世纪 70 年代初到 1980 年这一阶段,计划生育还基本是以宣传教育为主,反对强制,尤其在 1976 年以前。

自 20 世纪 70 年代,在全国范围内掀起了轰轰烈烈的计划生育政策,一大批计生干部和医生投入到这场重大的运动之中,从城市到农村,数以亿计的中国育龄妇女的生育行为受到广泛而深刻的影响。这一时期是中国人口发展进程中出现巨大转折的时期。在此时期,①由于政府的介入,婚姻生育行为从以

---

① 刘长发."这个错误主要是毛泽东造成的"吗?——就毛泽东人口思想求教于王桧林先生[J]. 真理的追求,2000(10):15-19.

往的个人自发行动转入宏观控制指导下的轨道;②在从中央到基层村组、居委会的一整套严密组织系统的基础上,保证了政策的贯彻实施;③生育水平从原来自发状态下平均每对夫妇生育将近6个子女降至接近3个子女的水平,人口再生产类型发生了转变。

4.2.3　全面推行"独生子女"政策阶段(1980年秋—1984年春)

"晚、稀、少"的政策推行后非常有成效,全国人口出生率从1974年的24.82‰降至1978年的19.28‰,再降至1979年的17.82‰;人口自然增长率则从17.48‰降至12‰,再降到11.61‰;人口净增长量从1974年的1574万人降至1978年的1147万人,再降至1979年的1125万人。20世纪70年代末,十一届三中全会以后,70年代初婚年龄大幅度提高、生育率普遍急剧下降之后,最初的"急刹车"效应已经过去。由于人口基数过于庞大以及人口增长惯性的存在,1979年中国人口总规模高达9.7亿。1980年2月,新华社公布有关人员的《中国人口百年预测报告》,称如果生育趋势不变,中国人口到2050年将达到40亿,引起震动。根据当时有关方面的预测,要实现在20世纪末人口不超过12亿的目标,必须实行一对夫妇只生一个孩子的独生子女政策。同时由于实行联产承包责任制后农民生活较以前有了较大幅度的提高,他们的生育欲望有所扩张,而"大跃进"及"三年困难时期"后,补偿性生育的人口也开始进入育龄阶段,这一时期人口出生率、自然增长率、总和生育率都有所反弹。

在这样的背景下,开始在全国推行紧缩的一胎化政策,也就是"独生子女"政策。1980年1月4日,中共中央批转国家计划委员会《关于1980年国民经济计划安排情况的报告》和李先念《在全国计划会议上的讲话》,报告指出:计划生育要采取立法的、行政的、经济的措施,鼓励只生一胎。同年9月7日,第五届全国人民代表大会第三次会议通过的政府工作报告指出,在今后二三十年内,必须在人口问题上采取一个坚决的措施,就是除了在人口稀少的少数民族地区外,要普遍提倡一对夫妇只生育一个孩子,以便把人口增长率尽快控制住,争取全国总人口在20世纪末不超过12亿。同年9月10日,第五届全国人民代表大会第三次会议通过了新婚姻法——《中华人民共和国婚姻法》①,第五条规定:结婚年龄,男不得早于22周岁,女不得早于20周岁。晚婚晚育应予鼓励。第十二条规定:夫妻双方都有实行计划生育的义务。1980年9月25日,中共中央发表了《关于控制我国人口增长问题致全体共产党员、共青团员的公开信》,指出:为在20世纪末把我国人口控制在12亿以内,中央要求所有共产党员、共青团员特别是各级干部,用实际行动带头响应国务院的号召,并且积极地向广大群众进行宣传教育。当年湖南省常德市率先出台文件实行"计划生育一票否决制",后再全国推行。

至此,20世纪70年代初提出的"一个不少,两个正好,三个多了"和"晚、稀、少"的要求,最后定位在了1980年的"提倡一对夫妇只生育一个孩子。"并于1982年12月4日,第五届全国人民代表大会第五次会议通过的《中华人民共和国宪法》中,第二十五规定:"国家推行计划生育,使人口的增长同经济和社会发展计划相适应。"与20世纪70年代生育政策相比,1980年计划生育政策呈现以下特征:①"提倡一对夫妇只生育一个孩子",已经不是原来意义上的提倡。20世纪70年代后期计划生育工作中提出过"一对夫妇生育子女数最好一个"的号召,并且经过中央批转同意,这才是名副其实的"提倡"。1980年的"提倡"实际上变成了除有特殊困难者外,一对夫妇只能生育一个孩子的政策,即"一孩政策";②从70年代"最多两个"转变为严格控制生育第二个孩子,城乡无一例外;③70年代,政府对少数民族地区采取不宣传和提倡计划生育的政策,1980年则改为实行比汉族较为宽松的计划生育政策。

1982年2月9日,中共中央、国务院发出《关于进一步做好计划生育工作的指示》,《指示》包括五方面内容:①要充分认识计划生育工作的战略意义;②要控制人口数量,提高人口素质;③实行必要的奖励和限制,保证计划生育工作顺利开展;④要加强计划生育的技术指导和药具供应;⑤各级党委和人民政府要加强对计划生育工作的领导。同年9月1日,胡耀邦在党的"十二大"报告中指出:"实行计划生育,是我国的一项基本国策。"

---

① 1980年9月10日,第五届全国人民代表大会第三次会议通过新的《中华人民共和国婚姻法》,自1981年1月1日起施行。

4.2.4　多元化生育政策阶段(1984—2013年)

由于实行的"一孩"政策与广大群众的生育意愿严重冲突,使中国的计划生育工作成为"天下第一难"。在实施"一孩"政策中,为达到人口控制目标,采取了许多行政、经济等强迫手段,产生了很多负面效应。"一孩"政策最终没有完全推行下去。早在1982年《中共中央国务院关于进一步做好计划生育工作的指示》(中发〔1982〕11号)中提出:"农村普遍提倡一对夫妇只生育一个孩子,某些群众确有实际困难要求生二胎的,经过审批可以有计划地安排。不论哪一种情况都不能生三胎。"同时,中共中央办公厅、国务院办公厅发出〔1982〕2号文件,详细解释了"有实际困难的夫妇"主要是指第一个孩子为女孩的夫妇。[①]

1.生育政策微调阶段(1984—1991年)

由于"一孩"政策实施遇到巨大的阻力,为了进一步缩小政策与生育意愿之间的差距,缓和干群矛盾。1984年4月13日中央批转了《关于计划生育情况的汇报》的7号文件(中发〔1984〕7号),文件要求进一步完善当前计划生育工作的具体政策。主要是:①在农村继续有控制地把口子开得稍大一些,按照规定的条件,经过批准,可以生二胎;②坚决制止大口子,即严禁生育超计划的二胎和多胎;③严禁徇私舞弊,对在生育问题上搞不正之风的干部要坚决予以处分;④对少数民族的计划生育问题,要规定适当的政策。可以考虑,人口在1000万以下的少数民族允许一对夫妇生育二胎,个别的可以生育三胎,不准生四胎。即所谓的"开小口子,堵大口子"。在全国19个省(自治区)农村生育政策逐渐调整为"一孩半"政策,即头胎生女孩的,可再生一个孩子。

1988年3月,中央政治局召开常委专门会议,讨论并原则同意国家计生委的《计划生育工作汇报提纲》。会议规定了现行计划生育人口政策的具体内容:①提倡晚婚晚育、少生优生,提倡一对夫妇只生育一个孩子;②国家干部和职工、城镇居民除特殊情况经过批准外,一对夫妇只生育一个孩子;③农村某些群众确有实际困难,包括独女户,要求生二胎的,经过批准可以间隔几年以后生第二胎,不论哪种情况都不能生三胎;④少数民族地区也要提倡计划生育,具体要

---

① 路遇,翟振武.《新中国人口六十年》[M].北京:中国人口出版社,2009:808.

求和做法可由有关省、自治区根据当地实际情况制定。

2.多元化生育政策阶段(1991—2013年)

1991年5月12日,中共中央国务院根据实际生育控制能力与政策间的差距,实事求是地做出了《关于加强计划生育工作严格控制人口增长的决定》①。切合实际地将1991年至2000年人口计划控制目标定在年均自然增长率为12.5‰以内,即总人口2000年末控制在13亿以内。《决定》提出:"必须坚定不移地贯彻落实现行政策,本能摇摆,不能松动,不能改变,以保持政策的稳定性和连续性。要严格依照国家法律和有关规定,加强对人口的计划管理。基层的人口出生计划要张榜公布,接受群众监督。坚决纠正部分地区放松计划生育工作的状况;严禁乱开口子,乱批生育指标。坚决制止早婚早育、多孩生育,努力防止计划外怀孕和计划外生育。"

2000年12月19日,国务院新闻办公室发表《中国21世纪人口与发展》白皮书。《白皮书》指出,中国成功地探索了一条具有本国特色的综合治理人口的道路。②

2001年12月29日,第九届全国人民代表大会常务委员会第二十五次会议审议并通过了《中华人民共和国人口与计划生育法》(2002年9月1日施行),将原有的政策性规定法律化为:"国家稳定现行生育政策,鼓励公民晚婚晚育,提倡一对夫妻生育一个子女;符合法律、法规规定条件的,可以要求安排生育第二个子女。具体办法由省、自治区、直辖市人民代表大会或者其常务委员会规定。"根据社会发展水平、城乡结构和地域民族特征,各省市制定了地方计划生育条例,形成了现行的生育政策格局。概括起来为:①城镇地区和北京、天津、上海、重庆、江苏、四川等6省、市的农村,基本实行汉族居民一对夫妇生育一个孩子;②上述6省、市外,有5个省、区规定可以生育两个孩子;有19个省、区规定第一个孩子是女孩时,间隔几年可以再生育一个孩子,简称一孩半政策;③29个省、市、区规定夫妇同为独生子女的,可以生育两个孩子;其中有7个省还规定农村夫妇一方为独生子女的间隔几年可以生育两个孩子;④各地条例还对

① 《中华人民共和国国民经济和社会发展十年规划和第八个五年计划纲要》提出:"争取今后十年平均年人口自然增长率控制在12.5‰以内"。

② http://www.scio.gov.cn/zfbps/ndhf/2000/Document/307951/307951.htm.

少数民族、残疾、再婚、归侨、特殊职业等各种情况做出具体规定,可以生育两个或更多的孩子。

2004年3月5日,温家宝总理在第十届全国人民代表大会第二次会议上所作的《政府工作报告》中强调,要按照统筹人与自然和谐发展的要求,做好人口、资源、环境工作。稳定低生育水平,提高出生人口素质。完善基层计划生育基础设施和服务体系,切实加强流动人口计划生育管理。做好老龄人口工作。

2006年12月17日,中共中央、国务院发布了《关于全面加强人口和计划生育工作统筹解决人口问题的决定》①(以下简称《决定》),指出稳定低生育水平是新时期人口和计划生育工作的首要任务,到"十一五"期末,全国人口总量(不含香港、澳门特别行政区和台湾地区)要控制在13.6亿人以内;到2020年,人口总量要控制在14.5亿人左右,总和生育率稳定在更替水平以下。强调必须坚持计划生育基本国策和稳定现行生育政策不动摇,党政第一把手亲自抓、负总责不动摇,稳定人口和计划生育工作机构、队伍不动摇,不断创新人口和计划生育工作体制、机制、手段和方法不动摇。12月29日,国务院办公厅印发《人口发展"十一五"和2020年规划》。

在生育政策不断完善和调整和进程中,1984年"一孩半政策",2001年底通过、2002年出台了夫妻双方均为独生子女的可以生育第二个孩子的政策②,"双独二孩"政策各省实施时间有所不同,其中河南省是"双独二孩"实施最晚的省份,其实施时间为2011年,这意味着自2011年起在全国范围内全面实施"双独二孩"政策。原国家人口计生委的统计资料表明,2011年之前,独生子女政策覆盖率大概占到全国内地总人口的35.4%;"一孩半"政策覆盖53.6%的人口;"二孩政策"覆盖9.7%的人口(部分少数民族夫妇;夫妻双方均为独生子女的,

---

① 《关于全面加强人口和计划生育工作统筹解决人口问题的决定》(以下简称《决定》)是指导新时期人口和计划生育工作的纲领性文件,标志着中国人口和计划生育工作进入稳定低生育水平、统筹解决人口问题、促进人的全面发展的新阶段。主题内容包括九个部分即:清醒认识全面加强我国人口和计划生育工作的重要性和紧迫性、坚定不移走中国特色统筹解决人口问题的道路、千方百计稳定低生育水平、大力提高出生人口素质、综合治理出生人口性别比偏高问题、不断完善流动人口管理服务体系、积极应对人口老龄化、切实加大人口和计划生育事业保障力度、进一步加强对人口和计划生育工作的领导。

② 2002年9月施行的《人口与计划生育法》规定:符合法律、法规规定条件的,可以要求安排生育第二个子女;特殊条件包括:双方均为独生子女,已生育一个子女的;双方均为农村居民子女,已生育一个子女的;等等。

也可生育两个孩子);三孩及以上的政策覆盖了 1.3% 的人口(主要是西藏、新疆少数民族游牧民)。2010 年 1 月 6 日,国家人口计生委下发的《国家人口发展"十二五"规划思路(征求意见稿)》提到要"稳妥开展实行'夫妻一方为独生子女的家庭可以生育第二个孩子'的政策试点工作。"

表 4-3　1982—2013 年各地生育政策概况

生育政策	适用范围
一孩	①绝大多数城镇居民; ②北京、天津、上海、江苏、四川、重庆 6 省市的农村居民。
一孩半	农村居民第一胎为女孩,可生育第二个孩子。包括:河北、山西、内蒙古、辽宁、吉林、黑龙江、浙江、安徽、福建、江西、山东、河南、湖北、湖南、广东、广西、贵州、陕西、甘肃等 19 个省(自治区)的农村居民。
二孩	①海南、宁夏、云南、青海、新疆等 5 个省(自治区)的农村居民; ②1000 万人口以下(1984 年)的少数民族; ③西藏的汉族居民、城镇居民。
三孩	①一些人口较少的少数民族(22 个人口在 10 万以下的少数民族); ②青海、宁夏、新疆、四川、甘肃等地区的少数民族农牧民; ③海南、内蒙古等地前两胎均为女孩的少数民族农牧民。
不限制	西藏及边远地区的少数民族农牧民。

资料来源:各地地方性法规,恒大研究院。

4.2.5　生育政策逐渐完善阶段(2014 年至今)

在经历了迅速从高生育率到低生育率的转变之后,进入 21 世纪以来,中国人口形势发生了重大转折。根据第六次全国人口普查以及年度人口变动调查数据推算,按照现行原生育政策,人口增长惯性趋弱。2011 年,15 岁至 49 岁育龄妇女人数达到 3.8 亿的峰值,20 岁至 29 岁生育旺盛期妇女人数达到 1.1 亿的"小高峰",之后趋于减少。育龄妇女结构的变化,加上人口老龄化导致人口死亡率上升的影响,将使人口自然增长率不断下降。同时,自 2012 年我国劳动年龄人口比上年减少 345 万人;2023 年以后,年均减少约 800 万人,人口老龄化速度加快,劳动力日益短缺。由此可见,人口发展的主要矛盾已经不再是增长过快,而是人口红利逐渐消退、生育率水平持续低下、人口结构性问题突出等。人口问题成为影响和制约中国经济社会发展的重要因素,许多学者研究指出,人口政策亟待转向,尤其是生育政策应该调整。

1."单独二孩"政策(2014—2015年)

为了适应人口与经济发展的新形势,2013年国家机构改革将卫生部与国家人口计划生育委员会合并为国家卫生和计划生育委员会。2013年11月12日中国共产党第十八届中央委员会第三次全体会议通过《中共中央关于全面深化改革若干重大问题的决定》[①](以下简称《决定》),提出坚持计划生育的基本国策,启动实施一方是独生子女的夫妇可生育两个孩子的政策,逐步调整完善生育政策,促进人口长期均衡发展。2013年12月28日,《关于调整完善生育政策的决议》[②]由十二届全国人大常委会第六次会议表决通过,"单独二孩"政策正式实施。党的十八届三中全会决定启动单独生育二孩政策,是过去十几年以来对计划生育政策重大的、战略性的调整。自20世纪70年代末开始实施的"独生子女"政策宣告退出中国生育政策的历史舞台。

实施"单独二孩"政策,由各地依据《人口与计划生育法》,通过省级人民代表大会或其常委会修订地方条例或做出规定,依法组织实施。当夫妇俩的户籍所在的省份修订了人口与计划生育条例或人大常委会做出了专门规定,允许单独夫妇可生育两个孩子,就可以按程序申请再生育了。如果夫妇俩的户口不在同一个省(区、市),只要任何一方户口所在地允许单独夫妇生育两个孩子,则可在政策开放地申请再生育。浙江省于2014年1月17日率先开启"单独二孩"

---

① 2013年11月12日,中国共产党第十八届中央委员会第三次全体会议通过《中共中央关于全面深化改革若干重大问题的决定》,11月15日,该决定正式发布。《决定》阐述了中国全面深化改革的重大意义,总结了中国改革开放35年来的历史性成就和宝贵经验,提出了到2020年全面深化改革的指导思想、总体思路、主要任务、重大举措。这是一份新形势下全面深化改革的纲领性文件,标志着从1978年开始中国改革开放进入到新阶段。

② 《关于调整完善生育政策的决议》指出,20世纪90年代初,我国进入低生育水平国家行列。随着经济社会发展、城镇化水平提高和群众生育观念转变,妇女总和生育率呈现稳中有降的趋势。生育水平过高或过低,都不利于人口与经济社会协调发展。调整完善生育政策,符合人口发展规律,有利于稳定适度低生育水平,减缓人口总量在达到峰值后过快下降的势头,有利于中华民族长远发展。

政策,随后该政策在其他省份(直辖市、自治区)及中国人民解放军陆续落地实施[①]。

表 4-4　各省级行政区、解放军"单独二孩"政策实施时间表(2014 年)

序号	地区	实施时间	序号	地区	实施时间	序号	地区	实施时间
1	浙江	1 月 17 日	12	辽宁	3 月 27 日	22	黑龙江	4 月 22 日
2	江西	1 月 18 日	13	湖北	3 月 27 日	23	贵州	5 月 17 日
3	安徽	1 月 23 日	14	广东	3 月 27 日	24	宁夏	5 月 28 日
4	天津市	2 月 14 日	15	青海	3 月 27 日	25	山西	5 月 29 日
5	北京市	2 月 21 日	16	吉林	3 月 28 日	26	河北	5 月 30 日
6	广西	3 月 1 日	17	江苏	3 月 28 日	27	山东	5 月 30 日
7	上海市	3 月 1 日	18	湖南	3 月 28 日	28	海南	6 月 1 日
8	陕西	3 月 1 日	19	云南	3 月 28 日	29	河南	6 月 3 日
9	四川	3 月 20 日	20	福建	3 月 29 日	30	中国人民解放军	7 月 1 日
10	重庆市	3 月 26 日	21	内蒙古	3 月 31 日	31	西藏	11 月 6 日
11	甘肃	3 月 26 日						

数据来源:根据各地区公布数据整理所得。

2.全面放开二孩政策(2016 年至 2021 年 5 月 31 日)

根据卫计委的统计,从 2014 年单独二孩政策实施到 2015 年 5 月底,全国共有 145 万对单独夫妻提出再生育申请,申请单独二孩再生育数量稳定在每个月八九万对。考虑到全国单独夫妻总量约在 1100 万对,申请再生育的比例仅在 13%左右,在相当程度上反映了目前整体生育意愿走低的现状。中国社会科学院发布的《经济蓝皮书:2015 年中国经济形势分析与预测》认为,中国目前的总和生育率只有 1.4,远低于世代更替水平 2.1,已经非常接近国际上公认的 1.3 的"低生育率陷阱",应尽快从单独二孩向全面放开二孩政策过渡。过去 30

---

　　① 2013 年 11 月 16—17 日举行的新疆维吾尔自治区党委八届六次全委(扩大)会议上,明确提出在新疆"坚持计划生育为国策,启动实施一方是独生子女的夫妇可生育两个孩子的政策,同时研究控制部分地区人口过快增长"。但新疆地区并未发布"单独二孩"政策实施的相关文件,意味着新疆地区生育二孩需要符合《新疆维吾尔自治区人口与计划生育条例》。

年中,中国经济的发展得益于人口红利,但由于少子老龄化,将不可避免地进入人口负债阶段。日本因为少子老龄化导致的经济停滞值得中国警醒。由于各界对放开二孩到底会带来多大的人口增量充满争议,导致我国生育政策调整进程缓慢。“单独二孩”政策实施遇冷和生育意愿持续低迷,说明放开二孩政策并不会出现人口“爆炸式增长”。“单独二孩”政策在全国范围内遇冷之后,全面放开二孩政策的呼声进一步高涨。多家研究机构以及多位政协委员、人大代表提出了尽快全面放开二孩政策的建议。2015 年 10 月 29 日,十八届五中全会公报指出:促进人口均衡发展,坚持计划生育的基本国策,完善人口发展战略,全面实施一对夫妇可生育两个孩子政策,积极开展应对人口老龄化行动。2015 年12 月 27 日全国人大常委会表决通过了《人口与计划生育法修正案(草案)》[①],“全面二孩”政策定于 2016 年 1 月 1 日起正式实施[②]。

为了逐步提升总和生育率并使其稳定在适度水平,2017 年 1 月 25 日国务院发布了《国家人口发展规划(2016—2030 年)》[③](以下简称《规划》)。《规划》指出,未来十几年特别是 2021—2030 年,我国人口发展进入关键转折期。根据预测,人口总量将在 2030 年前后达到峰值,劳动年龄人口波动下降,老龄化程度不断加深,人口流动仍然活跃,家庭呈现多样化趋势。综合判断,人口众多的基本国情不会根本改变,人口对经济社会发展的压力不会根本改变,人口与资源环境的紧张关系不会根本改变。完善人口发展战略和人口政策体系,促进人口长期均衡发展,最大限度地发挥人口对经济社会发展的能动作用,对全面建

---

① 《中华人民共和国人口与计划生育法修正案(草案)》是由国务院总理李克强 2015 年 12 月 2 日主持召开国务院常务会议中通过,草案明确在全国统一实施全面两孩政策,并对奖励保障等配套制度做了调整完善。2015 年 12 月 21 日至 27 日十二届全国人大常委会第十八次会议在北京召开,此次会议初次审议了人口与计划生育法修正案草案。草案提出,本修正案自 2016 年 1 月 1 日起施行。

② 《中华人民共和国人口与计划生育法(2015 年修正)》第二条规定:“我国是人口众多的国家,实行计划生育是国家的基本国策。”第十八条规定:“国家提倡一对夫妻生育两个子女,……夫妻双方户籍所在地的省、自治区、直辖市之间关于再生育子女的规定不一致的,按照有利于当事人的原则适用。”

③ 2017 年 1 月 25 日国务院印发了《国家人口发展规划(2016—2030 年)》(以下简称《规划》)。《规划》强调,要以促进人口均衡发展为主线,坚持计划生育基本国策,鼓励按政策生育,充分发挥全面两孩政策效应,综合施策,创造有利于发展的人口总量势能、结构红利和素质资本叠加优势,促进人口与经济社会、资源环境协调可持续发展。到 2020 年,全面两孩政策效应充分发挥,生育水平适度提高,人口素质不断改善,结构逐步优化,分布更加合理,全国总人口达到 14.2 亿人左右。到 2030 年,人口自身均衡发展的态势基本形成,人口与经济社会、资源环境的协调程度进一步提高,全国总人口达到 14.5 亿人左右。

成小康社会、实现中华民族伟大复兴的中国梦，具有重大现实意义和深远历史意义。《规划》明确了今后一段时期我国人口发展的总体要求、主要目标、战略导向和工作任务，是指导全国人口发展的纲领性文件，是全面做好人口和计划生育工作的重要依据，并为经济社会发展宏观决策提供支撑。

2018年，国务院机构改革不再保留国家卫生和计划生育委员会，组新中国成立家卫生健康委员会，这是自1981年国家计划生育委员会组建以来，国务院组成部门中第一次没有"计划生育"名称。为了进一步完善生育政策配套措施，不断提高生育率水平，2018年12月22日，国务院发布《国务院关于印发个人所得税专项附加扣除暂行办法的通知》（国发〔2018〕41号），《暂行办法》第五条规定："纳税人的子女接受全日制学历教育的相关支出，按照每个子女每月1000元的标准定额扣除。"2019年5月10日，《国务院办公厅关于促进3岁以下婴幼儿照护服务发展的指导意见》（国办发〔2019〕15号）①发布，《指导意见》指出："……建立完善促进婴幼儿照护服务发展的政策法规体系、标准规范体系和服务供给体系，充分调动社会力量的积极性，多种形式开展婴幼儿照护服务，逐步满足人民群众对婴幼儿照护服务的需求，促进婴幼儿健康成长、广大家庭和谐幸福、经济社会持续发展。"

3. 全面放开三孩政策（2021年5月31日至今）

生育政策调整释放出有限的正向效应，却也无法逆转已经悄然形成的内生性低生育趋势。"全面二孩"政策效果不彰，因生育政策调整而积存的政策势能的集中释放所导致的生育堆积效应早已消退，2018年我国出生人口下降200万人，2019年出生人口为1465万人，比2018年再降58万人，而2020年出生人口只有1200万人，比2019年减少265万人，降幅高达18%。这一方面是由于具有生育意愿的适龄夫妇数量较少，另一方面是由于生育率回升的持续时间太短，虽然曾经迎来了一波政策性补偿性生育，但此后不久便出现了跌落。这充

---

① 发展目标为："到2020年，婴幼儿照护服务的政策法规体系和标准规范体系初步建立，建成一批具有示范效应的婴幼儿照护服务机构，婴幼儿照护服务水平有所提升，人民群众的婴幼儿照护服务需求得到初步满足。到2025年，婴幼儿照护服务的政策法规体系和标准规范体系基本健全，多元化、多样化、覆盖城乡的婴幼儿照护服务体系基本形成，婴幼儿照护服务水平明显提升，人民群众的婴幼儿照护服务需求得到进一步满足。"

分表明,中国在改革开放后加入全球经济体系的同时,民众的思想观念与生育观念也发生了根本性的转变,"晚婚晚育、少生优生"早已成为多数人的自觉行动。这既是中国计划生育所取得的伟大成就,更是中国面临的最大人口问题。"单独二孩"与"全面二孩"政策实施是一次全国性的社会实验,前期生育政策调整未达预期为加快"全面三孩"新政策的出台提供了足够的经验支撑,也打消了人们对生育政策逐步放松后可能出现的较为严重的出生堆积的种种疑虑。

在此背景下,中共中央政治局 2021 年 5 月 31 日召开会议,听取"十四五"时期积极应对人口老龄化重大举措汇报,审议《关于优化生育政策促进人口长期均衡发展的决定》,会议指出:"党的十八大以来,党中央根据我国人口发展变化形势,先后作出实施单独两孩、全面两孩政策等重大决策部署,取得积极成效。同时,我国人口总量庞大,近年来人口老龄化程度加深。进一步优化生育政策,实施一对夫妻可以生育三个子女政策及配套支持措施,有利于改善我国人口结构、落实积极应对人口老龄化国家战略、保持我国人力资源禀赋优势。"

2021 年 8 月 20 日,全国人大常委会会议表决通过了关于修改《人口与计划生育法》的决定。修改后的《人口与计划生育法》规定,国家提倡适龄婚育、优生优育,一对夫妻可以生育三个子女。国家采取财政、税收、保险、教育、住房、就业等支持措施,减轻家庭生育、养育、教育负担。2022 年,《政府工作报告》提出:完善三孩生育政策配套措施,将 3 岁以下婴幼儿照护费用纳入个人所得税专项附加扣除,多渠道发展普惠托育服务,减轻家庭生育、养育、教育负担。

三孩政策配套措施的落地落实,是"十四五"时期的关键任务。"全面三孩"政策落地以来,各地政府从"计生"往"催生"方面开始转变,做出一些积极的有益的尝试。一是关于育儿补贴方面的实践。继四川攀枝花市为"二孩""三孩"提供 500 元/月育儿补贴金之后,甘肃临泽县除对产妇发放一次性生育津贴外,分别对"二孩""三孩"给予二孩每年 5000 元/年、10000 元/年的育儿补贴。另外在浙江省、海南省的相关调研中则分别设置了"假设政府每个月补贴 1000 元(自出生后至 3 岁),您愿意生育二孩/三孩吗?""每月给二孩/三孩补贴 500 元的标准是否愿意生育二孩/三孩?"等选项。在当前"三育成本"奇高的背景下,育儿补贴金可以在一定程度上缓解家庭养育负担,从西方发达国家的实践经验来看,单靠政府资金支持显然难以达到预期目的。同时,育儿补贴金发放对象为"二孩""三孩",未能体现宏观社会政策应有的公平性。"一孩"是"二孩""三孩"的基础,"一孩"家庭是社会的基本面,公共资源更应让大多数人获得而不是相反,否则就背离了政策实施的初衷。二是关于生育假期方面的实践。新政策实施以来,我国陆续有 25 个省完成了《人口与计划生育条例》相关法规的修订,主要体现在对产假的延长,延长时间 30～90 天不等。从现行政策来看,西藏是育产假及陪护假最长的省份,女性可享受 1 年育产假的同时,男性还可享受 30 天陪护假。生育假期延长有利于女性身心恢复并有足够的精力照顾婴幼儿,但却会使女性面临职场危机,面临更为严重的"母职惩罚"问题,尤其是在经济较为发达的大城市,当家庭与工作之间的矛盾不可调和时,女性将通过减少生育来解决二者之间的冲突。三是关于儿童照料服务方面的实践。"幼有所育"在国家层面已纳入宏观规划的同时,各地方政府也在进行积极的探索,如 2017 年初上海市开始大力推进婴幼儿托育点建设,海南省提出 2022 年底全省每千常住人口拥有 2.5 个以上托位,成都则提出创建全国婴幼儿照护服务示范城市的目标等。但当前我国 3 岁以下婴幼儿总人数约 4000 万,整体入托率在 6% 左右,即便只算城市入托率也不到 10%,远达不到发达国家 25%～55% 的入托比例。可以看到我国 0～3 岁婴幼儿照看服务社会供给严重不足,仍然是以祖辈照料或全职母亲照料为主,"全面三孩"政策实施后这种供需矛盾进一步加剧,尤其是当家庭缺乏上一代人照料支持时,女性将面临退出劳动力市场,承担照料责任或者更努力地工作以获得更多报酬为婴幼儿看护提供经济支持非此即彼的选择。3～5 岁幼儿则通过学前教育来实现照料服务,目前在学前教育服务提供方面普遍面临入园入托困难、费用高昂等突出问题,高昂的学前教育成本倒逼女性重新进入劳动力市场,从而进一步降低了女性生育意愿。婴幼儿照护及学前教育供给与需求之间矛盾严重挫伤了家庭生育意愿,加大托幼供给的同时缓解育儿经济负担是当前亟待解决的问题之一。

"全面三孩"生育新政策的出台与实施,既受到现实问题的"倒逼",也考验着执政者的决心。一方面,中国的人口与经济社会形势面临新的变化与挑战,中国人口发展面临的主要矛盾早已由人口增长过快的数量问题转变为少子老龄化与出生性别比例失衡的结构问题。然而,由于对人口发展认识上的滞后,未能及时揭示今后人口发展中的主要矛盾与任务,拖延了生育政策的调整,导致正确的应对决策迟迟未能出台。中国系列生育政策的调整与推行,未能恰逢其时,却是姗姗来迟。另一方面,生育政策调整本身就具备很好的法理基础与群众基础,生育政策的逐步放开乃大势所趋,自然成为深化改革的突破口。

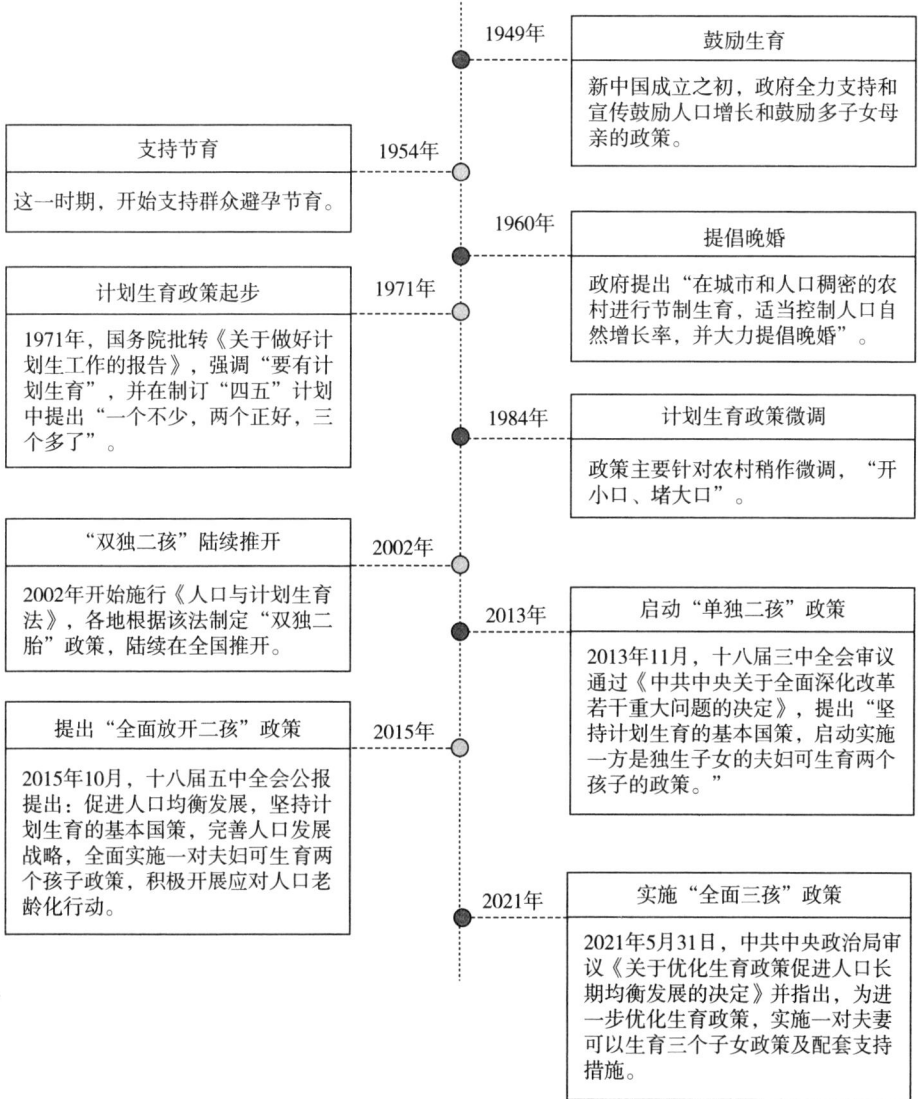

支持节育
这一时期,开始支持群众避孕节育。

1954年

1949年

鼓励生育
新中国成立之初,政府全力支持和宣传鼓励人口增长和鼓励多子女母亲的政策。

1960年

提倡晚婚
政府提出"在城市和人口稠密的农村进行节制生育,适当控制人口自然增长率,并大力提倡晚婚"。

计划生育政策起步
1971年,国务院批转《关于做好计划生育工作的报告》,强调"要有计划生育",并在制订"四五"计划中提出"一个不少,两个正好,三个多了"。

1971年

1984年

计划生育政策微调
政策主要针对农村稍作微调,"开小口、堵大口"。

"双独二孩"陆续推开
2002年开始施行《人口与计划生育法》,各地根据该法制定"双独二胎"政策,陆续在全国推开。

2002年

2013年

启动"单独二孩"政策
2013年11月,十八届三中全会审议通过《中共中央关于全面深化改革若干重大问题的决定》,提出"坚持计划生育的基本国策,启动实施一方是独生子女的夫妇可生育两个孩子的政策。"

提出"全面放开二孩"政策
2015年10月,十八届五中全会公报提出:促进人口均衡发展,坚持计划生育的基本国策,完善人口发展战略,全面实施一对夫妇可生育两个孩子政策,积极开展应对人口老龄化行动。

2015年

2021年

实施"全面三孩"政策
2021年5月31日,中共中央政治局审议《关于优化生育政策促进人口长期均衡发展的决定》并指出,为进一步优化生育政策,实施一对夫妻可以生育三个子女政策及配套支持措施。

图 4-7　中国生育政策演变历史

资料来源:根据相关资料整理所得。

生育政策是影响人口发展的核心因素,也是调控人口发展的重要手段。新中国成立以来,随着我国人口转变和经济社会发展不断变化,生育政策在实践中也得以不断调整、完善,并取得了显著的成绩。首先,随着经济和社会的发展,群众的生育观念发生了明显改变,人口增速放缓,实现了人口再生产类型的历史性转变;其次,人口总量增速放缓,人均收入水平不断提高,综合国力显著增强,小康战略目标基本实现;最后,人口总量增速放缓在一定程度上缓解了对资源、环境的压力,环境得到改善,资源利用效率提高,人力资源优势进一步加强,使可持续发展能力不断增强。总的来说,生育政策的实施使中国基本实现了人口与经济、社会、资源、环境的协调发展和可持续发展,基本实现人与自然的和谐共生。

4.3 生育政策实施效果分析

4.3.1 生育政策的历史贡献

1.人口再生产类型顺利转变

随着人类经济与社会的不断发展和进步,人口发展存在一定的规律性,一般而言将经历三个阶段:"高、高、低"阶段(即高出生率、高死亡率、低自然增长率)—"高、低、高"阶段(即高出生率、低死亡率、高自然增长率)—"低、低、低"的现代人口阶段(即低出生率、低死亡率、低自然增长率)。在经济发展与生育政策双重作用下,中国人口转型过程中政府干预成分十分明显,其转型速度远远超过发达国家。从人口发展历史经验来看,一些主要发达国家完成人口转型通常需要40~100年的时间,丹麦人口转变甚至经历了150年之久(1780—1930年)。中国人口转变从20世纪50年代开始,从"高、高、低"转型至"低、低、低"现代人口发展阶段用时不到50年。中国人口结构的转变与生育政策及经济发展相伴同行,共经历了如下六个阶段。

第一阶段(1949—1957年):此阶段有5年时间人口出生率维持在37‰的高水平上,然后出现了缓慢下降。与出生率缓慢下降相反,新中国成立之后,社会安定,人民生活水平逐步改善,卫生事业迅速进步。卫生医疗条件不断改善,危害人民群众的许多流行性疾病如天花、疟疾、痢疾、血吸虫等得到了有效控制,人口死亡率出现了前所未有的大幅度下降,从1949年的20‰直线下降至1957年的10.8‰,几乎下降了一半。在如此短的时间内,死亡率下降如此之快,在世界人口历史中也是一个奇迹。正是由于出生率变化的"缓慢"和死亡率变化的"快速"同时发生,这一阶段人口增长率不断攀升,从1949年的16‰快速增加至50年代中期的23‰~24‰,年均人口增加数量从1949年的1000万人增加至1957年的1479万人。人口总规模不断膨胀,1957年人口总量为6.47亿人,这一阶段人口净增长1.05亿人。总体来看,此阶段人口增长呈现一种加速态势。

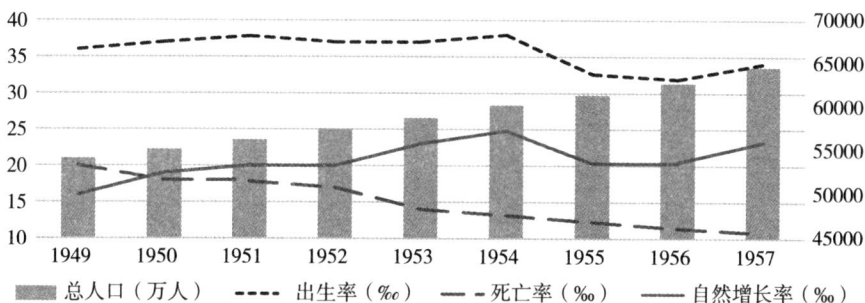

图4-8　1949—1957年人口自然变动情况

数据来源:历年《中国人口统计年鉴》。

第二阶段(1958—1961年)。此阶段的4年间,由于"大跃进"和"农村人民公社化运动"给整个国民经济带来了极大的影响,农业生产水平下降,1959年粮食减产200亿~300亿斤,农副产值比1958年下降13.6%,1960年,粮食产量跌至2870亿斤,比1957年的3901亿斤下降了26.4%,低于1951年的水平。从1957年至1960年,人均消费量大幅度减少,粮食减少19.4%(其中农村减少23.7%),猪肉减少69.9%,农副产品供应严重短缺,人民生活陷入极度的困苦的境地。全国陷入饥荒之中,大批人营养不足,产生浮肿现象,极度衰弱。

由于国家经济政策和方针的错误以及自然灾害的影响,人民生活困苦不堪,导致人口出生率下降,死亡率升高,人口自然增长率下降,并于1960年人口出现了负增长。出生率从1958年的29.22‰急速降至1959年的24.78‰,1960年降至20.86‰,1961年更是降至18.13‰。而死亡率从1958年的11‰升至1960年的25.45‰,为新中国成立以来死亡率的峰值。由于人口出生率和死亡率的急速的变化,人口自然增长率从第一阶段的高水平迅速跌落,从1957年的23.23‰降至1959年的10.19‰,并在 1960 年跌至迄今为止中国负增长水平(−4.57‰),全年总人口减少 304 万人。

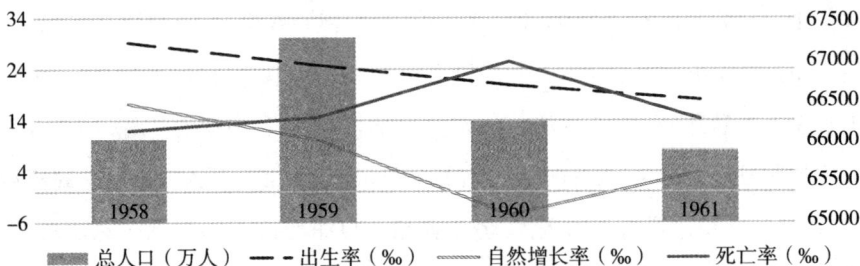

图 4-9　1958—1961 年人口自然变动情况

数据来源:历年《中国人口统计年鉴》。

第三阶段(1962—1973 年)。人口发展既随社会经济条件的改变而相应变动,又具有自身发展的内在规律性和历史连续性。1959 年至 1961 年期间的"三年困难时期"打断了人口稳步发展的正常进程。在人口自身规律的作用下,1961 年人口增长率已出现回升的态势。随着经济状况的不断好转,人口出现了补偿性增长(1962—1965 年)和人口增长高潮期(1966—1973 年)。这一阶段中国人口规模从 6.6 亿增加至 8.9 亿,年均人口自然增长率达 25.6‰,最高年份 1963 年达到 33.33‰,年均人口出生数达 2500 万人,人口净增量为 2.3 亿人。1968 年出生人口数达到了最高峰 2757 万人,人口净增量达 2121 万人。这一阶段人口死亡数和死亡率都呈现出在波动中缓慢下降的趋势。

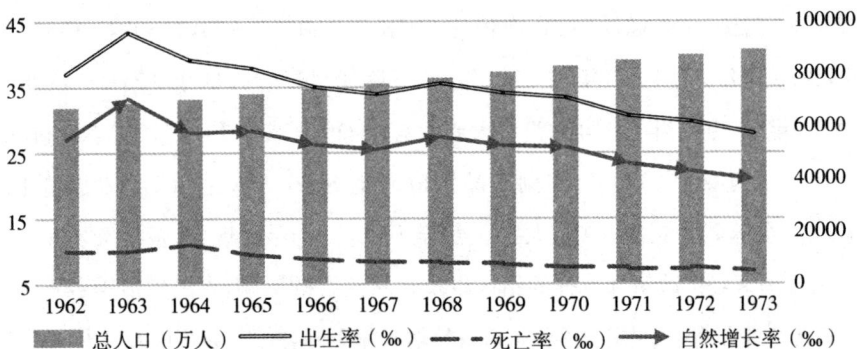

图 4-10　1962—1973 年人口自然变动情况。

数据来源:历年《中国人口统计年鉴》。

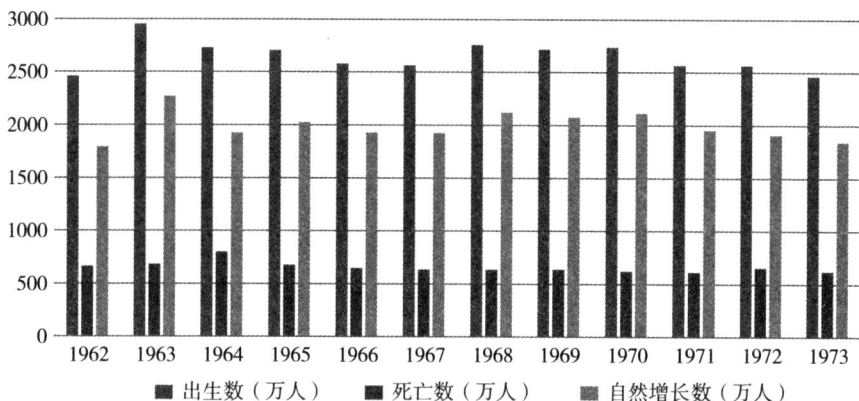

图 4-11　1962—1973 年人口出生数、死亡数、自然增长数

数据来源:历年《中国人口统计年鉴》。

第四阶段(1974—1979 年)。20 世纪 70 年代初计划生育起步,人口出生率从 1974 年的 24.82‰降至 1979 年的 17.82‰,人口自然增长率从 1974 年的 17.48‰降至 1979 年的 11.61‰;人口净增量从 1974 年的 1574 万人降至 1979 年的 1125 万人,人口总规模增速放缓。这一时期,中国在控制人口出生和增长方面取得了重要的成就,扭转了持续了 20 年的高生育和高增长的局面,是中国人口发展史上尤其是新中国成立以来人口发展的历史性转折时期。

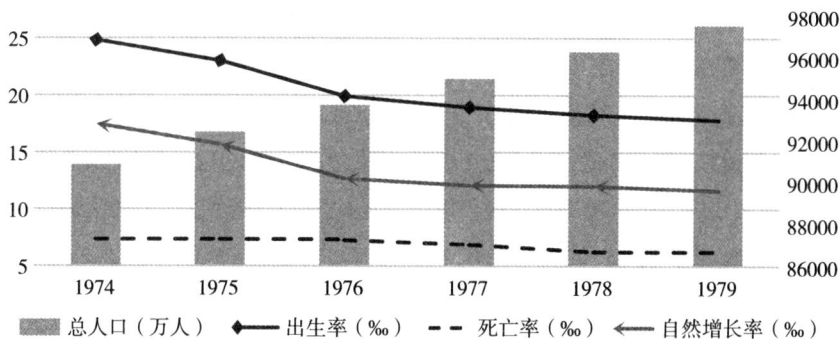

图 4-12　1974—1979 年人口自然变动情况

数据来源:历年《中国人口统计年鉴》。

第五阶段(1980—1989 年)。1978 年改革开放政策的实施使人口的分布、行业职业构成、迁移流动等都有了相应的变化。同时,70 年代初婚年龄大幅提高、生育率普遍急剧下降之后,最初的"急刹车"效应已经过去。另一方面,80 年代初"一孩"政策

实施遇阻后,"开小口、堵大口、煞歪口"的生育调整方针形成。但在具体生育政策调整过程中,由于有些地方领导对政策的突然调整很不适应,造成"小口"开放后失控、"大口"又没堵住的混乱局面。出生率在 1984 年的19.9‰反弹至 1987 年的 23.3‰,自然增长率也相应从 13.08‰反弹至16.61‰。每年净增人口数从 1984 年的1351 万增加至 1987 年的 1795 万人。80 年代末期,人口出生率和增长率从高点开始回落,至 1989 年出生率和增长率分别为 21.58‰、15.04‰。

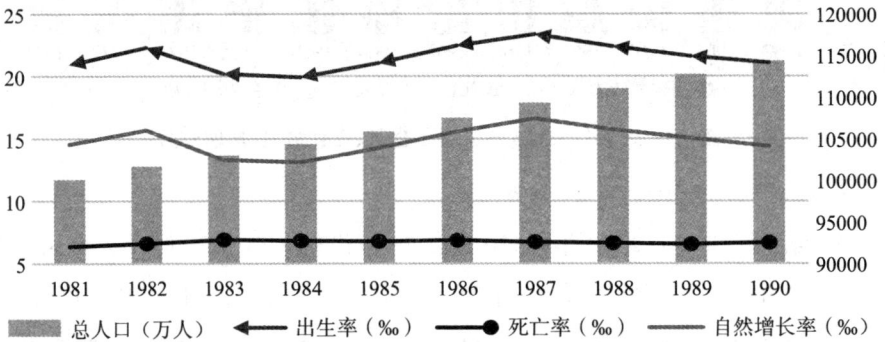

图 4-13　1980—1989 年人口自然变动情况

数据来源:《中国人口统计年鉴 2001》。

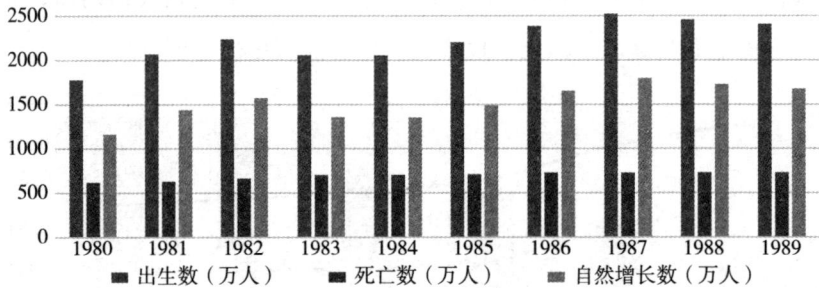

图 4-14　1980—1989 年人口出生数、死亡数、自然增长数

数据来源:《中国人口统计年鉴 2001》。

第六阶段(1990 年至今)。经历了 20 世纪 80 年代人口增长的波动之后,90年代出生率和增长率持续呈现下降趋势,且人口规模由实质性增长转变为惯性增长,人口再生产类型从"高、低、高"转变为"低、低、低"。当前我国人口总量虽仍处于持续增长阶段,但增速明显放缓并趋于见顶。尽管在"全面二孩"政策实施后人口增长出现了短暂小高峰,但这种增长并未得到持续。统计数据显示,2021 年人我国人口出生率、自然增长率、新出生人口数、人口净增量分别为

7.52‰、0.34‰、1062 万、48 万人，创近 60 年来的最低水平[①]。由此可见，当前我国人口总量的增长是年龄结构变动所致的惯性增长，且这种惯性即将消耗殆尽，人口总量即将见顶，负增长时代或将提前而至。

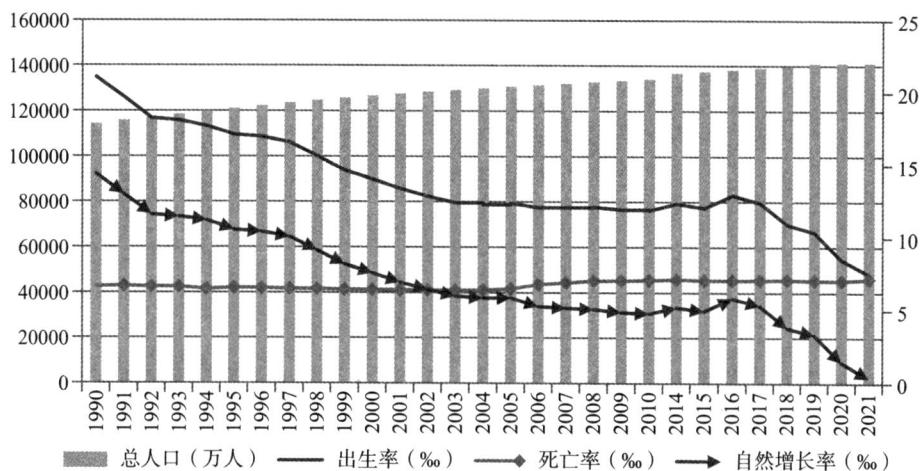

图 4-15　1990—2016 年人口自然变动情况

　　数据来源：1990—2020 年数据来自《中国人口统计年鉴 2021》，2021 年数据来自《中华人民共和国 2021 年国民经济和社会发展统计公报》。

2.人口质量得以提高

　　人口质量[②]反映了人口总体认识和改造世界的条件和能力，有关人口质量的讨论，学者的观点主要集中在"两要素论"和三要素论。"两要素论"是指人口质量包括身体素质和文化科学素质，而"三要素论"则认为人口质量不仅包括身体素质和文化科学素质，还包括思想道德素质。反映人口质量的指标可分为直接指标和间接指标。直接指标包括反映人口身体素质状况的指标（平均预期寿命、长寿水平、平均死亡年龄、形态发育情况等）、反映人口文化科学素质状况的指标（识字率、文盲率、入学率、平均受教育年限等）和反映人口思想道德素质的相关指标。反映人口质量的间接指标是指那些与人口质量的高低呈现正相关的指标，主要包括每万人中医生数、床位数、卫生经费支出比重、人均粮食占有

---

　　① 人口净增量创新中国成立以来除了 1960 年之外的最低，人口净增量为 304 万人。
　　② 根据指标的可量化性和数据可得性，本文所研究的人口质量是指人口身体健康素质和人口教育科技素质。

量、人均住房面积、人均教育经费等,这些间接指标可以判断一个国家提高人口质量所具备的物质条件和差异。

(1)人口身体健康素质

人口生长发育:计划生育政策实施以来,随着改革开放不断深化,中国经济、社会发展和城乡居民收入水平增加,家庭营养膳食不断得以改善,少年儿童的生长发育呈现快速增长的趋势,根据《2005年中国学生体质与健康调研报告》显示,1985—2005年20年间,中国城乡男女学生身高、体重和胸围出现快速增长。城乡男女学生各年龄组、各项指标整体呈现增长态势。其中,男生各项指标平均增长明显高于女生,农村男女生各项指标明显高于城市男女生。

由表4-5可知,1985—1995年10年间,身高平均增长速度明显快于1995—2005这10年,农村男女身高增长速度更快。这一期间,城乡男女身高增长和速度变化呈现"前快后慢"的特征,即在整体处于快速增长的前提下,生长速度在逐渐趋缓。由表4-6可知,城乡男女体重后10年增长速度明显高于前10年,即体重的增长速度表现出"前慢后快"的特征,这一结果的出现与经济生活水平和营养状况的极大改善有紧密的联系。1985—2005年城乡男女胸围变化呈现不同的特征,城市学生"前快后慢",农村地区呈现"前慢后快"的特征。通过对以上青少年儿童各项身体形态指标分析发现,中国城乡男女学生生长发育水平有了明显提升。

表4-5 1985—2005年间城乡男女身高每10年增长值 (单位:cm)

年龄 (岁)	城市男生		农村男生		城市女生		农村女生	
	1985—1995年	1995—2005年	1985—1995年	1995—2005年	1985—1995年	1995—2005年	1985—1995年	1995—2005年
7	2.5	1.8	3.1	1.8	2.4	1.4	3.1	1.4
8	2.7	2.6	3.0	2.7	2.7	2.0	3.4	2.1
9	2.9	2.3	3.2	2.7	3.0	1.9	3.5	2.6
10	3.2	2.4	3.4	2.7	3.2	2.0	4.2	2.6
11	4.0	2.2	4.1	2.6	3.7	1.8	4.6	2.5
12	5.1	2.4	5.5	2.2	4.1	0.9	5.0	1.6

续表

年龄 (岁)	城市男生		农村男生		城市女生		农村女生	
	1985— 1995 年	1995— 2005 年	1985— 1995 年	1995— 2005 年	1985— 1995 年	1995— 2005 年	1985— 1995 年	1995— 2005 年
13	5.0	1.4	5.4	1.9	2.3	0.6	2.6	1.0
14	4.2	1.6	5.2	2.0	1.5	0.9	2.3	1.2
15	2.8	1.8	3.9	2.3	1.5	0.8	1.6	1.1
16	1.8	1.6	2.5	2.0	0.9	0.8	1.4	1.1
17	1.1	1.5	1.7	2.1	0.7	1.0	1.0	1.2
18	0.6	1.6	1.5	1.8	0.4	1.2	1.0	1.0
平均增长	3.0	1.9	3.5	2.2	2.2	1.3	2.8	1.6

资料来源:中国学生体质与健康研究组.2005 年中国学生体质与健康调研报告[M].北京:高等教育出版社,2007 年版,第 59 页。

表 4-6 1985—2005 年间城乡男女体重每 10 年增长值 (单位:kg)

年龄 (岁)	城市男生		农村男生		城市女生		农村女生	
	1985— 1995 年	1995— 2005 年	1985— 1995 年	1995— 2005 年	1985— 1995 年	1995— 2005 年	1985— 1995 年	1995— 2005 年
7	1.9	2.3	1.4	1.8	1.7	1.6	1.2	1.3
8	2.3	3.3	1.4	2.4	2.0	2.2	1.4	1.8
9	2.9	3.5	1.6	2.7	2.4	2.4	1.6	2.3
10	3.7	4.1	1.9	3.3	3.0	2.8	2.2	2.6
11	4.6	4.3	2.7	3.2	3.9	3.0	2.9	2.7
12	5.5	4.6	3.6	3.5	4.4	2.2	3.4	2.1
13	5.8	3.4	4.1	2.6	3.3	1.5	2.3	1.5
14	5.3	3.7	3.9	2.5	2.3	2.2	1.8	1.1
15	4.2	3.9	3.0	2.2	2.2	1.9	1.0	0.9
16	3.6	3.5	1.9	2.0	1.9	1.3	0.7	0.7
17	3.0	3.4	1.2	2.0	1.3	1.5	0.2	0.6
18	2.3	3.3	0.9	2.0	1.0	1.5	−0.1	0.5
平均增长	3.8	3.6	2.3	2.5	2.5	2.0	1.6	1.5

资料来源:中国学生体质与健康研究组.2005 年中国学生体质与健康调研报告[M].北京:高等教育出版社,2007 年版,第 63、64 页。

表 4-7　　1985—2005 年间城乡男女胸围每 10 年增长值　　　（单位：cm）

年龄 （岁）	城市男生		农村男生		城市女生		农村女生	
	1985— 1995 年	1995— 2005 年	1985— 1995 年	1995— 2005 年	1985— 1995 年	1995— 2005 年	1985— 1995 年	1995— 2005 年
7	0.9	1.7	0.0	0.8	1.0	1.0	0.0	0.5
8	1.2	2.3	−0.1	1.4	1.0	1.6	−0.1	1.2
9	1.6	2.4	−0.1	1.5	1.3	1.8	0.0	1.4
10	2.0	2.8	−0.1	1.9	2.0	1.6	0.5	1.6
11	2.7	2.6	0.5	1.9	2.7	2.0	1.1	1.8
12	3.1	2.7	1.0	1.8	2.9	1.2	1.4	1.3
13	3.0	1.3	1.1	0.7	2.1	0.8	0.4	0.8
14	2.5	1.1	0.9	1.1	1.6	1.1	0.3	0.5
15	1.7	1.1	0.5	0.0	1.5	1.1	−0.1	0.4
16	1.1	0.8	−0.1	−0.3	1.3	1.0	−0.3	0.3
17	0.7	0.2	−0.8	−0.4	1.1	0.9	−0.6	0.3
18	0.4	−0.1	−0.9	−0.4	0.7	1.0	−0.8	0.3
平均增长	1.7	1.5	0.2	0.8	1.6	1.3	0.2	0.9

資料来源：中国学生体质与健康研究组.2005 年中国学生体质与健康调研报告［M］.北京：高等教育出版社,2007 年版,第 66、67 页。

　　2019 年,教育部、国家体育总局、国家卫生健康委、国家民族事务委员会、科技部、财政部部署开展了第八次全国学生体质与健康调研工作[①],2021 年 9 月第八次全国学生体质与健康调研结果发布,显示我国学生体质健康达标优良率逐渐上升,学生身高、体重、胸围等形态发育指标持续向好,学生肺活量水平全面上升,中小学生柔韧、力量、速度、耐力等素质出现好转,体育教学质量不断优化和提升。首先,初中生体质健康达标优良率上升最为明显。2019 年全国 6〜22 岁学生体质健康达标优良率为 23.8%,优良率较高的地区为东部经济发达和沿海地区。自 2014 年教育部颁布实施《国家学生体质健康标准》以来,我国学生体质健康达标优良率总体呈上升趋势,13〜22 岁年龄段学生优良率从

---

　　① 本次调研按照分层整群随机抽样调查方法,在全国 31 个省（区、市）和新疆生产建设兵团的 93 个地市 1258 所学校进行调研,调研学生 374257 人,覆盖全日制普通中小学、普通高等学校学生。调研身体形态、生理机能、身体素质、健康状况等 4 个方面 24 项指标。对体检样本中的小学四年级以上学生进行问卷调查。被调研学生按城、乡、男、女分四类,每周岁一个年龄组。

2014 年的 14.8% 上升到 2019 年的 17.7%，上升了 2.9 个百分点。13～15 岁、16～18 岁、19～22 岁学生体质健康达标优良率分别上升 5.1、1.8 和 0.2 个百分点，初中生上升最为明显。其次，学生身高、体重、胸围等形态发育指标持续向好。各年龄组男女生身高、体重、胸围指标均继续呈现上升趋势。与 2014 年相比，2019 年全国 7～9 岁、10～12 岁、13～15 岁、16～18 岁、19～22 岁男生身高分别增加 0.52 cm、1.26 cm、1.69 cm、0.95 cm 和 0.81 cm，体重增加 0.61 kg、1.73 kg、2.52 kg、2.52 kg 和 2.86 kg，胸围增加 0.53 cm、1.01 cm、0.99 cm、0.82 cm 和 1.54 cm。各年龄组女生身高分别增加 0.72 cm、1.24 cm、0.97 cm、0.80 cm 和 0.62 cm，体重增加 0.70 kg、1.64 kg、2.28 kg、1.99 kg 和 1.67 kg，胸围增加 0.52 cm、1.03 cm、1.38 cm、0.95 cm 和 0.83 cm。第三，学生肺活量水平全面上升。肺活量显示人的心肺功能，肺活量大的儿童，身体供氧能力更强。近 10 年来，全国学生肺活量持续增加，初中生增长最为明显。与 2014 年相比，2019 年全国 7～9 岁、10～12 岁、13～15 岁、16～18 岁、19～22 岁男生肺活量分别增加 82.5 ml、153.6 ml、209.7 ml、161.2 ml 和 92.3 ml，各年龄段女生的肺活量分别增加 105.3 ml、166.0 ml、187.2 ml、147.0 ml 和 102.2 ml。第四，中小学生柔韧、力量、速度、耐力等素质出现好转。中小学生柔韧、力量、速度和耐力等素质总体出现好转，柔韧素质、力量素质小学生和初中生改善较其他年龄段明显。与 2014 年相比，2019 年各年龄段女生 1 分钟仰卧起坐成绩分别增加 1.9 个、1.9 个、1.8 个、1.6 个和 1.0 个；7～12 岁男生斜身引体增加 0.7 个。中学生速度素质和耐力素质有所改善。2019 年与 2014 年数据相比，13～15 岁、16～18 岁男女中学生 50 米跑成绩有所提升，分别提高了 0.09 秒和 0.01 秒；13～15 岁女生 800 米跑成绩提高 4.49 秒，13～15 岁男生 1000 米跑成绩提高 6.50 秒。第五，学生营养不良持续改善。2019 年我国 6～22 岁学生营养不良率为 10.2%，近 10 年来，各年龄段男女生营养不良状况持续改善。与 2014 年相比，2019 年全国 7～9 岁、10～12 岁、13～15 岁、16～18 岁、19～22 岁学生分别下降 2.1、1.6、2.4、2.6 和 2.3 个百分点。

平均预期寿命：又称平均寿命，是反映一个国家（地区）人口健康状况和生命素质的重要综合指标。新中国成立以来，人口平均预期寿命有了大幅度提升（如图 4-16 所示），从新中国成立前的 35 岁上升至 1963 年的 61.7 岁，1981 年为 67.9 岁,1990 年 68.6 岁,2015 年 76.34 岁,随后的 2015 年至 2020 年间,我国人均预期寿命进一步得到提升,从 76.34 岁提高到 77.93 岁[①],中国已是世界上的"长寿国家"(人均预期寿命在 70 岁以上)之一,成为世界上平均预期寿命增长最快的国家之一。

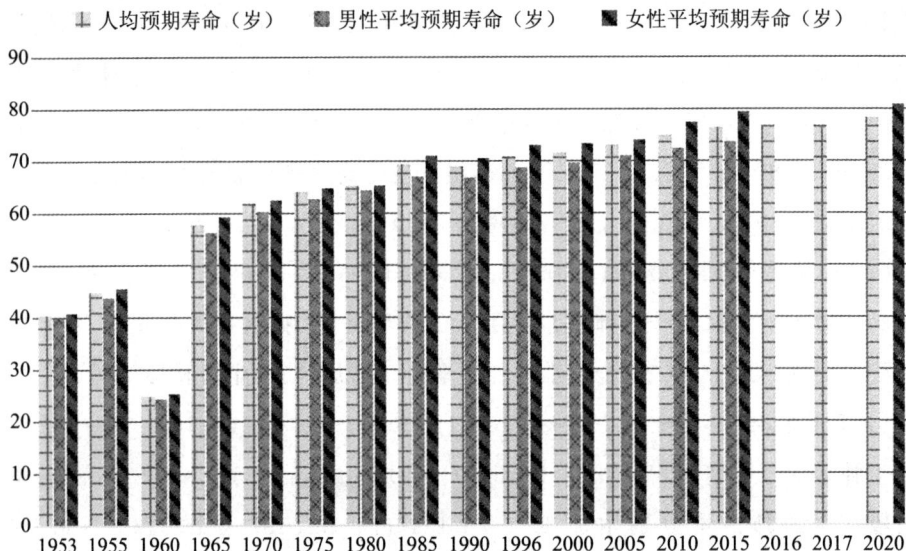

图例:人均预期寿命(岁)　男性平均预期寿命(岁)　女性平均预期寿命(岁)

图 4-16　1953—2020 年中国人口预期寿命变化

数据来源:路遇,翟振武.新中国人口六十年[M].北京:中国人口出版社,2009 年版,第 176−177 页;2010 年人口普查及 2015 年 1%人口抽样调查数据;2016 年数据来自 2016 年《中国健康事业的发展与人权进步》;2017 年数据来自《2017 年我国卫生健康事业发展统计公报》;2020 年人均预期寿命数据来自"十四五"国民健康规划》,女性平均预期寿命来自中国妇女发展纲要(2011—2020 年)》[②]。

婴幼儿死亡率:该指标是一个敏感的死亡指标,该指标不仅是反映居民健

---

① 2022 年 5 月,国务院办公厅印发《"十四五"国民健康规划》(以下简称《规划》),提出:"经过努力,人民健康水平不断提高。2015 年至 2020 年,人均预期寿命从 76.34 岁提高到 77.93 岁,婴儿死亡率从 8.1‰降至 5.4‰,5 岁以下儿童死亡率从 10.7‰降至 7.5‰,孕产妇死亡率从 20.1/10 万降至 16.9/10 万,主要健康指标居于中高收入国家前列,个人卫生支出占卫生总费用的比重下降到 27.7%。"

② 国务院 2011 年 7 月 30 日发布《中国妇女发展纲要(2011—2020 年)》终期统计监测报告显示,我国女性平均预期寿命突破 80 岁。继 2000 年我国进入长寿国家行列之后,我国人均预期寿命持续提高,其中,女性人均预期寿命从 2010 年的 77.37 岁提高到 2015 年的 79.43 岁,2020 年进一步提高到 80.88 岁。据联合国《世界人口展望》测算结果,2020 年,我国女性的人均预期寿命水平在 184 个国家中位列第 62 位,比世界女性平均水平高 4 岁。

康水平的重要指标,也是衡量一个国家(地区)社会经济发展与医疗卫生保健水平的重要依据。婴幼儿死亡率的高低受社会发展水平、经济状况和卫生条件等的影响,尤其与妇幼保健工作的质量有关。根据国家儿童死亡监测方案监测地区数据显示,20世纪90年代以来,中国婴儿死亡率、5岁以下儿童死亡率的年平均下降速率分别为6.5%和5.85%,全国新生儿死亡率、婴儿死亡率、5岁以下儿童死亡率、孕产妇死亡率,从1991年的33.1‰、50.2‰、61.0‰、80/10万分别降至2000年的22.8‰、32.2‰、39.7‰和53/10万。进入21世纪以来,随着妇幼保健工作进一步得到重视和加强,2016年这一组数值分别降至4.9‰、7.5‰、10.2‰、19.9/10万。2015年至2020年间,婴儿死亡率从8.1‰降至5.4‰,5岁以下儿童死亡率从10.7‰降至7.5‰,孕产妇死亡率从20.1/10万降至16.9/10万。

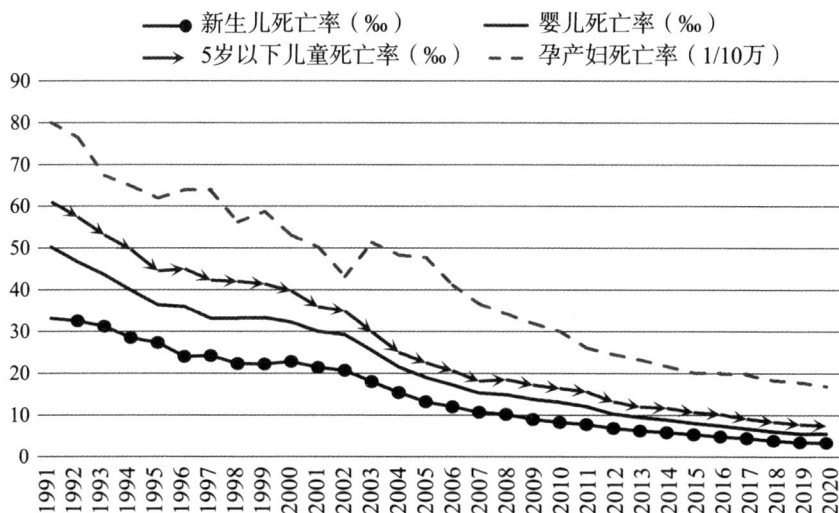

图4-17　1991—2020年中国监测地区5岁以下婴幼儿死亡率及孕产妇死亡率

数据来源:《2021年中国统计年鉴》。

(2)人口教育科技素质

受教育人口快速增加。中国教育有三个层级:初等教育、中等教育和高等教育。初等教育是使受教育人口打下文化知识基础和做好初步生活准备的教育,其教育对象为6~12岁儿童;中等教育是在初等教育的基础上继续实施的中等普通教育和专业教育;高等教育负担着培养各种高级专门人才包括科学研究人才的任务。由图 4-18 可知,20 世纪 70 年代末以来,各级各类教育在校学生数发生了较大变化,普通小学在校学生数整体呈下降态势,这一变化与计划生育政策有着密切的关系;初中在校学生数呈现"下降—上升—下降"的特征;中等职业教育在校人数整体呈现"上升—下降"的特征;普通高中及本专科在校学生人数整体呈上升态势。从学龄前儿童净入学率及各级学校毕业生入学率来看(图 4-19),均呈现上升趋势,随着义务教育的普及,学龄前儿童入学率及小学升学率接近 100%。

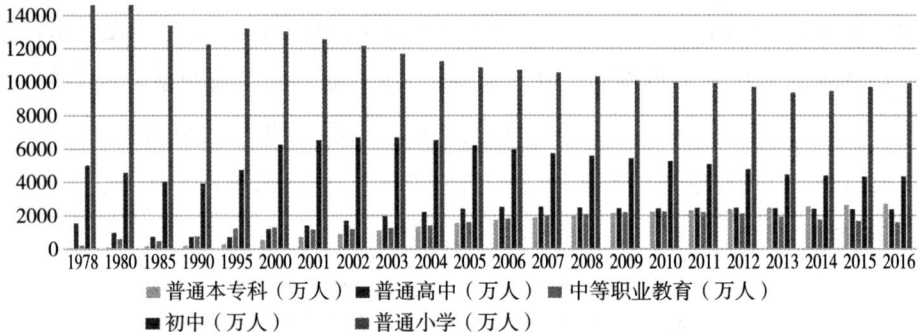

图 4-18　1978—2016 年中国各级各类学校在校学生数[①]

数据来源:《2017 年中国统计年鉴》。

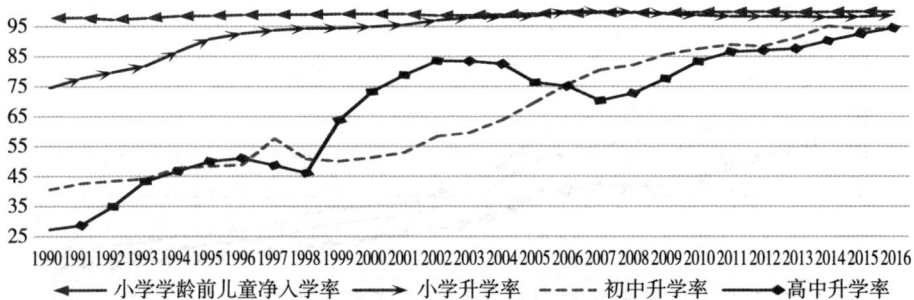

图 4-19　1990—2016 年小学学龄前儿童净入学率及各级普通学习毕业生升学率(%)[②]

数据来源:《2017 年中国统计年鉴》。

人口平均受教育年限增加:路遇,翟振武(2009)[③]研究认为,人口平均受教

---

① 《中国统计年鉴 2021》显示,2020 年,我国在校学生人数如下:普通本专科在校学生 3285.3 万人,普通高中在校学生 2494.5 万人,中等职业教育在校学生 1663.4 万人,初中在校学生 4914.1 万人,普通小学在校学生 10725.4 万人。

② 《中国统计年鉴 2021》显示,2020 年,我国小学学龄前儿童净入学率及各级普通学习毕业生升学率情况如下:小学学龄前儿童入学率 100%,小学升学率 99.5%,初中升学率 94.6%。

③ 路遇,翟振武.新中国人口六十年[M].北京:中国人口出版社,2009 年.

育年限的计算关键是对各种文化程度人口受教育年限的确定,将高等教育人口平均受教育年限确定为 15.5 年,高中和中专、初中、小学人口平均受教育年限分别确定为 11.5 年、8.5 年及 5.5 年,文盲人口平均受教育年限为 1 年。6 岁及以上人口平均受教育年限公式如下:

$$AYE_{6+} = \left(\frac{15.5 \times HEP + 11.5 \times HSP + 8.5 \times MSP + 5.5 \times PSE + 1 \times NE}{TP_{6+}} \right)$$

(4.1)

AYE_{6+} 表示 6 岁及以上人口平均受教育年限、TP_{6+} 表示 6 岁及以上人口总量、HEP 为受高等教育人口数、HSP 为受高中教育人口数、MSP 为受初中教育人口数、PSE 为受小学教育人口数,NE 为文盲人口数。

根据公式计算可得,1982 年、1990 年、2000 年、2005 年人口平均受教育年限分别为 5.15 年、6.04 年、7.23 年、7.48 年,1982—2005 年间人均受教育年限提高了 2.33 年。2010 年人口平均受教育年限为 8.38 年,截至 2016 年中国人口平均受教育年限增加至 8.72 年。虽然相较于 1982 年 6 岁及以上人口平均受教育年限有了较大的提升,但从总体来看,全国人口平均受教育年限刚达到初中毕业水平,未来中国教育提升空间很大。

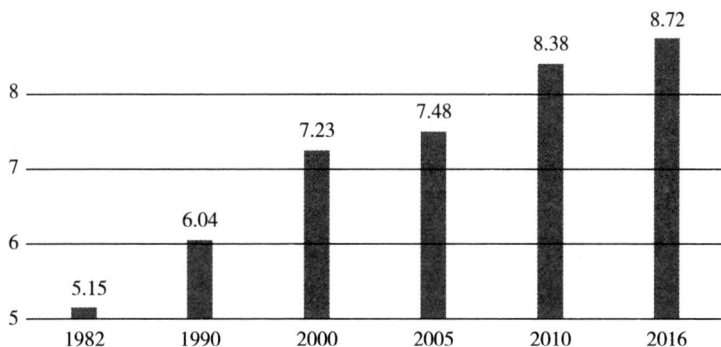

图 4-20　1982—2016 年 6 岁及以上人口平均受教育年限[①]

数据来源:根据 1982 年、1990 年、2000 年、2010 年全国人口普查数据和 2005 年、2016 年全国 1% 人口抽样调查数据整理计算而得。

[①]　根据 2021 年教育事业统计数据结果显示,全国共有各级各类学校 52.93 万所,在校生 2.91 亿人,专任教师 1844.37 万人,劳动年龄人口平均受教育年限 10.9 年。

生育政策对人口质量的影响主要体现在两个方面,一方面家庭对子女数量的选择被限制,家庭对孩子的需求由数量转向了质量,家庭将优质的资源集中于一个孩子的养育和教育培养,不仅提高了人口的身体素质,教育的质量也得到了提升;另一方面,在政府大力宣传下,家庭尤其是女性学习和掌握了现代避孕知识和避孕手段,减少了意外流产的概率,极大地减少了对女性的身体伤害,同时在优生优育政策的宣传下,家庭更加注重优生优育,提高了出生人口的质量。由此可见,生育政策在中国人口质量的不断提升的过程中起到了积极的推动作用。

3.缓解供需矛盾

新中国成立之初,中国经济发展水平较低,生产能力低下,全社会供给能力不足,与此同时,人口出现爆发式增长("三年困难时期"除外),全社会总供给与总需求之间的矛盾逐渐凸显。总需求包含投资需求和消费需求两部分,投资需求部分直接用于社会再生产的扩大,在总供给一定的前提下,只能通过减少消费需求来缩小总供给与总需求之间的缺口。消费需求的主体是消费者,减少需求最直接有效的途径即为减少人口的供给。20 世纪 60 年代末人口突破 8 亿关口,1981 年人口已达 10 亿之多,进一步加剧了社会供给与需求之间的矛盾。计划生育政策的实施有效地遏制了人口快速增长的势头,有效地缓和了经济发展水平较低时期社会生活各方面供给不足的压力。

4."人口红利"促进经济增长

所谓"人口红利"是指一个国家的劳动年龄人口占总人口比重较大,抚养率比较低,为经济发展创造了有利的人口条件,整个国家的经济呈高储蓄、高投资和高增长的局面。此时的人口结构金字塔呈现"中间大、两头小"的特征,社会总抚养负担较轻,劳动年龄人口占比较大使社会处于最富有生产性的阶段,从经济增长理论来考察,"人口红利"促进经济增长的根本在于劳动供给的无限性。新古典经济增长理论假定劳动力供给是有限的,因而物质资本投入存在规模报酬递减规律,导致经济增长不可能无限持续,破除资本报酬递减规律有两条途径:一是技术进步,提高全要素生产率,二是打破劳动力限制。

20 世纪 70 年代计划生育政策的实施,尤其是 80 年代"独生子女"政策导致新出生人口数量急速下降,使中国人口发展快速出现转变,从高少儿抚养比阶段迅速向高劳动年龄人口占比迅速转变。劳动年龄人口不断增加的同时"二元"经济结构中农村大量劳动力的不断转移给中国经济持续增长注入了源泉。同时，人口结构变动，少儿比重下降，劳动年龄人口增多将带来全社会人均储蓄水平的增加，总抚养比的下降也将带来人均储蓄水平的增加，以投入产出比衡量的劳动生产率快速上升。中国经济依赖于充足的劳动力供给及高储蓄率，在较长的一段时期内实现了快速的增长，经济增长率多年处于10％以上。相关研究表明近30年来经济增长中约有15％的比重是"人口红利"所贡献的，中国于1990年进入"人口红利"期，该年中国劳动年龄人口占总人口比重为66.7％，总抚养比为49.8％，2010年劳动年龄人口比重达峰值74.5％后开始下降，总抚养比则于2010年达最低值34.2％后不断增加。这一转折表明，随着老龄化程度不断加深，劳动年龄人口不断减少，由劳动力无限供给所带来的"人口红利"逐渐消减，中国经济增长速度也日趋放缓。

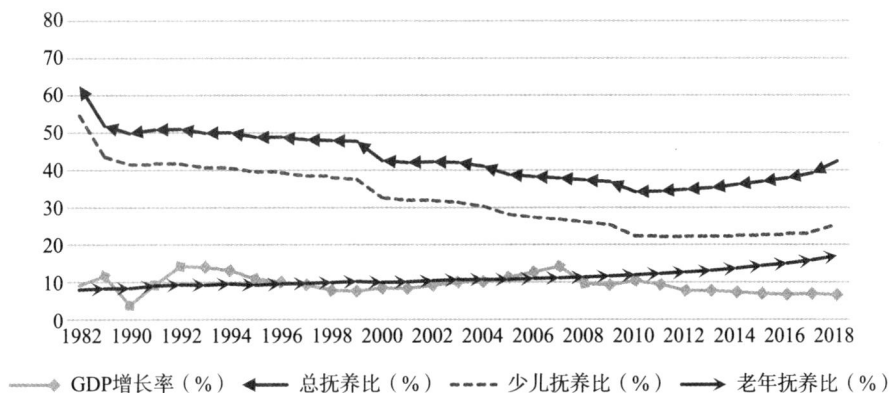

图4-21　1982—2018年中国经济增长率与人口红利[①]

数据来源：历年《中国统计年鉴》、《2018年国民经济和社会发展统计公报》。

5.女性地位显著提升

在女性人口理论研究过程中，有许多学者认为实行计划生育，少生、晚生有利于改善女性在家庭中的地位（郑桂珍，1987；曾毅，1988；朱楚珠、蒋正华，1992；熊玉梅等，1992；熊郁等，1993），女性地位的提高同时有助于降低生育率（况世英，1992；陶春芳，1993；张车伟，1994；郝琳娜，1994）。同时有学者研究认为，家庭两性文化差距的缩小有助于女性地位的提高，其一般的理论假设为女性家庭地位取决于其社会地

---

① 2018年人口数据来自《2018年国民经济和社会发展统计公报》，统计口径少儿人口是指0～15岁，劳动年龄人口是指16～64岁。

位,而社会地位则由其教育水平和工资水平决定,不过这种假设仍需进一步商榷,有学者指出女性家庭地位取决于其对家庭资源的拥有和控制程度,以及她的自主程度和对家庭重大事件的发言权(沈安安,1994;刘启明,1994)。

不可否认,女性受教育水平的变化是女性地位变动的重要标志之一。从女性人口平均受教育年限来看(根据上文人口平均受教育年限公式计算可得),1982年、1990年、2000年、2005年、2010年、2016年分别为4.32年、5.35年、6.65年、6.97年、8.05年和8.40年,1982—2016年间人均受教育年限提高了4.08年,同时期男性平均受教育年限提高了3.15年。虽然女性人口受教育程度一直低于男性,但二者之间的差距呈逐渐缩小的趋势,这说明中国女性社会地位在逐步提升。

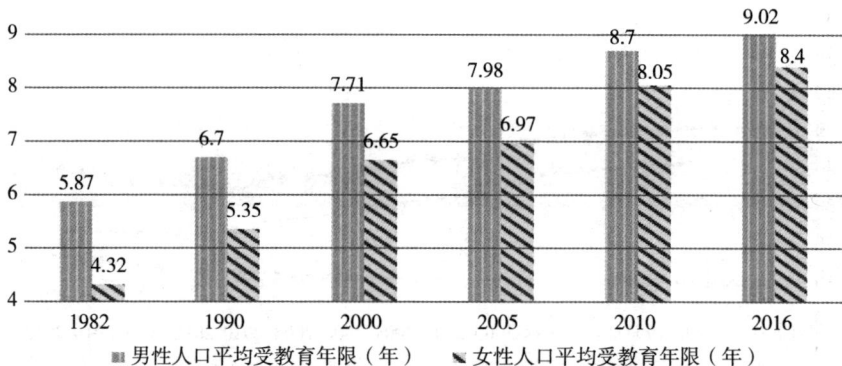

图 4-22　1982—2016 年分性别 6 岁及以上人口平均受教育年限

数据来源:根据1982年、1990年、2000年、2010年全国人口普查数据和2005年、2016年全国1‰人口抽样调查数据整理计算而得。

4.3.2　生育政策的不利影响

1.生育水平持续低迷

新中国成立以来,中国出现了三轮婴儿潮,总和生育率从20世纪70年代之前的6左右降至1990年的2左右,再降至2010年后的1.5左右("六普"总和生育率为1.18),第四轮婴儿潮因长期严格的计划生育未能出现。第一次婴儿潮(1950—1958年):出生人口年均2100万,峰值接近2300万(1954年),出生率基本在30‰以上,平均总和生育率为5.3。这主要是因为新中国成立后,人民生活安定、经济恢复发展、医疗卫生条件改善。之后进入 1959—1961 年三年困难时期，出生人口、出生率、总和生育率均大幅下滑。第二次婴儿潮(1962—1975 年)：出生人口年均 2628 万，峰值超过 3000 万(1963 年)。这其中既有三年困难时期的补偿性生育因素，也与"文革"时期的计划生育工作受到冲击有关。不过在 20 世纪 70 年代"晚、稀、少"政策下，出生人口从 20 世纪 70 年的 2774 万降至 1977 年的 1789 万，出生率从 33‰降至 19‰，总和生育率从 5.8 降至 2.8，1980 年更是低至 2.3。第三轮婴儿潮(1981—1991 年)：出生人口年均 2260 万，峰值 2550 万(1987 年)，出生率大致在 20‰~23‰之间，平均总和生育率 2.3。之后出生人口逐渐降至 2003 年的约 1600 万，官方总和生育率降至 1.4 左右(修正后约 1.6)。

在此期间，总和生育率经历了迅速上升(1950—1957 年)、大幅下降(1958—1961 年)、猛烈反弹(1962—1963 年)、高位整理(1964—1971 年)、逐渐下降(1972—1990 年)、低位徘徊(1991 年至今)几个阶段。20 世纪 90 年代以来，在计划生育政策与经济发展双重作用下，人口增长持续放缓，在 1993 年总和生育率 1.8，首次跌破更迭水平，使得我国人口增长发生了根本性的变化。2010 年"六普"中国总和生育率为 1.18(修正后为 1.5)，其中城市为 0.88，农村为 1.44，这一水平远低于世界平均水平，发达国家人口时代更迭率为 2.1 左右，在全世界各国范围内属于极低的生育率(表 4-8)。

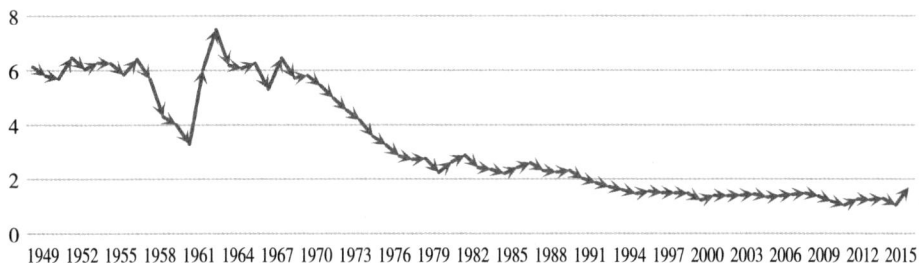

图 4-23　1949—2015 年中国妇女总和生育率变化过程[①]

数据来源：其中 1949—2002 年数据来自《新中国人口六十年》[②]；其他数据根据国家统计局历次人口普查和抽查结果得出。

---

① 2020 年"七普"显示，中国总和生育率为 1.3，相比"六普"虽然有所上升，但已处于极低生育率水平并处于"低生育率陷阱"的极度边缘。

② 路遇，翟振武.新中国人口六十年[M].北京：中国人口出版社，2009.

表 4-8　1960—2010 年世界主要国家(地区)总和生育率变动

国家和地区	总和生育率						人均GDP (2010年美元)
	1960年	1970年	1980年	1990年	2000年	2010年	
按收入分组							
低收入	6.46	6.61	6.28	5.65	4.83	4.08	526
中等收入	5.46	5.28	3.93	3.31	2.61	2.35	3952
中低收入	5.87	5.65	4.99	4.21	3.39	2.93	1716
中高收入	5.15	4.99	3.09	2.58	1.94	1.77	6247
高收入非OECD	4.36	—	3.62	3.42	2.60	2.12	23902
高收入OECD	2.94	2.44	1.87	1.76	1.65	1.73	39697
世界平均	4.92	4.73	3.70	3.24	2.68	2.45	9175
主要发达国家							
美国	3.65	2.48	1.84	2.08	2.06	2.10	47153
英国	2.69	2.44	1.89	1.83	1.64	1.94	36343
法国	2.85	2.55	1.85	1.77	1.89	2.00	39448
德国	2.37	2.03	1.44	1.45	1.38	1.39	40116
意大利	2.41	2.43	1.64	1.26	1.26	1.40	34075
西班牙	2.86	2.84	2.22	1.33	1.23	1.39	30594
金砖国家							
巴西	6.21	5.02	4.07	2.81	2.36	1.83	10710
俄罗斯	2.52	1.99	1.89	1.89	1.21	1.54	10440
印度	5.87	5.49	4.68	3.92	3.12	2.63	1410
南非	6.45	5.58	4.79	3.66	2.87	2.46	7280
中国	5.47	5.51	2.63	2.34	1.74	1.60	4428

资料来源:曾毅、顾宝昌、梁建章、郭志刚,生育政策调整与中国发展[M].北京:社会科学文献出版社,2013版,第114页。

由于计划生育政策实施以来,各地政府将该项工作作为考核的重要指标之一进行落实,有的地方甚至实行"一票否决制",这种现象一方面反映地方政府对计划生育工作的高度重视,另一方面有关计生工作的统计数据成为地方政府工作考核的依据,这种现象直接导致人口数据的失真。关于统计局公布的有关总和生育率的数据,许多学者(于景元、袁建华、郭志刚、王金营、翟振武、陈卫等)对此提出了质疑,他们利用不同的方法进行了测算,从测算结果来看,结论基本一致,中国当前总和生育率水平已经接近"低生育率"水平(表4-9)。

表 4-9　1980—2011 年相关学者有关总和生育率推算结果比较

年份	国家统计局	郭志刚(2004)	王金营(2003)	于景元等(1996)	袁建华(2003)	丁俊峰(2003)	翟振武、陈卫(2007)	王广州等运用活产子女法(2013)	王广州等运用年龄结构法(2013)
1980	2.24				2.51			3.77	
1981	2.63				2.57			3.70	
1982	2.87				3.02			3.64	
1983	2.42				2.55			3.59	
1984	2.35				2.51			3.31	
1985	2.20				2.40			3.04	
1986	2.42			2.46	2.58			2.78	
1987	2.59			2.57	2.78			2.53	
1988	2.31			2.28	2.50			2.30	
1989	2.25			2.24	2.47			2.11	
1990	2.31	2.37	2.46	2.04	2.45	2.29		1.97	
1991	2.01	1.80	2.23	1.66	1.91	1.77	2.24	2.09	
1992	1.86	1.68	1.97	1.47	1.80	1.59	2.05	1.93	
1993	1.71	1.57	1.80		1.72	1.52	1.94	1.77	
1994	1.60	1.47	1.75		1.62	1.41	1.82	1.63	
1995	1.46	1.48	1.72		1.69	1.45	1.86	1.52	

续表

年份	国家统计局(2004)	郭志刚(2003)	王金营(2003)	于景元等(1996)	袁建华(2003)	丁俊峰(2003)	翟振武、陈卫(2007)	王广州等运用活产子女法(2013)	王广州等运用年龄结构法(2013)
1996	1.55	1.36	1.74		1.58	1.36	1.77	1.44	
1997	1.49	1.31	1.74		1.55	1.27	1.73	1.37	
1998	1.49	1.31	1.74		1.63	1.34	1.70	1.30	
1999	1.47	1.23	1.72		1.57	1.29	1.69	1.24	
2000	1.22	1.22	1.72		1.63	1.45	1.68	1.19	1.34
2001	1.39							1.75	1.33
2002	1.38							1.65	1.29
2003	1.40							1.57	1.28
2004	1.44							1.50	1.43
2005	1.33							1.46	1.43
2006	1.38							1.46	1.48
2007	1.43							1.46	1.48
2008	1.48							1.47	1.50
2009	1.37							1.49	1.31
2010	1.18							1.50	1.29
2011	1.04							1.51	

资料来源:(1)迟明.中国人口生育政策调整的经济学研究[D].长春:吉林大学,2015。

(2)王广州,胡耀岭,张丽萍.中国生育政策调整[M].北京:社会科学文献出版社,2013版,第43-52页。

根据恒大研究院报告,我国育龄妇女规模已达顶峰并呈下降趋势,2030年20～35岁主力育龄妇女规模将比2017年减少31%,其中25～30岁生育旺盛期妇女将减少44%,后续出生人口恐将大幅下滑,预计2030年将降至1100多万,较2017年减少1/3。国家统计局发布数据显示,2021年育龄妇女比2020

年减少 473 万。"十三五"期间,呈现出较为明显的特征是,育龄妇女特别是生育旺盛期育龄妇女规模下降,20～34 岁生育旺盛期妇女年均减少 340 万,育龄妇女规模的下降是导致出生人口数量下降的重要因素。

另一方面,通过对女性生育意愿的调查显示,1990 年以前中国育龄妇女平均理想子女数高于人口更迭水平,至 2001 年起,调查结果显示,平均理想子女数低于 2.0,且随着育龄妇女年龄的下降,平均生育意愿有下降之势,2017 年调查为 1.76 个,2019 年调查为 1.73 个,2021 年调查降到 1.64 个。由表 4-10 可知,育龄妇女平均理想子女数量从 1985 年的 2.4 下降至 2011 年的 1.94,从不同年龄队列分析,随着育龄妇女年龄的下降,理想子女数量逐渐下降,甚至在全球几乎处于最低水平(如表 4-8)。由于计划生育政策的限制,育龄妇女实际生育孩子数量低于理想子女数,2015 年全面二胎政策落地以来,二胎生育数量虽有所增加,总和生育率有所回升,但仍低于人口更迭水平。

表 4-10　15～49 岁育龄妇女生育理想子女数变化

年龄组 ＼ 年份	1985 年	1987 年	1990 年	2001 年	2011 年	2017 年	2019 年	2021 年
15～19 岁	2.36	2.94	1.95	1.48	1.85	—	—	—
20～24 岁	2.20	2.57	1.95	1.48	1.82	—	—	—
25～29 岁	2.09	2.35	2.03	1.62	1.86	—	—	—
30～34 岁	2.25	2.58	2.15	1.72	1.87	—	—	—
35～39 岁	2.49	2.91	2.29	1.78	1.90	—	—	—
40～44 岁	2.78	3.28	2.54	1.82	1.93	—	—	—
45～49 岁	2.87	3.50	2.79	1.87	2.14	—	—	—
平均理想子女数	2.40	2.81	2.23	1.70	1.94	1.76	1.73	1.64

资料来源:王广州,胡耀岭,张丽萍.中国生育政策调整[M].社会科学文献出版社,2013版,第 168 页。

表 4-11　部分国家和地区 2011 年 15～64 岁男性和女性理想子女数

性别 国家(地区)	男性理想子女数	女性理想子女数	男女平均理想子女数
爱尔兰	2.62	2.75	2.685
塞浦路斯	2.79	2.74	2.765
丹麦	2.3	2.52	2.41
法国	2.24	2.52	2.38
芬兰	2.27	2.47	2.37
爱沙尼亚	2.38	2.47	2.425
比利时	2.17	2.45	2.31
瑞典	2.33	2.41	2.37
荷兰	2.06	2.37	2.215
斯洛文尼亚	2.37	2.34	2.355
波兰	2.09	2.33	2.21
英国	2.14	2.32	2.23
卢森堡	2.07	2.3	2.185
欧元区平均	2.21	2.3	2.255
拉脱维亚	2.32	2.29	2.305
OECD22 国平均	2.17	2.29	2.23
欧盟国家平均	2.18	2.28	2.23
希腊	2.25	2.25	2.25
德国	2.08	2.22	2.15
立陶宛	2.2	2.2	2.2
西班牙	2.17	2.19	2.18
斯洛伐克	1.97	2.11	2.04
匈牙利	2.12	2.09	2.105
马耳他	1.96	2.09	2.025
葡萄牙	2.07	2.03	2.05
捷克	1.92	2.03	1.975

续表

性别 国家（地区）	男性理想子女数	女性理想子女数	男女平均理想子女数
意大利	2	2.01	2.005
保加利亚	1.99	1.96	1.975
罗马尼亚	2.06	1.95	2.005
奥地利	1.78	1.87	1.825

资料来源：转引自梁建章《中国生育成本报告 2022 版》。

从不同省份进行考察，1980 年以来，全国生育水平呈持续下降的趋势。从历次人口普查或者 1‰人口抽样调查数据可知，1982 年"三普"我国有 21 个地区的生育水平在更迭水平之上，其中有 8 个地区总和生育率超过 3.0，有 8 个地区的生育水平在更迭水平以下，其中 3 个地区处于较低生育水平，分别是北京、天津和上海；1990 年"四普"数据显示，总和生育率进一步下降，总和生育率超过 3.0 的地区仅有两个分别为新疆和西藏，处于较低生育水平的地区增至 8 个；2000 年"五普"只有贵州处于更迭水平之上，云南、西藏总和生育率处于 1.8～2.1 的水平，有 13 地区处于低生育水平和 14 个地区处于超低生育水平；2005 年 1‰人口抽样调查数据显示，仍然是有贵州处于更迭水平附近，有 20 个地区处于低生育水平和 10 个地区处于超低生育水平；2010 年"六普"结果显示，所有地区均处于人口更迭水平以下，且均低于 1.8，其中有 17 个地区低于 1.2，处于超低生育水平。自 2014 年生育政策调整以来，部分地区总和生育率有所提升，但在一些经济发达地区总额和生育率依然呈现进一步下降的趋势。2020 年"七普"结果显示，贵州地区总和生育率回升至人口更迭水平之上，其数值为 2.12，也是唯一一个人口处于更迭水平之上的地区。另外，广西和西藏两个地区总和生育率回升至 1.8 以上，分别为 1.94、1.93；海南、云南、甘肃、青海、宁夏总和生育率处于 1.5①～1.8 的区间，分别为 1.55、1.61、1.68、1.59、1.67。同时根据"七普"数据可知，处于生育水平最低的两个地区是上海和黑龙江，其总和生育率仅为 0.74 和 0.76。

---

① 国际上通常认为，总和生育率 1.5 左右是一条"高度敏感警戒线"，一旦降至 1.5 以下，就有跌入"低生育率陷阱"的可能。

表 4-12　1982—2010 年分省份妇女总和生育率变化趋势①

项目	1982 年	1990 年	2000 年	2005 年	2010 年	2020 年②
>3.0	粤、桂、黔、云、青、宁、新、藏	新、藏				
2.1~3.0	冀、晋、蒙、皖、闽、赣、鲁、豫、鄂、湘、川、陕、甘	冀、晋、皖、闽、赣、鲁、豫、鄂、湘、粤、桂、黔、云、陕、甘、青、宁	黔			黔
1.8~2.1	黑、吉、辽、苏、浙	蒙、吉、苏	云、藏	黔		桂、藏
1.5~1.8	京、津	黑、辽、津、川	赣、桂、琼、川、青、宁、新	冀、皖、赣、鲁、桂、琼、云、藏、宁、新	桂、琼、黔、新	闽、云、甘、青、宁
1.2~1.5	沪	京、沪、浙	冀、晋、皖、豫、湘、渝、甘	晋、浙、闽、豫、鄂、湘、渝、川、甘、青	冀、皖、赣、豫、鄂、湘、云、甘、青、宁	冀、晋、皖、闽、赣、鲁、豫、湘、粤、川

资料来源:1982—2020 年数据转引自王广州,胡耀岭,张丽萍.中国生育政策调整[M].社会科学文献出版社,2013 版,41 页;2020 年数据来自《2020 中国人口普查年鉴》。

2.人口结构失衡

在人口学中,"构成"与"结构"常可以在描述年龄、性别、婚姻状况、职业等

---

① 1984 年海南省成立之前其数据归于广东省,1997 年重庆成立直辖市之前其数据归入四川省。

② 《2020 中国人口普查年鉴》表 B0604 列出的各省份总和生育率:北京 0.87、天津 0.92、河北 1.3、山西 1.22、内蒙古 1.19、辽宁 0.92、吉林 0.88、黑龙江 0.76、上海 0.74、江苏 1.04、浙江 1.04、安徽 1.39、福建 1.38、江西 1.41、山东 1.43、河南 1.41、湖北 1.17、湖南 1.34、广东 1.36、广西 1.94、海南 1.55、重庆 1.19、四川 1.23、贵州 2.12、云南 1.61、西藏 1.93、陕西 1.16、甘肃 1.68、青海 1.59、宁夏 1.67、新疆 1.06。

特征的分布时交替使用。而对于"人口结构"来说,一般是指人口的年龄和性别比特征分布,本文涉及的人口结构主要从年龄和性别来衡量。

(1)人口性别比失衡

在人口性别结构变动中常用的指标概念有两个,分别为:出生性别比和人口性别比。在无人为干扰胎儿性别的条件下,"出生性别比是一种有严格值域界定的指标,超过或低于出生性别比的界定值域就被视为异常,超过或低于界定值域的程度越大,说明出生性别比异常程度越深。"国际上一般以每出生100个女性人口(即女婴出生数FBN_t)相对应出生的男性人口的数值(男婴出生数MBN_t)表示人口出生性别比(SEX_t),即:

$$SEX_t = \frac{MBN_t}{FBN_t} \times 100 \qquad (4.2)$$

世界人口生育史表明,在不进行人为干预胎儿性别的前提下,一般而言新出生人口性别比值域为 102～107;人口性别比通常也称为总人口性别比($GSEX_t$),是粗略、综合、概括地反映人口总体以性别划分的男女人口数量之比。它表示每100个女性人口(FN_t)相对应的男性人数(MN_t),即:

$$FSEX_t = \frac{MN_t}{FN_t} \times 100 \qquad (4.3)$$

一般来说,女性人口的平均寿命要高于男性,即男性死亡率要高于女性。因此,出生性别比在出生时刻后随着时间推移分年龄性别比将逐渐降低,人口性别比最终降至95～102正常值域范围。

如果将0～10岁的分年龄性别比假定粗略地视为出生性别比,可知从20世纪80年代起人口出生性别比基本呈逐年升高的趋势。原因在于计划生育人为干预生育行为,使得有女无儿户再育比重增加。同时,部分再育的孕妇对胎儿的性别进行检测及性别鉴定后保留男胎流产女胎,以达到生男孩的目的。中国人口史上首次发生出生性别比异常始于1984年,一是因可检测胎儿性别技术的B超仪进口数量已相当可观;二是因在该技术下的生育男孩偏好可以通过胎儿性别的选择来实现;三是因偏紧的农村生育政策使部分农村家庭加剧了胎儿性别选择,这是出现性别比例失调及失调加剧的三大要素。"90后""00后"男女性别比失衡非常严重,出生性别比一度超过120。根据"五普"与"六普"人

口数据可知,2010 年出生人口性别比较 2000 年上升 1.7%,性别比失衡进一步
加剧,且一孩出生性别比上升至 113.73。据"六普"数据为样本推算可知,假定
在总和出生性别比稳定不变的前提下,一孩性别比每升高 1%,总和性别比将增
加 0.62%(石人炳,2010)。另外值得我们关注的是,城镇出生性别比及接受过
高等教育的女性生育孩子的性别比均不断升高。由此导致全国范围内出生性
别比处于严重失调的地区不断增加,例如广西、广东、湖南、海南、安徽等地。

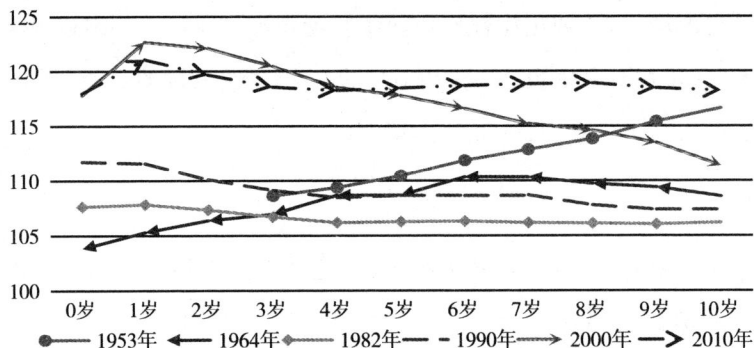

图 4-24 "六普"中国 0～10 岁分年龄性别比(女=100)

数据来源:历年中国人口普查统计资料

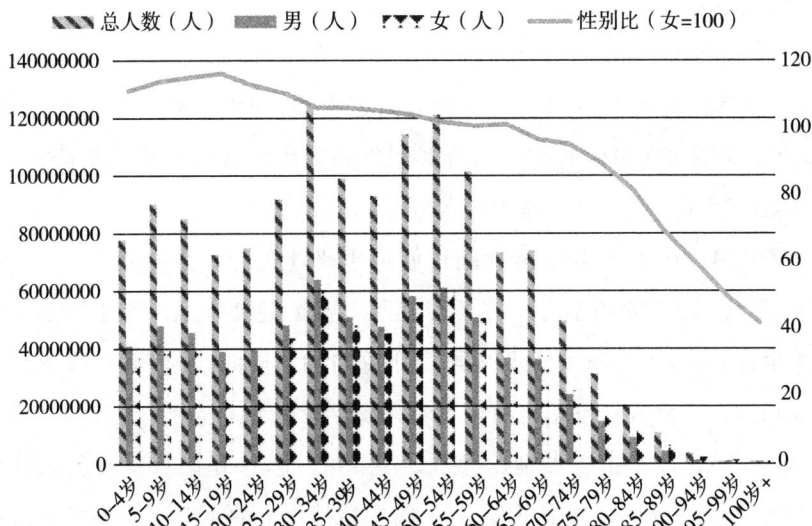

图 4-25 "七普"中国分年龄段人口数及性别比

数据来源:《2020 中国人口普查年鉴》。

    根据历次全国人口普查数据,人口出生性别比区域之间存在较大差异。王

广州等(2013)对全国各省、自治区、直辖市 1982—2010 年人口数据对比分析中指出,"三普"数据显示出生性别比在全国范围内基本处于正常或轻度偏高范围,只有广东、安徽、广西三个地区处于中度偏高;"四普"结果表明,出生性别比失衡进一步加剧,大部分地区处于中度偏高范围,仅有六个地区处于正常范围,分别为上海、青海、宁夏、西藏、新疆及贵州;2000 年"五普"全国出生性别比大于 118 以上的地区主要集中在黄河以东以南,一些地区性别比高度偏高甚至严重偏高(其中广东、广西、海南、江西、安徽、湖北、河南出生性别比超过了 127),至 2005 年仅有西藏地区处于正常值域范围,2010 年出生性别比处于正常值域的地区为新疆和西藏(表 4-13)。"七普"数据表明,十年来中国人口性别比结构持续改善。从人口性别角度看,2020 年男性人口为 72334 万人,占 51.24%;女性人口为 68844 万人,占 48.76%。总人口性别比①(以女性为 100,男性对女性的比例)为 105.07,与 2010 年基本持平,略有降低;出生人口性别比为 111.3,较 2010 年下降 6.8②。

表 4-13　1982—2010 年个省、自治区、直辖市人口出生性别比变迁

年份	正产范围 (≦107)	轻度偏高 (107~110)	中度偏高 (110~120)	高度偏高 (120~130)	重度偏高 (≧130)
1982 年	京、津、蒙、黑、吉、辽、沪、闽、赣、湘、鄂、黔、云、青、宁、新、藏	冀、晋、吉、陕、豫、鲁、浙、苏、川	皖、桂、粤	—	—

---

① "七普"数据显示,2020 年 31 个地区人口性别比如下:北京 104.65、天津 106.31、河北 102.02、山西 104.06、内蒙古 104.26、辽宁 99.7、吉林 99.69、黑龙江 100.35、上海 107.33、江苏 103.15、浙江 109.04、安徽 103.94、福建 106.94、江西 106.62、山东 102.67、河南 100.6、湖北 105.83、湖南 104.77、广东 113.08、广西 107.04、海南 112.86、重庆 102.21、四川 102.19、贵州 104.5、云南 107.16、西藏 110.32、陕西 104.79、甘肃 103.10、青海 104.97、宁夏 103.83、新疆 106.85。

② "六普"长表数据中人口出生性别比为 121.21,根据统计局公布的第七次人口普查结果推算,2010 年人口出生性别比为 118.1,此数据与表 4-14 中有出入,特此说明。

续表

年份	正产范围 (≦107)	轻度偏高 (107～110)	中度偏高 (110～120)	高度偏高 (120～130)	度偏高 (≧130)
1990年	沪、黔、青、宁、新、藏	京、晋、蒙、黑、吉、鄂、云	津、冀、辽、皖、浙、苏、闽、赣、鲁、豫、粤、桂、湘、陕、川、琼、甘	—	—
2000年	黔、青、新、藏	蒙、黑、吉、辽	京、津、冀、晋、辽、沪、浙、鲁、川、渝、云、甘	苏、闽、湘、鄂、桂、陕	皖、豫、赣、粤、琼
2005年	藏	吉、辽、新	京、津、河北、晋、蒙、黑、浙、鲁、桂、粤、川、渝、云、甘、青、宁	沪、苏、闽、湘、鄂、豫、黔、琼	皖、赣、陕
2010年	新、藏	京	津、冀、晋、蒙、黑、吉、辽、浙、沪、苏、鲁、豫、川、渝、陕、云、甘、青、宁	皖、闽、赣、湘、鄂、琼、黔、粤、桂	—

资料来源:王广州,胡耀岭,张丽萍.中国生育政策调整[M].社会科学文献出版社,2013版,42页。

有关生育政策对出生性别比的影响中国社科院王军将计划生育政策分为两类地区:一类地区为较严格的生育政策类型地区,另一类为较为宽松的生育政策类型地区,其研究结果表明,虽然两类地区人口出生性别比均偏高,较严格生育政策类型地区失衡情况更为严重,且随着该区域生育三个及以上子女时性别比失调更为严重。20世纪80年代"二孩"农村试点地区出生性别比较为正常,根据郭志刚的测算,山西翼城、河北承德、甘肃酒泉、湖北恩施这四个地区2000年出生性别比为109。由此可知,中国长期以来人口出生性别比失衡产生主要是"生育偏好"和"生育选择空间"狭窄所致,且在有限的生育选择空间内,由于强烈的男孩选择偏好导致随着出生孩次不断增加,出生性别比失衡越来越加剧恶化(表4-14)。

表4-14　2000年、2005年、2010年不同孩次出生性别比构成

年份	指标	一孩	二孩	三孩及以上	全部
2000	出生性别比	107.12	151.92	159.36	116.86
	出生比例	68.04	19.76	2.47	100.00
2005	出生性别比	108.41	143.22	152.88	120.49
	出生比例	62.94	31.67	5.40	100.00
2010*①	出生性别比	113.73	130.29	158.41	121.21
	出生比例	62.17	31.28	6.55	100.00
2020	出生性别比	——	——	——	111.3

资料来源:2000年、2005年、2010年数据转引自王广州,胡耀岭,张丽萍.中国生育政策调整[M].社会科学文献出版社,2013版,第68页;2020年数据来自统计局公布的第七次人口普查结果。

但人口出生性别比的失衡带来的是人口性别比的长期失衡,给经济和社会发展带来了重要的影响。一方面,性别比失衡将导致家庭储蓄增加从而导致消费需求不足,原因在于男性在婚姻市场中遭到挤压,为了增强在婚姻市场中的竞争力,家庭将增加储蓄而减少消费,同时在消费市场中,女性比男性具有更强的消费能力。另一方面,"个人困扰"的婚姻挤压问题可能演变为"公共问题"的人口安全问题,包括妇女买卖、性骚扰、性犯罪等。相关研究表明,在中国因性别比失衡问题而导致的犯罪在总犯罪率增长率中占比约14.3%。虽然当前人口性别比异常状况有所缓解,但仍处于高位失衡状态。在当下和未来相当长一段时间内,要使中国人口性别比结构走向日趋合理的道路,有两条途径可以选择:一是严格控制人为的胎儿性别选择,二是取消人为干预生育的行为,逐步放宽直至取消生育管制。

---

① *为长表数据中人口出生性别比为121.21,统计口径发布的数据为118.1。

（2）人口年龄结构失衡

人口年龄结构是指不同年龄人口的组合或构成情况,反映的是过去许多年以来人口出生、死亡和迁徙所最终形成的人口发展状况。当前的人口年龄结构又影响着以后若干年人口变动的过程。通过人口年龄结构大体上可以看出人口再生产状况及其发展趋势以及整个人口的抚养状况。1900年,瑞典学者桑德巴在《人口年龄分类和死亡率研究》中将50岁作为老年人的年龄起点,根据年龄结构与人口增长率之间的联系,他认为人口年龄结构有三种类型:增加型、稳定型和减少型(表4-15)。而后学者从静态的角度提出了新的人口类型即年轻型、成年型、老年型(表4-16)。1956年联合国将65岁定义为老年年龄的下限。

表4-15　桑德巴划分的人口年龄结构类型

年龄结构类型	0～14 岁	15～49 岁	50 岁及以上
增加型	40%	50%	10%
稳定型	26.5%	50.5%	23%
减少型	20%	50%	30%

资料来源:转引自刘铮等.人口统计学[M].北京:中国人民大学出版社,1986年版,第36页。

表4-16　人口年龄结构类型

年龄结构类型	0～14 岁	65 岁以上	老少比	年龄中位数
年轻型	40%以上	4%以下	15%以下	20 岁以下
成年型	30%～40%	4%～7%	15%～30%	20～30 岁
老年型	30%以下	7%以下	30%以上	30 岁以上

资料来源:转引自查瑞传主编.人口普查资料分析技术[M].北京:中国人口出版社,1991年版,第152页。

持续的低生育率导致人口快速老龄化,中国人口年龄结构在过去近70年的时间里发生了重大的变化。20世纪60年代中期完成了从年轻型向成年型的转变,1990年中国人口年龄结构已经完全转变为成年型。2000年中国人口年龄结构转变为老年型,老龄化程度日益加重(其中高龄化程度①也呈逐渐上升的趋势),人口结构日趋失衡(表4-17)。《2020年度国家老龄事业发展公报》指出,截至2020年11月1日零时,全国60周岁及以上老年人口26402万人,占总人口的18.70%;全国65周岁及以上老年人口19064万人,占总人口的13.50%;全国80周岁以上人口3580万。占总人口的2.59%;全国老年人口抚养比为19.70%,比2010年提高7.80个百分点。当前我国人口老龄化呈现五大特点。第一,老年人口规模庞大。全国31个省份中,有16个省份的65周岁及以上老年人口超过了500万人,其中有6个省份的65周岁及以上老年人口超过了1000万人。第二,老龄化进程明显加快。与2010年相比,我国60周岁及以上老年人口、65周岁及以上老年人口分别增加8637万人、7181万人,占总人口的比重分别上升5.44个百分点、4.63个百分点。第三,老龄化水平城乡差异明显。乡村的老龄化水平明显高于城镇。乡村60周岁及以上、65周岁及以上老年人口占乡村总人口的比重分别为23.81%、17.72%,比城镇60周岁及以上、65周岁及以上老年人口占城镇总人口的比重分别高出7.99个百分点、6.61个百分点。第四,老年人口素质不断提高。在60周岁及以上老年人口中,拥有高中及以上文化程度的人口比重为13.90%,比2010年提高了4.98个百分点。第五,低龄老年人口占老年人口比重过半。在60周岁及以上老年人口中,60～69周岁的低龄老年人口14740万人,占比为55.83%;70～79周岁老年人口8082万人,占比为30.61%;80周岁及以上老年人口3580万人,占比为13.56%。

表4-17　1953—2020年中国人口年龄结构变迁②

年份 主要指标	1953年	1964年	1982年	1990年	2000年	2010年	2016年	2020年
0～14岁	36.28%	40.69%	33.59%	27.69%	22.89%	16.6%	16.64%	17.95%
15～64岁	59.31%	55.75%	61.5%	66.74%	70.15%	74.53%	72.45%	68.55%
65岁及以上	4.41%	3.56%	4.91%	5.57%	6.96%	8.87%	10.85%	13.5%

---

① 高龄化程度是指80岁及以上的高龄人口占65岁及以上老年人口的比例。

② 1953年、1964年、1982年、1990年、2000年、2010年为人口普查数据,2016年为人口抽样调查数据,2020年为《2021年中国统计年鉴》数据。

续表

年份 主要指标	1953 年	1964 年	1982 年	1990 年	2000 年	2010 年	2016 年	2020 年
高龄化程度	7.43%	7.25%	10.27%	12.13%	14.45%	17.65	17.1%	18.77%
总抚养比	68.61%	79.37%	62.60%	49.84%	42.55%	34.17%	37.9%	45.88%
少儿抚养比	61.17%	72.99%	54.62%	41.49%	32.63%	22.27%	23%	26.19%
老年抚养比	7.44%	6.39%	7.98%	8.35%	9.92%	11.90%	15%	19.69%

数据来源:《2017 年中国人口统计年鉴》及历次中国人口普查资料。

人口年龄中位数通常被用来衡量一个国家的人口老龄化程度。中国人口年龄中位数在 1950—1980 年大多保持在 22 岁以下,但之后随着生育率持续低迷、中国人口快速老化,到 2015 年升至 37 岁,即一半的中国人年龄小于 37 岁,而另一半则大于 37 岁,其中,30 岁及以下人口占比从 1982 年的 64.4%,降至 2000 年的 50.5%,再降至 2015 年的 40.1%。从国际看,1950—2015 年中国人口年龄中位数的上升速度仅次于日本。1950—2015 年,美国人口年龄中位数从 30.2 岁升至 37.6 岁,上升了 7.4 岁,欧洲从 28.9 岁升至 41.6 岁,上升了 12.7 岁,日本从 22.3 岁升至 46.3 岁,上升了 24 岁,印度从 21.3 岁升至 26.7 岁,上升了 5.4 岁。如果仅看 1980—2015 年,则中国人口老化速度前所未有,该时期美国、欧洲、日本、印度人口年龄中位数分别上升 7.6 岁、9.0 岁、13.8 岁、6.5 岁,远小于中国的 15 岁。

表 4-18　世界主要国家老龄化进程

国别	10%～20%(60 岁 及以上人口占比)	年数	7%～14%(65 岁 及以上人口占比)	年数
法国	1850—1990	140 年	1965—1980	115 年
瑞典	1890—1970	80 年	1890—1975	85 年
意大利	1911—1990	79 年	1921—1988	67 年
美国	1937—2015	78 年	1944—2010	66 年
荷兰	1930—2005	75 年	1940—2005	65 年
加拿大	1940—2010	70 年	1994—2008	64 年

续表

国别	10％～20％(60 岁及以上人口占比)	年数	7％～14％(65 岁及以上人口占比)	年数
丹麦	1911—1980	69 年	1921—1980	59 年
瑞士	1930—1995	65 年	1930—1985	55 年
西班牙	1950—2000	50 年	1950—1990	40 年
中国	2000—2027	27 年	2000—2028	28 年
日本	1970—1995	25 年	1970—1995	25 年
印度	2015—2040	25 年	2000—2030	30 年
韩国	1997—2020	23 年	2000—2020	20 年

资料来源:邬沧萍,杜鹏.中国人口老龄化:变化与挑战[M].北京:中国人口出版社,2006 版。

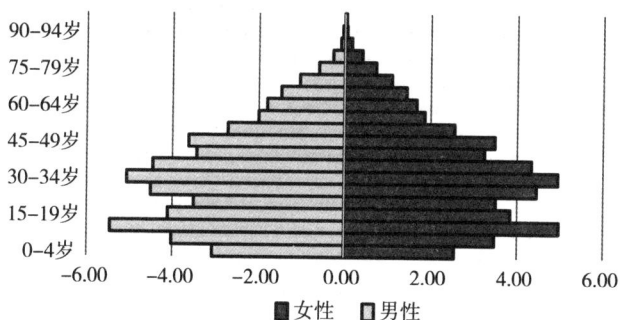

图 4-26　2000 年"五普"人口年龄结构金字塔

数据来源:2000 第五次人口普查数据。

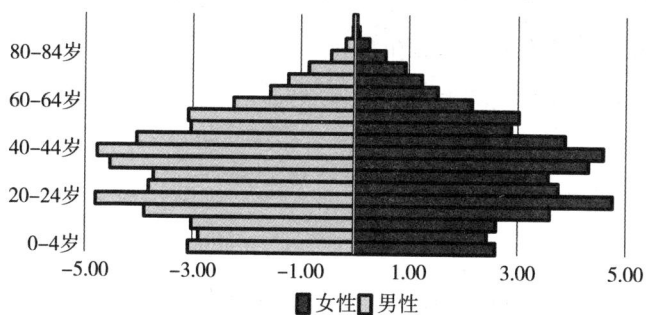

图 4-27　2010 年"六普"人口年龄结构金字塔

数据来源:2010 第六次人口普查数据。

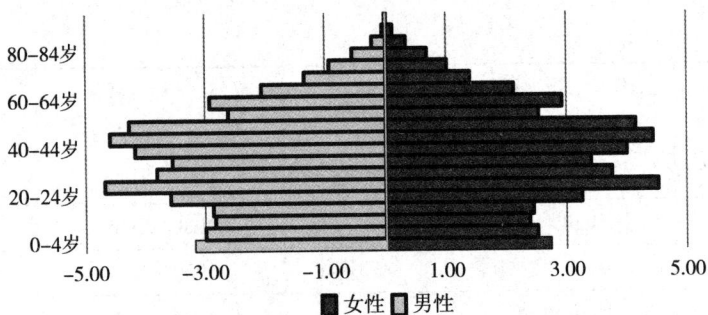

图 4-28　2016 年人口年龄结构金字塔

数据来源:《2017 中国统计年鉴》。

图 4-29　2020 年"七普"人口年龄结构金字塔

数据来源:《2021 中国统计年鉴》。

"一普"和"二普"数据显示,中国人口总体有扩张之势,呈现典型的增长型人口特征。在计划生育政策实施下中国人口启动了快速的转变,"三普"数据显示以 10～14 岁为分界线,以后每个年龄组都出现了缩减趋势(邬沧萍,1984),且 20～24 岁年龄组人口显著少于相邻其他年龄组别(此现象由"大跃进"运动及"三年困难时期"所致),"三普"显示,我国人口年龄结构从年轻型正向成年型甚至老年型方向转变。"四普"数据显示,以 20～24 岁年龄组为界,此上人口呈增长态势,此下人口变化则不规则:10～24 岁组人口呈缩减,0～9 岁组人口呈增长态势,说明"三普"与"四普"之间人口有所反弹。20 世纪 90 年代,中国人口发展出现了戏剧性的变化,由"五普""六普"人口年龄金字塔结构图(图 4-26、图

4-27)可以看出,在计划生育及社会经济发展作用下,人口发展的不规则性更加凸显。根据 2016 年全国人口抽样调查数据及"七普"所绘制的人口年龄金字塔结构图(图 4-28、图 4-29)可以看出,人口年龄结构金字塔底部继续收缩。从中国人口年龄结构变迁发展趋势来看,劳动年龄人口比例不断下降,老龄化程度不断加深,少儿人口比重趋于稳定。

3. 劳动年龄人口[①]不断下降且日趋老化

人口的增长具有持续性和周期性,计划生育的直接结果之一是人口出生规模不断下降,从而引发了 15～64 岁劳动年龄人口比重及绝对量的逐渐减少。自 20 世纪 50 年代以来,中国劳动年龄人口一直保持稳定增长的态势,其总量从 1949 年的 3.16 亿增加至 2013 年的 10.06 亿。从其增长速度来看,劳动年龄人口总量以亿为单位总量突破的时间节点分别为 1966 年(4 亿)、1974 年(5 亿)、1981 年(6 亿)、1987 年(7 亿)、1995 年(8 亿)、2002 年(9 亿)和 2011 年(10 亿)。劳动年龄人口从 6 亿增至 7 亿用时仅为 6 年,意味着平均每年劳动年龄人口增加约 1800 万人,这一时期劳动年龄人口增长高峰正对应于 60 年代末 70 年代初我国人口出生高峰。之后随着出生人口的下降,劳动年龄人口的增速放缓,如从 9 亿增至 10 亿共历时 9 年,年均增加量为约 1100 万人。由此可见,20 世纪 70 年代中期受计划生育政策的实施的影响,女性生育水平开始出现快速下降,其对劳动年龄人口的影响直至 20 世纪 90 年代逐渐凸显,并于 2013 年出现了根本性转变。2014 年劳动年龄人口总量为 100 469 万人,比 2013 年净减少 113 万人,2015 年、2016 年这一数值持续下降,分别降至 100 361 万人和 100 260 万人。从劳动年龄人口占总人口比重方面进行考察,这一根本性转折出现在 2010 年。2010 年,15～64 岁劳动年龄人口占总人口的比重为 74.5%,2011 年降至 74.4%,至 2021 年,15～64 岁劳动年龄人口进一步降至 96481 万人,占总人口的 68.3%。

---

① 国际上,一般把 15～64 岁列为劳动年龄人口。

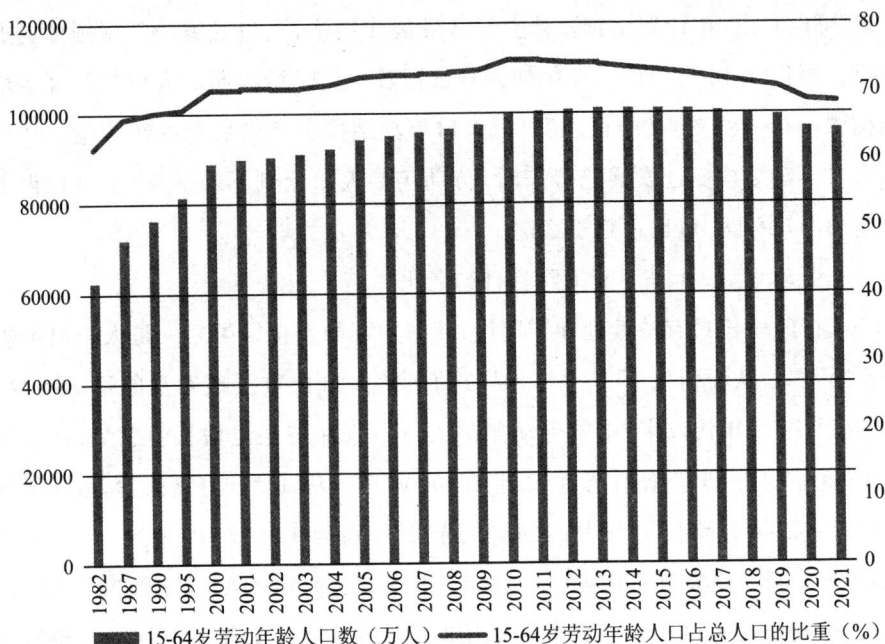

图 4-30 1982—2021 年劳动年龄人口总量及其占比变化趋势

数据来源：国家统计局官网。

李建民等采用翟振武对 2010—2050 年中国人口预测中所设计的四套生育率变化方案(总和生育率 TFR 分别为 1.3、1.6、1.8 和 2.1)对中国未来劳动力资源进行了估算,根据估算结果(表 4-19),在四种生育率变化方案下,中国劳动年龄人口从 2015 年左右开始出现下降,至 2050 年,在四种不同生育方案水平下,劳动力供给总量将从 2010 年的 7.48 亿分别降至 5.45 亿、5.96 亿、6.3 亿和 6.83 亿。

表 4-19 2010—2050 年中国劳动力供给预测

年份	劳动力总量预测值(万人)				劳动力同比增长率(%)			
	TFR=1.3	TFR=1.6	TFR=1.8	TFR=2.1	TFR=1.3	TFR=1.6	TFR=1.8	TFR=2.1
2010	74757	74757	74757	74757	—	—	—	—
2015	76032	76032	76032	76032	−0.28	−0.28	−0.28	−0.28
2020	75126	75126	75126	75126	−0.22	−0.22	−0.22	−0.22
2025	73259	73259	73259	73259	−0.26	−0.26	−0.26	−0.26

年份	劳动力总量预测值(万人)				劳动力同比增长率(%)			
	TFR=1.3	TFR=1.6	TFR=1.8	TFR=2.1	TFR=1.3	TFR=1.6	TFR=1.8	TFR=2.1
2030	70190	71314	72064	73185	−0.80	−0.48	−0.27	0.04
2035	65411	67606	69069	71265	−2.07	−1.72	−1.51	−1.19
2040	61959	65172	67314	70550	0.19	0.54	0.75	1.06
2045	58995	63124	65880	70068	−0.54	−0.19	0.02	0.31
2050	54528	59606	63034	68290	−2.5	−2.02	−1.72	−1.30

资料来源:曾毅、顾宝昌、梁建章、郭志刚主编.生育政策调整与中国发展[M].北京:社会科学文献出版社,2013 版,第 141 页。

在劳动年龄人口总量发生转折的同时,其内部结构也出现了重要变化。1966 年以前,劳动年龄人口中 15~24 岁、25~44 岁及 45~64 岁人口比重分别约为 30%、45%、25%,劳动年龄人口平均年龄约为 35 岁;之后的 30 年间 (1967—1997 年),受前期出生口波动的影响,劳动年龄人口中 15~24 岁、25~44 岁所占比例变化波动较大,45~64 岁占比相对处于稳定状态;1997 年 45~64 岁人口占比首次超过 15~24 岁人口占比,而 25~44 岁人口所占比重超过一半,此阶段劳动年龄人口平均年龄大多数在 34.5 岁以内;随着人口政策效果的不断凸显,劳动年龄人口结构趋于老化,45~64 岁占比不断上升,15~24 岁、25~44 岁所占比例不断下降,至 2010 年其比重分别为 32.68%、22.90%、44.42%,劳动年龄人口平均年龄约 38 岁。2010 年以来随着中国老龄化进程的不断加深及人口年龄结构的不断老化,劳动年龄人口结构也正不断老化,且在就业人口结构中,就业人口老化程度比劳动年龄人口老化程度更为明显。

据王广州、张丽萍测算,在“单独二孩”前的生育政策水平下,2013—2025 年劳动年龄人口年均减少约 260 万,若保持生育政策不变,2025　2050 年则加速减少,年均减少量约为 970 万,劳动年龄人口总量将降至约 7.3 亿。劳动年龄人口占总人口的比重 2025 年、2050 年将分别降至 69.7%、60%,分别比 2010 年下降了 4.78%、13.51%。从劳动年龄结构方面进行分析,保持生育政策不变的前提下,2025 年、2050 年劳动年龄人口中 15~24 岁人口占比分别降至 15.

23％、13.95％，比 2010 年占比分别减少了 7.87％和 8.97％。25～44 岁人口占比整体处于下降趋势，但在 2030 年以后略有回升，至 2050 年其占劳动年龄人口比重的 38.37％，比 2010 年下降了 6％左右。45～64 岁劳动年龄人口占比处于稳态上升，至 2025 年、2050 年分别升至 43.81％和 47.68％，比 2010 年分别上升了 11.14％、15％以上。劳动年龄人口结构的老化，带来的是劳动年龄人口平均年龄的不断升高，预计到 2025 年和 2050 年其平均值分别为 41.76 岁和 43.18 岁，比 2010 年分别提高了 3.74 岁和 5.16 岁。

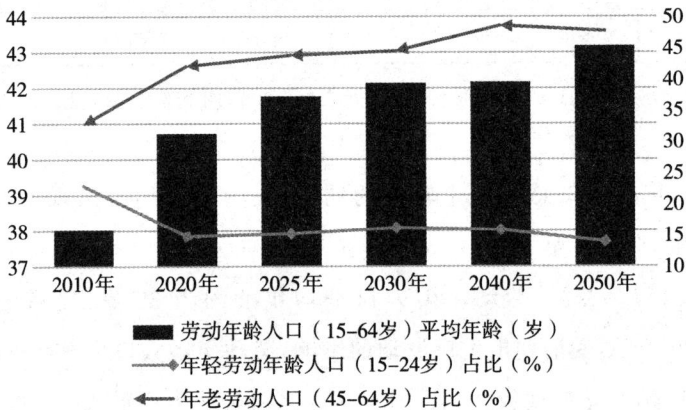

图 4-31　2010—2050 年中国劳动年龄人口预期平均年龄及劳动年龄人口结构变动趋势

资料来源：王广州，胡耀岭，张丽萍. 中国生育政策调整[M]. 社会科学文献出版社，2013版。

1978 年改革开放后，中国依靠庞大且年轻的劳动力资源，以及与之相关的巨大市场，快速成长为世界第二大经济体。1962—1975 年第二轮婴儿潮人口是改革开放 40 年的建设主力，生产和储蓄多，消费少，导致储蓄率和投资率上升，储蓄超过投资部分产生贸易顺差，同时过剩的流动性和人均收入水平提高推动消费升级，经济潜在增长率较高。在长期低生育率背景下，随着这些人变老，中国 15～64 岁人口比例和人口总抚养比均在 2010 年迎来拐点，储蓄率和投资率下降，消费率上升，贸易顺差收窄，经济潜在增长率下降。改革开放 40 多年以来，我国人口抚养比（0～14 周岁与 65 周岁及以上人口数加总与 15～64 周岁人口数之比）从 1982 年的 62.6％下降到 2010 年的 34.2％。第七次全国人口普查数据显示，2020 年我国人口抚养比为 45.9％，与 2010 年相比，增长了 11.7 个百分点,这表明随着我国人口老龄化进程的推进,人口抚养比的下降趋势在过去十年发生了逆转。当前我国仍然处于处于人口负担较轻的"人口机会窗口"期(人口负担系数小于或等于50%),但由低人口抚养比带来的人口红利逐步减少,中国经济迫切需要从高增长转向高质量发展阶段。

4.独生子女家庭成为风险家庭

有关"失独家庭",相关学者做了不同的界定。著名人口学家王广州将"父母亲年龄在49岁以上,只生育过一个孩子,现无存活子女"的家庭定义为"失独家庭";陈柏涵有关"失独家庭"的界定去掉了父母年龄限制,即只是生育过一个子女,无收养子女,且现无存活子女的家庭;也有部分学者将独生子女伤残纳入"失独家庭"的范畴。本文研究的"失独家庭"是指那些失去独生子女,父母没有再生育能力且无收养子女的家庭。

根据人口学生命表数据显示,每1000个出生婴儿大约有5.4%的人在25岁之前死亡,12.1%的人在55岁前死亡。这样基于同样的失独风险推算,独生子女家庭数量越多,社会所面临的失独风险越大,随着家庭生命周期历程的不断发展,失独家庭的规模也有不断扩大之势。根据王广州分析推算,截至2010年,全国独生子女总量约1.45亿,累计独生子女死亡或"失独"家庭达到100.3万户。王广州根据"独生子女"政策推算,到2030年,每年10岁及以上独生子女死亡数量将超过22万,2040年每年10岁及以上独生子女死亡数量将超过34万。预计到2050年,全国独生子女总量在3亿左右,每年10岁及以上独生子女死亡总量超过55万,累计10岁及以上独生子女死亡数量超过1100万。著名人口学家穆光宗研究认为,截至2015年底中国独生子女家庭已经突破2亿,到2050年可能突破4亿(穆光宗,2016)。根据《中国卫生年鉴》统计,2010年,全国累计独生子女死亡数量超过百万,每年增加7.6万个,逐年增加,到2050年老龄化高峰期将突破1000万。

失独家庭是中国特殊时期计划生育政策的特殊产物,尽管独生子女死亡只是一件件孤立的家庭事件,但这种风险却是"只生一个"的计划生育政策造成的。"独生子女家庭本质上是风险家庭",其风险性就在于唯一性(穆光宗,2004)。独生子女家庭面临诸多风险,其中最大的风险就是失独的风险。而这种唯一性风险正是来自"独生子女"政策。在独生子女家庭,如果独生子女死亡,整个家庭就可能面临崩溃,家庭功能如抚养、赡养、经济、教育和社会化功能将逐渐弱化甚至消失。"失独家庭"父母一方面长期处于悲伤困苦的情绪之中难以自拔,身体状况日趋恶化,这类人群罹患疾病的概率较高。根据调查数据显示,约有15％的失独父母患有机体失能或癌症等重大疾病,约一半人患有心脏病、高血压等慢性疾病。失独父母的精神状态也十分堪忧,由于精神打击过大,约60％的人患有精神方面的疾病,如抑郁症甚至精神失常。同时研究发现,"失独家庭"夫妻离婚率增高。据2012年广州市统计数据显示,仅越秀区460多户"失独家庭"中就有90多户家庭夫妻婚姻关系破裂,离婚率高达20％。而同年全国总离婚率为2.29％,由此可见,"失独家庭"婚姻破裂的概率远高于平均水平。对于一些失独父母而言,失去唯一的孩子不仅让他们失去了父母的角色,同时意味着相互扶持相伴而行的另一半渐行渐远。因而,随着失独父母年龄不断增加,他们将面临老无所依、老无所养的共性难题,这些家庭势必将会产生"老有所顾、老有所问、老有所靠"诉求。"失独家庭"是为国家人口控制和经济发展做出了贡献、付出了牺牲的特殊群体,失独已经不是一个或几个个别家庭的事情,而是中国在人口及社会转型过程中的重大公共话题。

解决这一社会难题,需要从"失独家庭"问题产生的根源着手,而2015年起实施的全面放开二孩政策可以有效地减少失独家庭的产生。王广州等人在三种不同生育政策("单独二孩"政策实施前、"单独二孩"政策、"全面二孩")实施下,对1990年以来独生子女累计死亡总量进行了预测,由表4-20数据可知,随着生育选择空间逐渐放宽,"单独二孩"政策优于"单独二孩"前的政策,全面放开二孩政策要优于"单独二孩"政策。在全面二孩政策下,至2050年全部独生子女累计死亡数量比"单独二孩"前减少78.65万人,由此可以使约79万家庭避免悲剧的发生,使158万个父母免于经历失独的悲痛而尽享天伦之乐。

表4-20　1990年以来不同生育政策独生子女累计死亡总量　（单位:万人）

		2010年	2015年	2020年	2025年	2030年	2040年	2050年
全部一孩	单独二孩前	292.99	388.06	494.36	613.63	745.00	1069.10	1557.42
	单独二孩	294.72	387.19	495.23	610.18	738.95	1063.05	1534.95
	全面二孩	294.72	388.92	491.77	603.26	723.40	1023.30	1478.77

续表

		2010 年	2015 年	2020 年	2025 年	2030 年	2040 年	2050 年·
≧5 岁一孩	单独二孩前	108.03	161.62	231.62	320.64	428.68	719.07	1184.05
	单独二孩	106.31	160.75	232.49	319.78	426.95	719.07	1168.50
	全面二孩	106.31	162.48	229.90	312.00	412.26	681.91	1109.72
≧10 岁一孩	单独二孩前	81.24	128.78	191.87	273.11	375.96	660.30	1120.96
	单独二孩	82.11	127.91	191.87	273.11	375.96	662.03	1109.72
	全面二孩	81.24	128.78	190.14	268.79	364.72	630.92	1055.28

资料来源：王广州,胡耀岭,张丽萍.中国生育政策调整[M].社会科学文献出版社,2013 版。

5.男性婚姻遭到挤压

在"独生子女"政策的挤压下,中国人口生态平衡环境遭到破坏,且日趋失衡恶化。1980 年以前,人口出生性别比基本保持在稳定值域范围,之后在"独生子女"政策作用下,出生性别比一路攀升,1990 年为 111,2000 年为 120。此后此势头虽有所缓解,但始终在高位徘徊。2009 年、2010 年、2012 年分别为119.45、119、117.7。在人口性别比失衡十分严重的背景下,政府出台了相关政策来进行干预[1]。在人口政策影响下,出生人口性别比从 2008 年的 120.6 开始持续下降至 2017 年的 111.9,再降至 2020 年的 111.3[2],这说明出生性别比长期偏高的问题得到有效控制,性别平等的生育观念更加普及,初步达到了人口性别结构优化的目标。

但是由于严重的、持续的出生性别比的失衡,导致中国婚配市场的性别比失衡,即使未来出生人口性别比下降到正常范围,1980—2030 年之间出生的人口在婚姻问题上,仍将面临严重的"男多女少"性别不平衡问题。从经验上看,同龄适婚女性短缺,男性的择偶对象就会向低年龄女性转移,并可能将择偶地

---

[1]　2011 年《国家人口发展"十二五"规划》提出,2015 年出生人口性别比目标为 115,这是中国首次把控制人口出生性别比纳入国家计划。2016 年《国家人口发展规划(2016—2030)》提出 2020 年出生人口性别比降至 112 以下,2030 年降至 107,即恢复至正常水平。

[2]　第七次全国人口普查数据显示,我国男性人口总数为 72334 万人,女性人口总数为 68844 万人,全国总人口性别比为 105.07(以女性为 100),与 2010 年相比下降了 0.13 个百分点。出生人口性别比为111.3,较 2010 年显著下降,降低了 6.8。

区范围扩大,城市男性找农村女性,富裕地区男性找欠发达地区女性,"大龄单身男性"最后沉积在低收入贫困阶层。根据 2010 年人口普查资料,"00 后"男女性别比达 119,男性比女性多近 1300 万;"90 后"男女性别比达 110,男性比女性多近 900 万。"80 后""70 后"未婚人群男女性别比分别为 137、308。如果算上离异、丧偶的单身情况,"80 后""70 后"单身人群的男女性别比分别为 136、206。有关人口出生性别比持续升高带来的婚姻挤压问题王广州等(2013)运用随机微观人口仿真模型,对未婚男性人口进行了估计和预测(图 4-32),2050 年 35～59 岁男性人口将上升至 2300 万人～3300 万人,若将年龄放宽至 22～60 岁,则男性未婚人口数量将会大量增加。

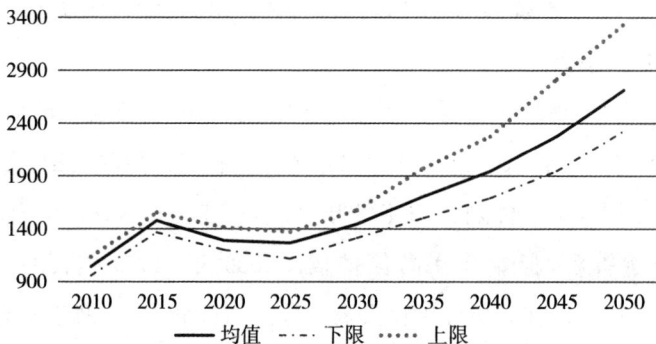

图 4-32　2010—2050 年中国 35～59 岁男性人口规模预测(单位:万人)

资料来源:王广州,胡耀岭,张丽萍.中国生育政策调整[M].社会科学文献出版社,2013 版。

据估算,若 2020 年人口出生性别比降至 107,则从 1983—2020 年期间,中国新出生的男婴将超过女婴 5100 万人。根据《中国人口统计年鉴》相关数据,1983 年至 2010 年间,中国男婴出生人口比女婴多出 4100 万人。从 2001 年到 2010 年的 10 年间,每年新出生男婴比女婴多 130 万。若将 22～60 岁男性人口对应 20～58 岁女性人口中所超过的部分定义为"光棍儿"(穆光宗,2016),根据著名学者易富贤测算,2010 年之后中国"光棍儿"数量快速攀升,2022 年将超过 2000 万,2028 年将超过 3000 万,到 2040 年将超过 4000 万。

根据 2012 年原国家人口和计划生育委员会与世纪佳缘网联合发布的《2012—2013 年中国男女婚恋观调研报告》,中国非婚人口数量庞大、男女比例失衡。"70 后""80 后""90 后"非婚人口中男性比女性共计多出 2315 万,其中广州是性别比数量差距最大的省份为 165 万,其中,"70 后""80 后""90 后"人口中非婚男女比例分别为

206：100、136：100、110：100。根据调查数据可以发现,随着年龄的增长男性婚姻遭挤压的程度越深。"六普"数据显示,30～39岁中非婚男性人口数量为1195.5万人,而同年龄段女性中非婚女性人口则只有582万人,其缺口为613.5万人。

近几十年中国的出生性别比,随着生育政策的收紧而逐渐升高,然后又随着生育政策的放宽而逐渐下降。2015年中国30岁及以上未婚男性规模已超2000万,2020年全国总人口中,男性比女性多3490万人,其中,20～40岁适婚年龄男性比女性多1752万人。预计到2040年将超4000万。1990年中国30岁及以上未婚男性仅略超1000万人,2000年超过1600万,2015年超过2000万。从城乡分布看,"大龄单身男性"超过一半在农村,2010年30岁及以上未婚男性在城市、建制镇、乡村的分布分别为24.4%、13.5%、64.2%,2015年变为30.0%、17.8%、52.2%。农村"大龄单身男性"问题比城市和建制镇更严重,2015年农村30岁以上男性未婚率为5.7%,超过城市的4.3%和建制镇的3.6%。从受教育程度看,乡村"大龄单身男性"超过90%为低学历者。在30岁及以上未婚男性中,2010年未上过学、小学文化、初中文化的比例分别为17.5%、44.6%、33.1%。未上过学的男性未婚率高达15%;其次是因为学习深造推迟进入婚姻市场的研究生学历男性,未婚率高达9%。随着1990年以来高性别比的出生人口逐渐进入婚嫁年龄,预计未来"大龄单身男性"问题还将更为突出,预计到2040年可能超过4000万。

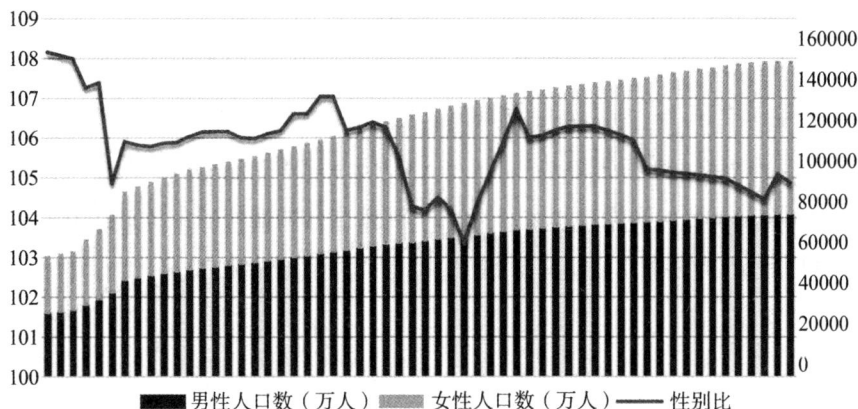

图 4-33　1949—2021 年中国男性、女性人口数及人口性别比

数据来源:1949—2020年数据来自2021年《中国人口统计年鉴》,2021年数据来自国家统计局官方发布。

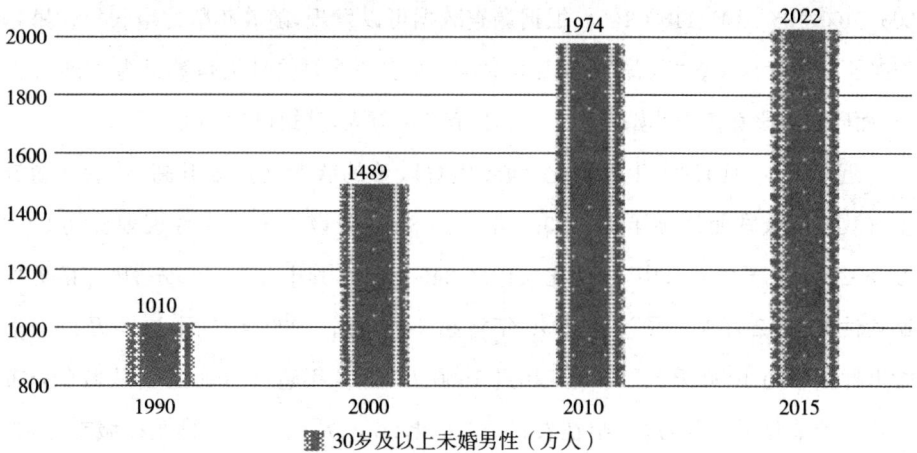

图 4-34　1990—2015 年"大龄单身男性"规模不断扩大

数据来源：国家统计局。

在传统婚配模式下①,性别比失衡导致农村大龄未婚男性与城市大龄未婚女性增多。近年来,女性的受教育水平和社会地位不断提高,在某些方面甚至超过男性。例如,根据 2020 年第七次全国人口普查数据,20～34 岁人口中,本科和研究生学历共有 5894 万人,其中男性有 2788 万人,占 47.3%;女性有 3106 万人,占 52.7%。在这种情况下,如果在婚配条件中仍然坚持"男高女低",势必会导致大量受过高等教育的女性找不到合适的对象。当前社会中"高端大龄单身女性"的广泛存在,进一步恶化了当前婚配市场的失调的现象。与"大龄单身女性"不同,大量的"光棍儿"来自经济落后的偏远地区,根据西安交通大学人口所 2010 年对全国 28 个省份共计 369 个行政村的调查,平均每个行政村"光棍儿"数至少有 9 个,平均年龄达 41.4 岁。2013 年之后,中国每年的适婚男性过剩人口在 10% 以上,平均每年大约有 120 万男性在婚姻市场中无法找到初婚对象。这种大量"光棍儿"人口现象,潜在具有诱发社会性犯罪等行为,严重危害社会和谐安定。

---

① 传统的婚配观念,一般倾向于"男高女低"的梯度婚配模式,如果按婚姻条件的高低把男性分为甲、乙、丙、丁 4 个等级,女性也分为甲、乙、丙、丁 4 个等级;那么一般是甲男和乙女结婚,乙男和丙女结婚,丙男和丁女结婚,而剩下的甲女和丁男就会找不到对象了。

4.4 "全面二孩"政策实施以来中国人口发展

4.4.1 人口发展变化趋势分析

2014 年"单独二孩"政策实施后,当年出生人口为 1678 万,比 2013 年增加不到 50 万。2016 年"全面二孩"政策实施后,当年出生人口攀升至 1786 万,创 2000 年以来新高,但 2017 年新出生人口出现回落,为 1723 万,2018 年这一数值降至 1523 万,人口出生率为 10.94‰,死亡人口 993 万人,人口死亡率为 7.13‰,人口自然增长率为 3.81‰。2021 年出生人口 1062 万人,比 2020 年减少 140 万人;死亡人口 1014 万人,比 2020 年增加 16 万人。人口出生率为 7.52‰,比 2020 年下降 1 个千分点;人口死亡率为 7.18‰,微升 0.11 个千分点。2021 年人口自然增长率为 0.34‰,比 2020 年下降 1.11 个千分点。人口增长持续放缓是由于出生人口继续减少,这主要受两方面因素影响。一是育龄妇女人数持续减少。2021 年 15～49 岁育龄妇女比 2020 年减少约 500 万人,其中 21～35 岁育龄妇女减少约 300 万人。二是生育水平继续下降。

人口普查和人口抽样调查数据显示,生育政策调整以来,二孩生育率明显回升,由 2013 年前后的低于 0.5 上升到 2017 年的 0.8 以上,增幅超过 60%;同期,多孩生育率由低于 0.07 上升到 2019 年的 0.15,增幅超过 100%(陈卫,2021)。具体来看,2015—2019 年一孩出生数分别为 879 万、981 万、713 万、629 和 593 万,二孩出生数分别为 658 万、715 万、892 万、760 万和 747 万(2019 年数据为估计),三孩及以上出生数分别为 118 万、90 万、117 万、134 万和 125 万(2019 年数据为估计)。2016 年出生人口大幅增加 131 万,主要在于一孩出生数大幅增加 132 万、贡献 78%,二孩出生数增加 57 万,仅略高于 2015 年的增量 53 万;2017 年全面二孩效应才开始明显显现,尽管当年一孩出生数大幅下降 268 万,但二孩出生数大幅增加 177 万;2018 年出生人口大幅下滑 200 万,主要是二孩出生数大幅下降 132 万和一孩出生数下降 84 万;2019 年一孩、二孩出生数分别减少 36 万、13 万,对总出生人口减量分别贡献 62％、22％。[①] 这主要是由于"75 后"较强的二孩生育意愿得以集中释放,但一孩生育率走低和育龄妇女规模逐渐下降,预示着出生人口未来将大幅下降。一孩总和生育率总体下滑,出生人口占比从 64.3％大幅下滑至 42％。一孩总和生育率的明显下滑,意味着不少年轻人连一孩都不愿生,而没有一孩就不会有二孩,三孩更是无从说起。

表 4-21 不同政策下 2017—2021 年出生人数 （单位:万人）

年份	不实施全面"两孩政策"	实施全面"两孩政策"			实际情况
		高预测	中预测	低预测	
2017 年	1 770	2 195.1	2 109.9	2 023.2	1 723
2018 年	1 724.8	2 294.3	2 188.6	2 082.4	1 523
2019 年	1 674.5	2 172.7	2 077.3	1 982.2	1 465
2020 年	1 583	2 035.9	1 935.8	1 845.5	1 200
2021 年	1 528.9	1 740.9	1 689.1	1 641.7	1 062

数据来源:根据相关文献数据整理所得。

表 4-22 2017 年世界各国新生人口排行榜

排名	国家	新出生人口(千万)	总人口(千万)	人口出生率
1	印度	2 600	133 900	1.94％
2	中国	1 720	139 000	1.24％
3	尼日利亚	750	19 100	3.93％
4	巴基斯坦	700	20 110	3.48％
5	印尼	530	26 950	1.97％
6	美国	390	32 970	1.18％
7	刚果金	380	7914	4.8％
8	埃塞俄比亚	360	10 640	3.38％
9	孟加拉国	320	16 770	1.91％

---

① 任泽平,《中国生育报告 2020》。

续表

排名	国家	新出生人口(千万)	总人口(千万)	人口出生率
10	巴西	280	21 100	1.33%
11	埃及	260	9 828	2.65%
12	坦桑尼亚	230	5 857	3.93%
13	墨西哥	220	13 120	1.68%
14	肯尼亚	180	5 046	3.57%
15	俄罗斯	180	14 450	1.25%
16	菲律宾	170	10 490	1.62%
17	乌干达	170	4 289	3.96%
18	伊朗	150	8 276	1.81%
19	阿富汗	150	3 650	4.11%
20	苏丹	140	4 100	3.41%

数据来源:http://www.chyxx.com/industry/201811/689350.html

表 4-23　"全面二孩"实施后,未来十年人口发展预测

年份	平均每年的育龄妇女人数(人)	人口出生率(‰)	新出生人口(人)	人口总数(人)
2018	9 787 756	15.5	15 158 584	1 405 422 940
2019	9 259 482	15.1	14 015 139	1 410 512 909
2020	8 577 360	14.3	12 295 131	1 418 938 260
2021	7 956 548	14.1	11 223 169	1 416 339 889
2022	7 803 447	14.3	11 172 827	1 417 804 005
2023	7 689 341	14.6	11 257 455	1 419 016 286
2024	7 593 104	15.2	11 545 960	1 419 703 801
2025	7 566 097	15.2	11 485 602	1 419 451 863
2026	7 527 919	16.6	12 533 127	1 419 901 963
2027	7 558 705	16.7	12 608 609	1 418 596 644

数据来源:http://www.chyxx.com/industry/201811/689350.html

4.4.2　未来人口发展面临的困境

1.人口拐点即将出现

中国总和生育率下降速度在国际上前所未有,当前不仅远低于2.45的全球平均水平,还低于1.67的发达国家水平。"七普"显示,我国总和生育率已达到历史最低值1.3,甚至低于人口处于负增长时代与严重老龄化的日本(1.4)。根据联合国统计,1950—2015年美国总和生育率从3.3降至1.9,日本从3降至1.4,印度从5.9降至2.4,均远小于中国的总和生育率从6到1.6的降幅。2016年中国总和生育率为1.62,在全球位居倒数,不仅远低于2.45的全球平均水平,还低于1.67的高收入经济体水平。与墨西哥、巴西、马来西亚、俄罗斯等人均GDP相近的国家相比,中国总和生育率仍然偏低。因此中国人口将于2024—2031年前后将出现拐点,具体时间取决于未来鼓励生育政策力度。按照目前的生育趋势,中国人口总量峰值日益临近,只是各机构、人口学者对何时见顶存在一定争议。《国家人口发展规划(2016—2030年)》认为2015年总和生育率在1.5~1.6之间,假设2020年、2030年总和生育率分别为1.8,预测中国人口将在2030年前后见顶,峰值为14.5亿人。联合国《世界人口展望(2017修订版)》基于不同假设预测的中国人口峰值最早在2021年,最晚在2044年。无变动方案[①]和固定生育率方案对未来总和生育率假设均为1.60,比较接近现实,预测的人口峰值分别出现在2023、2026年,峰值分别为14.2亿、14.3亿人。按照现行生育趋势即总和生育率1.5,中国人口峰值将在2024年前后到来(低方案)。如未来大力鼓励生育,假设总和生育率分别回升到1.65(中方案)、1.8(高方案),则中国人口峰值将分别延迟在2027年、2031年前后到来,峰值规模最大也不到14.4亿。人口减少趋势只会延迟,基本无法逆转。

---

① 无变动方案是指固定生育率、固定死亡率假设。

表 4-24　联合国对中国人口规模的 9 个预测方案

方案	中国人口峰值		其中:总和生育率假设		
	峰值(亿人)	时间	2015—2020 年	2020—2025 年	2025—2030 年
高方案	15.1	2044 年	1.88	2.06	2.19
中方案	14.4	2029 年	1.63	1.66	1.69
低方案	14.1	2021 年	1.38	1.26	1.19
固定生育率方案	14.3	2026 年	1.60	1.60	1.60
变动生育率方案	15.2	2044 年	2.19	2.18	2.16
动量方案①	15.0	2032 年	2.20	2.19	2.18
零迁移方案	14.5	2030 年	1.63	1.66	1.69
固定死亡率方案	14.3	2025 年	1.63	1.66	1.69
无变动方案	14.2	2023 年	1.60	1.60	1.60

数据来源:联合国《世界人口展望(2017)》。

2. 人口快速老龄化②且呈高龄化趋势

人口老龄化有两个含义,狭义指老年人口比重上升,广义的还包括人口年龄中位数上升。中国人口快速老龄化,人口年龄中位数从 1980 年的 22 岁快速上升至 2015 年的 37 岁,预计 2030 年将升至 43 岁。2015 年中国人口中位数为37 岁,这一数字似乎比日本的 46.5 岁、德国的 46.2 岁等要年轻不少,然而这并不意味着发达国家人口老龄化的趋势比中国更严重。联合国人口预测显示,到2050 年,中国人口年龄中位数将高达 49.6 岁,接近日本 53.3 岁的水平,而瑞典、英国、美国等欧美国家依然才 40 岁出头。同时,中国老年人口规模及比重快速上升,速度之快、规模之大在世界上前所未有,2017 年中国 65 岁及以上人口已达 1.6 亿,预计到 2050 将达 3.9 亿,届时约每 3.3 个人中就有 1 个 65 岁以上的老人。并且,高龄化使中国面临的人口老龄化问题更为严峻。2017 年中国80 岁及以上高龄老人约 2900 万人,占比 2.1%。预计 2030 年高龄老人将达约5600 万,占比 4.0%;2050 年高龄老人将达 1.4 亿,占比 10.7%。根据联合国

---

① 动量方案是指变动生育率、固定死亡率、零迁移假设。
② 一般认为,65 岁及以上人口比例在 7% 以上即意味着这个国家(地区)处于老龄化社会,14% 以上为深度老龄化,20% 以上为超级老龄化。

预测数据显示,中国人口年龄结构直至 2060 年才趋于稳定,此时 65 岁及以上人口占总人口比重为 32.9%,即每 3 个中国人中将会有 1 个 65 岁以上老年人。[①]

表 4-25　世界主要国家老龄化演变进程阶段

阶段进程	法国	英国	德国	日本	中国
老龄化到深度老龄化	126 年	46 年	40 年	25 年(1970—1994 年)	约 22 年(2001—2023 年)
深度老龄化到超级老龄化	——	——	36 年(1972—2008 年)	21 年(1995—2006 年)	约 10 年(2024—2033 年)

数据来源:根据相关资料整理所得。

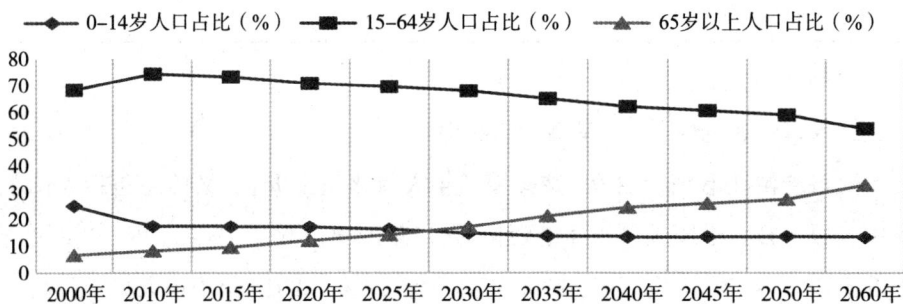

图 4-35　2000—2060 年中国人口年龄构成预测

数据来源:UN(World Population Prospects:The 2015 Revision)。

表 4-26　2000—2060 年中国各年龄段总量预测

年份	2000 年	2010 年	2020 年	2030 年	2040 年	2050 年	2060 年
0~14 岁(亿人)	3.18	2.34	2.40	2.10	1.86	1.82	1.69
15~64 岁(亿人)	8.67	9.97	9.93	9.63	8.66	7.95	6.88
65 岁及以上(亿人)	0.84	1.11	1.70	2.43	3.43	3.71	4.2

数据来源:UN(World Population Prospects:The 2015 Revision)。

① 《2020 年度国家老龄事业发展公报》显示,截至 2020 年 11 月 1 日零时,全国 60 周岁及以上老年人口 26402 万人,占总人口的 18.70%;全国 65 周岁及以上老年人口 19064 万人,占总人口的 13.50%;全国老年人口抚养比为 19.70%,比 2010 年提高 7.80 个百分点。在 60 周岁及以上老年人口中,60~69 周岁的低龄老年人口 14740 万人,占比为 55.83%;70~79 周岁老年人口 8082 万人,占比为 30.61%;80 周岁及以上老年人口 3580 万人,占比为 13.56%。

总的来说,中国当前老龄化呈现"超大规模、超快速度、超高水平、超级稳定"的特征。①超大规模的老龄化人口:截至 2021 年中国 60 岁及以上老年人口高达 2.67 亿,按照联合国人口预测中方案,中国 60 岁及以上老年人口 2050 年将再翻一倍,达到 4.8 亿,其中,80 岁以上高龄老人将增加 3 倍,达 1.1 亿,中国老年人口和高龄老年人口规模一直稳居世界第一。2050 年,世界上平均每 4 个老年人中就有 1 个生活在中国,中国老年人口比发达国家老年人口总和还多 5000 万人以上。②超快速度的老龄化进程:人口老龄化是一个动态过程。新中国成立以来,中国人口发展经历了三个高峰(1950—1958 年、1962—1975 年、1981—1994 年),三次人口出生高峰期间年均出生人口分别为 2277 万人、2583 万人和 2239 万人,遵从人口发展的惯性规律,当这三个出生队列在其出生 60 年后步入老龄时,必然形成三次人口老龄化冲击波。当前,中国正处在人口老龄化第一冲击波(2010—2018 年)周期内,60 岁及以上老年人口规模从 1.74 亿增加至 2.5 亿,年均净增老年人口 950 万人,老年人口增速最快,年均增长率为 5.46%;第二冲击波将发生在 2022—2035 年,老年人口增量最大,年均净增 1152 万人,年均增长率为 3.41%,老年人口总量从 2.7 亿扩大到 4.2 亿;第三冲击波将出现在 2041—2054 年,老年人口规模继续扩大,从 4.4 亿增加到峰值 4.9 亿,年均增加 357 万人,年均增长率为 0.77%。综观 2010—2050 年老年人口快速增长时期,老年人口净增加 3.08 亿,年均净增加 769 万人,年均增长率高达 2.57%。同期比较,老年人口增长速度超过世界平均速度,超过世界上大多数国家,在总人口超过 1 亿的人口大国中进程最快。③超高水平的老龄化程度:20 世纪 90 年代初期,我国就进入了低生育率时代,预示了总人口的增长速度开始放缓。预计总人口数量将在 2030 年左右达到峰值 14.5 亿,然后开始缩减,21 世纪中期为 13.6 亿左右,总人口增长与老年人口增长的反向变化,促使人口老龄化水平快速提升,从目前平均每 6 个人中 1 个老人快速发展为平均 3 个人中就有 1 个老人。届时,人口老龄化水平比世界平均值高 13.8%,比发达国家平均值高 2.2%,我国将跻身世界高度老龄化国家的行列。④超级稳定的老龄化形态:当快速人口老龄化过程结束之后,21 世纪下半叶我国将呈现超高水平、超级稳定的老龄社会形态,老年人口规模保持在 3.8～4.8 亿,人口老龄化水平徘徊在 36%～38%,位居全球老龄化水平最高国家方阵中。

4.4.3 生育意愿低迷的原因分析

1.从死亡率下降驱动到功利性生育意愿消退再到成本约束

中国不是世界上唯一实行计划生育的经济体,日本、印度、韩国等都曾实行过计划生育,但日本、韩国等国家的计划生育政策多为指导性、而非强制性,印度因为国内宗教、种族、地方势力反对,未能有效实施。生育率大幅下滑也并非只发生在中国,国际上诸多经济体均是如此,只是下降的速度存在差异,当前生育率水平存在差异。

借鉴人口转变理论、莱宾斯坦的"孩子成本效益"理论、贝克尔的孩子数量质量替代理论、伊斯特林的生育供求分析理论和邦戈茨的低生育率模型等,李建民[1](2009)构建了生育革命动力结构的理论模型,他认为社会性是人类生育行为的本质属性,对生育革命的研究应该从生育目的或生育动机变化的角度入手。按照这个逻辑,把生育率分解为两个部分即需求生育率和非意愿生育率,即:总和生育率=需求生育孩子数(即在特定条件下所需要的生育孩子数,所以需求生育率还不是意愿生育率)+非意愿生育孩子数。根据动机和需求性质的不同,可以把需求生育率进一步分解为四个部分,分别为:抵偿效应(抵偿死亡率影响的生育数量)、成本效应(孩子成本对生育数量的影响)、政策效应[2](人口控制政策对生育的影响)、意愿生育孩子数(为满足孩子效用生育的孩子数),因此,需求生育孩子数=抵偿效应×成本效应×政策效应×意愿生育孩子数。对于非意愿生育而言,也有一些影响因素。由于本理论模型的分析对象是生育率转变,所以只考虑把避孕节育作为影响因子,避孕节育技术和服务越普及,成本越低,非意愿生育就越少[3]。因此,总和生育率=抵偿效应×成本效应×政策效应×意愿生育孩子数+避孕节育×非意愿生育孩子数。特别需要指出的是,在生育革命过程中,影响生育率的各个变量的变化时间是不同的,因此在生育革命的不同时期,推动生育率下降的主导作用因素会有所不同。

---

[1] 李建民.中国的生育革命[J].人口研究,2009(01).
[2] 人口政策效应对中国生育率下降尤为重要。
[3] 在该模型中避孕节育与政策效应是不同的,后者专指政府对夫妇生育子女数控制的政策,而避孕节育指避孕和节育,也包括政府提供的各种计划生育服务。

研究根据主导因素的差异把生育革命的动力结构分为以下几种类型：死亡率转变驱动型、政策驱动型、生育意愿转变驱动型、生育成本约束驱动型。根据驱动生育率下降主导因素的变化，可以将人类历史划分为四个阶段。

(1)高死亡率驱动阶段，人们需要以高生育率抗衡高死亡率从而保证收益最大化，总和生育率多在 6 以上。农业文明时期，驱动高生育率的主要因素是高死亡率。该时期家庭多自给自足，生养孩子的直接成本很低、农业生产的季节性决定闲暇时间多、机会成本低。与此同时，劳动密集型的农业生产模式决定生养子女的预期经济收益高，并且农民只能依靠养儿防老，家族地位也与人丁是否兴旺密切相关，但公共卫生条件落后、战争频繁等因素导致死亡率高达20‰甚至30‰以上，这使得人们不得不以高生育率抗衡高死亡率。

(2)死亡率下降驱动阶段，人们认识到低生育率也能保证收益最大化，总和生育率从 6 以上降到 3 左右。生育力是人类抵御死亡力的天然武器，一个国家是如此，一个民族是如此，一个家庭也是如此。经济发展、现代公共卫生和医疗技术的开发给人类带来了福音，也导致了人口转变的第一个阶段即死亡率转变(W. S. Thompson,1929；A. Landry,1934；F. W. Notestein,1945；C. P. Blacker,1947)。死亡率下降大大提高了婴幼儿的存活率，这种变化使得人类可以不再需要以原先那样高的生育率来抗衡死亡率，当这种事实及其后果被社会大多数人认识到之后，生育需求也就随之下降。因此，死亡率转变是生育率转变的必要条件。与发达国家相比，发展中国家人口转变和生育率转变出现于经济落后的环境中，并且生育率转变与死亡率转变之间的时滞也比较短，这在很大程度上是因为公共卫生和医疗技术的迅速普及促进了死亡率的迅速转变，进而为生育率的转变创造了条件。生育率在转变初期的下降主要是受死亡率下降所驱动。如 19 世纪 60 年代以后开始生育率转变的国家在生育率转变之前都经历了死亡率的大幅度下降，而进入生育率转变初期阶段时，死亡率大都降到了一个相对比较低的水平。从国际经验看，这种自然转变大多存在 15～25 年的时滞。1950—1970 年中国死亡率大致从约 20‰降至 8‰，1970—1978 年中国总和生育率从 5.8 降至 2.7，因为"晚、稀、少"生育政策只用了不到 10 年。

表 4-27　一些国家生育率转变初期的人口死亡率水平

国家	时期	总和生育率(个)	粗死亡率(‰)	婴儿死亡率(‰)	预期寿命(岁)
中国	1970—1975	4.86	6.3	61.1	63.2
韩国	1965—1970	4.71	10.4	57.5	57.7
巴西	1970—1975	4.72	9.9	90.5	59.5
泰国	1970—1975	4.96	9.2	55.8	60.4
印度	1975—1980	4.89	13.0	104.4	54.2
墨西哥	1975—1980	5.25	7.4	56.8	65.0
印度尼西亚	1975—1980	4.73	13.4	106.4	52.7
越南	1980—1985	4.50	11.1	70.1	58.8
菲律宾	1980—1985	4.95	8.2	61.2	62.1
埃及	1985—1990	4.83	10.2	88.0	59.8
巴基斯坦	1995—2000	4.96	8.8	83.2	61.8

资料来源：United Nations. World Population Prospects：The 2006 Revision，2007。

(3)功利性生育消退阶段,人们的生育行为更接近情感需求,并重视子女质量的提升,总和生育率大致从 3 降到 2 左右。由于死亡率已降至低水平,影响生育行为的主导因素转变为收益问题。随着经济社会现代化发展,生养孩子的直接成本上升,特别是受教育程度普遍提高后,女性更多参与就业使得生育孩子的机会成本也在上升;而在收益方面,精神收益与收入基本不相关,功利性收益下降,导致意愿生育数下降。并且,收入上升使得家庭对孩子质量的需求更大。这逐渐使得家庭的生育行为逐渐远离功利,而接近一男一女两个孩子的情感需求,总和生育率大致降到 2 左右。中国这种转变大致发生在 1979—1990 年,除计划生育政策影响外,还伴随着改革开放后工业化、城市化快速推进,乡镇企业发展以及农村人口大量迁向城市打工。根据相关调查,中国当前意愿总和生育率大致在 1.6~1.9。

(4)成本约束的低生育率阶段,总和生育率降至更替水平 2 以下,低于意愿生育水平。在现代社会,生育率的进一步下降不是因为意愿生育意愿数的减少,而主要是成本提高导致人们的生育意愿不能完全实现。实际生育水平与意愿生育水平的差距决定于成本的高低。

2.晚婚晚育、单身丁克、不孕不育等削弱生育基础

(1)中国结婚率 2013 年见顶后持续回落,离婚率持续攀升;晚婚晚育现象日益突出,1990—2015 年平均初育年龄从 24.1 岁推迟至 26.3 岁,2020 年进一步推迟至 29.13 岁。与美国、欧洲非婚生子女占比高达 40%~60%不同,中国

非婚生子女占比大约不到10％。因此,在育龄妇女规模及年龄结构给定的情况下,中国的生育问题首先是结婚问题。2013年中国结婚登记数达1347万对,之后持续下滑至2017年的1063万对,粗结婚率从9.9‰降至7.7‰。离婚登记数从1995年之前的不到100万对攀升至2017年的437万对,粗离婚率攀升至3.2‰。中国女性、男性法定结婚年龄分别为20岁、22岁,晚婚年龄分别为23岁、25岁。1990—2010年男性平均初婚年龄从23.6岁推迟至25.9岁,女性平均初婚年龄从22.0岁推迟到23.9岁;其中,女性、男性平均初婚年龄分别在1996年、1998年超过晚婚年龄。根据民政部统计,2005—2016年间,20～24岁结婚登记人数(含再婚)占比从47.0％降至24.2％,25～29岁、30～34岁、35岁以上结婚登记人数占比分别从34.3％、9.9％、8.8％增至38.2％、12.8％、24.8％。2020年,官方统计的结婚登记人数共计814.33万对,较2019年减少了113万对。这是自2013年达到1346.93万对后,连续第7年下降,也创下了自2003年(国家统计局官网数据显示811.4万对)以来,近17年中的新低。2020年全国人口第七次普查统计数据显示:我国女性平均初育年龄已推迟至29.13岁,上海女性平均的初育年龄更是推迟至30.73岁,大幅超过女性最佳生育年龄(25～28岁)。而全国女性平均初婚年龄为27.1岁,上海为28.4岁。

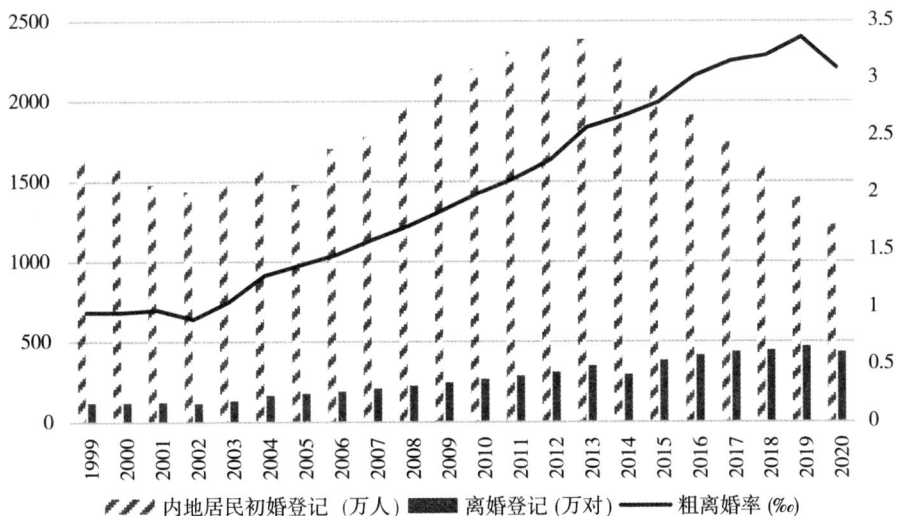

图4-36　1999—2020年内地居民初婚登记、离婚登记、粗离婚率

数据来源:历年《中国人口与就业统计年鉴》。

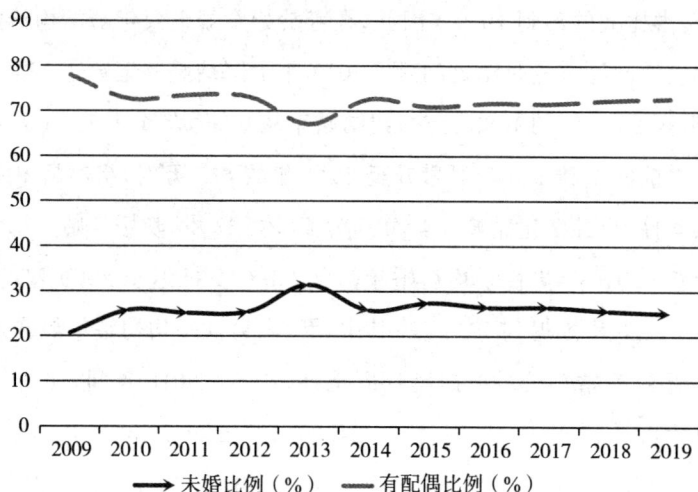

图 4-37　2009—2019 年中国 20～39 岁女性未婚和已婚(有配偶)比例

数据来源:历年《中国人口与就业统计年鉴》。

在晚婚的同时,晚育现象也日益突出,初育年龄每推迟一个月,大概会使总和生育率下降 8% 左右。1990—2015 年女性平均初育年龄从 24.1 岁推迟至 26.3 岁,平均生育年龄(所有孩次)从 24.8 岁推迟至 28.0 岁。1990 年主要初育年龄、主要生育年龄均为 20～27 岁,生育一孩数、生育子女数占比分别为86.6%、74.9%。而到 2015 年,主要初育年龄推迟至 22～29 岁,且生育一孩数占比降至66.7%;主要生育年龄推迟至 23～30 岁,且生育子女数占比降至59.1%。并且,1990—2015 年 30 岁以上高龄产妇的生育一孩数占比从 4.2% 增至近 19.2%,生育子女数占比从 14.0% 增至 32.3%。从 2015 年小普查数据看,生育一孩、二孩、三孩及以上的平均年龄分别为 26.3 岁、29.6 岁、32.0 岁。生育一孩、二孩、三孩及以上的育龄妇女年龄分别集中在 21～29 岁、24～34 岁、25～36 岁,生育孩次数占比分别为72.0%、73.5%、69.5%。在发达地区,晚婚晚育情况更是突出。根据上海市妇联《改革开放 40 年上海女性发展调研报告》,2015 年上海男女的平均初婚年龄分别为 30.3 岁、28.4 岁;其中女性平均初育年龄为 29.0 岁。此外,结婚后选择丁克的家庭也在增多,尤其是在较为发达的一二线城市。根据全国政协副秘书长刘家强 2018 年 7 月在《学习时报》中批露,2010 年中国有 60 万户丁克家庭,并有继续增加的趋势,其衍生的养老、情感等家庭问题将外溢为社会问题。

(2)因婚姻市场匹配问题及单身主义等,"大龄单身女性"规模快速增加至约 600 万,且约 6 成在城市,学历越高单身的概率越大。在婚姻市场匹配中,女性多偏好不低于自身条件的男性,男性多偏好不高于自身条件的女性。这意味着即便婚姻市场男女性别比平衡,条件最好的女性和条件最差的男性也可能找不到合适的伴侣。中国社科院人口与劳动经济所研究员吴要武等 2015 年在《经济学季刊》指出,1999 年高校扩招后,女性在高等教育群体中开始占主导地位,一方面因为推迟进入婚姻市场,搜寻失败的概率提高;另一方面更多接受了高等教育的女性面对相对减少的潜在配偶供给,匹配困难和失败的风险进一步增大。1998—2017 年,本专科招生数从 108 万增至 761 万人,研究生招生数从 7 万增至 81 万人;其中,在读女生占比从 38.3%增至 52.2%,2017 年女性在读本科生、研究生占比分别为52.5%、48.4%。1990 年中国 30 岁及以上未婚女性仅为 46 万,2000 年超过 154 万,2015 年攀升至 590 万;其中,30～34 岁女性未婚率从 0.6%攀升至7.0%。从受教育程度看,30 岁及以上未婚女性中具有小学及以下学历、初中学历、高中学历、大学及以上学历的人数占比分别为 22.3%、37.2%、19.1%、21.5%。其中,虽然 30 岁及以上未婚女性中,具有研究生学历的人数占比仅为 1.9%,但 30 岁及以上研究生学历女性未婚率高达 11%,远高于本科学历及以下女性未婚率的 5%。从城乡分布看,"大龄单身女性"近 6 成在城市。2010 年 30 岁及以上未婚女性在城市、建制镇、乡村的分布分别为49.4%、14.3%、36.3%,2015 年变成 56.6%、16.2%、27.2%。2015 年城市 30 岁及以上女性未婚率为2.4%,明显超过建制镇的 1.0%、农村的 0.9%。

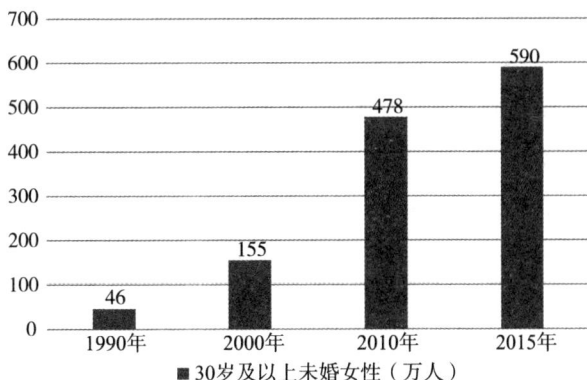

图 4-38　1990—2015 年 30 岁及以上未婚女性人数

资料来源:国家统计局。

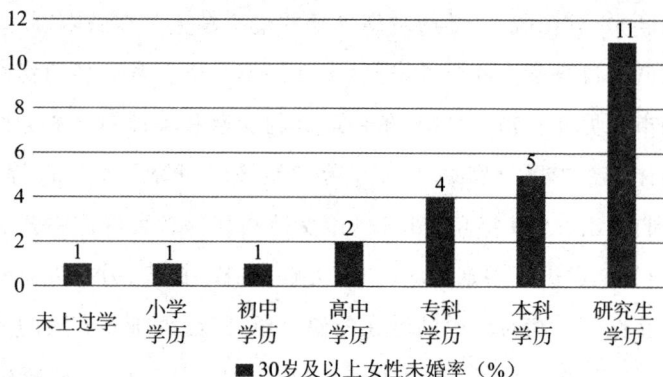

图 4-39　不同学历 30 岁及以上女性未婚率

资料来源:国家统计局。

（3）不孕不育人群增多削弱生育能力。中国临床对不孕不育的定义参照世界卫生组织标准,即男女双方有生育意愿、经过 12 个月及以上的规律无保护性生活后未受孕。不孕不育分为原发性和继发性两种。其中,原发性不孕指未曾怀孕过且不能生育的现象,继发性不孕指过去曾经怀孕过,但再也无法怀孕的现象。女性不孕的原因主要包括输卵管异常、子宫内膜异位、反复人工流产导致子宫内膜炎症粘连病变等,男性不育的原因主要包括精液异常、性功能异常、免疫因素等。一般而言,生育年龄推迟、环境污染、不良生活方式、生殖卫生保护缺失等导致不孕不育率上升。女性的最佳生育年龄为 25～29 岁,男性为 25～35 岁。有研究发现,35 岁女性生育能力大致为 25 岁时的 50%,到 40 岁时再降至 35 岁的 50%。日夜颠倒、久坐、不锻炼、长时间使用电子产品、吸烟、酗酒、环境污染、高强度辐射等均会导致男性精子质量下降。根据广东省医科大学附属第三医院 2018 年在《生殖医学杂志》基于 11.3 万例样本的研究,2005—2014年男性精液质量呈明显下滑态势。根据中国妇女儿童事业发展中心、中国人口协会 2009 年发布的《中国不孕不育现状调研报告》,从医院门诊的情况来看,不孕不育症的发生率占育龄夫妇的 15%～20%。其中,女方原因占 50%,男方原因占 30%,男女双方原因占 10%,未查出病因者约为 10%。随着医疗技术不断进步,药物治疗、试管婴儿、人工授精等方法使得不孕不育问题得到部分对冲。

3.住房教育医疗等直接成本大、养老负担重、机会成本高抑制生育行为

住房、教育、医疗等直接成本高是抑制生育行为的"三座大山",独生子女夫

妇"四、二、一"的家庭结构养老负担重、挤压生育,女性劳动参与率较高但就业权益保障不够,导致机会成本高。年轻人"不想生、不敢生"。

(1)房价快速攀升,居民债务压力快速上升,2004—2017年房贷收入比从17%增至44%。1998年房改以来,房价总体保持大幅上涨,给家庭抚养孩子和为子女结婚购房带来了很大压力。从数据上看,1998—2018年全国新建商品房均价从1854元/平方米上涨至8542元/平方米,3.1倍的涨幅看似小于城镇居民可支配收入5.7倍的涨幅。但实际上,全国新建商品住宅均价存在着统计范围变化的问题,比如随着时间推移从市区到郊区,并不能反映实际房价情况。从以房贷为主的居民债务数据看,2004—2017年中国个人购房贷款余额从1.6万亿元增至21.9万亿元,增长13.7倍,占居民贷款余额的比例大致在50%以上,2017年为54%。房贷收入比(个人购房贷款余额/可支配收入)从17%增至44%,带动住户部门债务收入比(居民债务余额/可支配收入)从29%增至80%。需要指出的是,现实中不少居民通过消费贷、信用贷等形式凑集购房资金,这意味着实际的房贷收入比更高。

(2)教育成本明显攀升,特别是公立幼儿园供给严重不足,1997—2017年中国公立幼儿园在读人数比例从95%降至44%。由于从2006年开始逐渐实行义务教育阶段"两免一补"政策(免除学杂费、免费提供教科书、补助生活费),当前教育成本主要包括幼儿园学杂费、幼儿园及小学初高中阶段辅导班费用、大学学费及生活费等。根据新浪教育《2017中国家庭教育消费白皮书》抽样统计,学前教育阶段教育支出占家庭年收入的26%,义务教育和高中教育阶段占21%,大学阶段占29%。公立幼儿园供给大幅下降,许多家庭被迫选择价格昂贵的私立幼儿园,是学前教育费用高昂的一个重要原因。根据教育部分类,幼儿园分为教育部门办、集体办、民办、其他部门办。1997年,中国幼儿园数达18.2万所,其中公立幼儿园数占比86.5%,在园人数占比94.6%。从2001年开始,幼儿园被大量推向社会办学,加上基层中小学大量撤点并校,特别是在农村,导致农村、县镇、城市幼儿园大幅减少。2001—2017年全国幼儿园数量从11.2万增至25.5万所,公立幼儿园数量从6.7万所减少至2010年的4.8万所,再回升至2017年的9.5万所,占比从60.1%降至30.7%再回升至37.1%;但公立幼儿园在园人数占比未有回升,从83.1%持续降至44.1%。分城乡看,

2001—2017 年城市、县镇、农村的公立幼儿园所数占比从 56.3%、43.9%、71.6%分别降至 23.2%、32.4%、53.7%。城市、县镇、农村的公立幼儿园在园人数占比分别从 75.5%、74.8%、90.6%下降至 2016 年的 35.7%、33.4%、57.7%。此外，当前中小学上学时间为 8:30，且 8:00 以后才能到校；放学时间大多在 15:30，给双职工父母带来了接送难题。此外，不少地方还要求由父母批改学生家庭作业并讲解错题，逐渐演变为"家庭作业演变成为家长作业""教师减负、家长增负"。

（3）医疗费用持续上升，1995—2017 年居民医疗保健支出上涨 22.4 倍，远超可支配收入 9.2 倍的涨幅。由于环境污染、工作生活压力加大及人口老龄化等原因，患病率上升，病因越来越复杂，一些病症越来越难治且费用可达百万元级别的天价，"因病致贫""因病返贫"的情况长期存在，家庭在做生育决策时必须考虑未来可能的医疗费用。2004—2017 年，中国居民平均到医疗机构诊疗人次从 3.07 次/人上升至 5.88 次/人，住院率从 5.1%升至 17.6%。根据《2017年我国卫生健康事业发展统计公报》，医院人均门诊费用为 257 元，人均住院费用 8891 元，日均住院费用 959 元；其中公立三级医院上述费用分别为 306 元、13088 元、1334 元。在此影响下，居民医疗费用快速增长，消费性支出的比重持续上升。1995—2017 年全国居民人均医疗保健支出从 62 元升至 1451 元，上涨22.4 倍，远高于人均可支配收入 9.2 倍、人均消费性支出 8.4 倍的涨幅。全国居民人均医疗保健支出占消费性支出的比重从 3.2%上升至 7.9%，其中城市居民从 3.1%升至 7.3%，农村居民从 3.2%升至 9.7%。因此，尽管个人卫生支出占国家卫生总费用比例从 2001 年的 60.0%下滑至 28.8%，但居民普遍觉得医疗费用仍然较高。

（4）独生子女夫妇"四、二、一"家庭结构养老负担重，挤压生育意愿。持续低生育率导致家庭规模"小型化"，1953—2010 年以实际共同居住统计的中国家庭户规模从 4.36 人下降到 3.10 人。从血缘关系看，80 后、90 后独生子女组成的家庭实际面临"四、二、一"家庭结构，即四个老人、一对夫妻、一个孩子。根据中国社科院人口学者王广州（2013）估计，2010 年全国独生子女规模约 1.45 亿，且在现行生育政策下每年增加约 400 万人以上；由此推算，2018 年独生子女规模约有 1.8 亿。双方均为独生子女的夫妇需要赡养四个老人，如果再生育二孩,则生活压力更大,养老负担重对生育意愿形成明显挤压。如果当前生育形势不改变,随着未来 00 后进入婚育年龄以及老人寿命延长,部分家庭甚至可能面临"八、四、二、一"的家庭结构,即八个老人、四个父母、一对夫妻、一个孩子。

(5)女性劳动参与率高但就业权益保障不够,导致生育的机会成本高。生育、看护、培养孩子需要花费大量的时间和精力,这即为家庭、女性的机会成本。女性需要付出更多以平衡职场和家庭,已婚未育女性在职场更易遭受性别歧视。女性劳动参与率与生育率的关系可主要分为两种情况:一是女性参与劳动为家庭带来收入效应,有利于生育;二是在性别歧视度较高的情况下,女性劳动参与率越高,生育的机会成本越大,女性越不愿意生育。根据国际劳工组织统计,1990—2017 年中国女性劳动参与率(15 岁及以上)从 73.2% 降至 61.5%,大幅下降 11.7 个百分点,但在全球仍然处于较高水平。2017 年全球女性劳动参与率为 48.7%,美国、欧盟、日本、印度分别为 55.7%、51.1%、50.5%、27.2%。与此同时,尽管中国保护女性就业权益的相关法律法规不少,但职场的性别歧视仍然较为严重,1990—2017 年中国女性劳动参与率与男性的差距从 11.6% 扩大到 14.6%,而全球、美国、欧盟、日本男女性的劳动参与率差距均呈缩小态势。主要原因在于,相关政策的针对性、可操作性有待改进,监管力度有待加强,特别是政府资金投入较小,对生育机会成本的分担较少。

4.5 本章小结

第一,通过索洛(Solow)增长模型分析知,生育政策调整有助于人口增长率提升,假定技术增长率保持不变,人口增长率上升有助于经济增长率提升。"全面二孩"政策有助于技术改进和革新,有助于提高劳动生产效率,有助于社会总产出增加,从而最终有助于居民生活水平的改善和消费水平的提高。

第二,通过内生经济增长理论分析可知,人对知识生产是有贡献的,而人口的增长就体现了这种贡献:人口正增长是长期经济增长所必需的,并且长期增长率随着人口增长率递增。由此可知,生育政策调整有助于提高人口增长率,从而能够提高长期经济增长的速度。

第三,20世纪50年代以来,中国人口发展经历了70多年的历程,与之相伴的生育政策也经历了不同的变化。总体可以划分为五个阶段,分别为宽松的生育政策(新中国成立—1970年)、"晚、稀、少"政策逐步形成和全面推进阶段(1971—1980年)、全面推行"独生子女"政策阶段(1980年秋—1984年春)、多元化生育政策阶段(1984—2013年)、生育政策逐渐完善阶段(2014年至今)。

第四,随着我国人口转变和经济社会发展不断变化,生育政策在实践中也得以不断调整、完善,并取得了显著的成绩。①随着经济和社会的发展,群众的生育观念发生了明显改变,人口增速放缓,实现了人口再生产类型的历史性转变;②人口总量增速放缓,人均收入水平不断提高,综合国力显著增强,小康战略目标基本实现;③人口总量增速放缓在一定程度了缓解了对资源、环境的压力,环境得到改善,资源利用效率提高,人力资源优势进一步发挥,使可持续发展能力不断增强。

第五,对我国生育政策实施贡献与不利影响进行客观分析。其历史贡献主要体现在:人口再生产类型顺利转变、人口质量得以提高、缓解供需矛盾、释放"人口红利"促进经济增长、女性地位显著提升。不利影响包括:生育水平持续低迷、人口结构失衡、劳动年龄人口不断下降且日趋老化、独生子女家庭成为风险家庭、男性婚姻遭到挤压。

第六,分析了生育政策调整以来中国人口发展变化趋势。2014年"单独二孩"政策及随后"全面二孩"政策实施后,2016年出生人口攀升至1786万,创2000年以来新高,但2017年新出生人口出现回落为1723万,2018年这一数值降至1523万。从分孩次生育情况看,2014年以来二孩总和生育率明显回升,这要是由于"75后"较强的二孩生育意愿得以集中释放,但一孩生育率走低和育龄妇女规模逐渐下降,预示着出生人口未来将大幅下降。未来中国人口发展仍面临严峻的形势。

第五章　城镇居民消费变动及其影响因素分析

5.1　城镇居民消费现状及特征分析

5.1.1　居民消费需求的现状分析

1.居民消费率长期低迷且整体呈下降趋势

衡量一国消费水平与经济发展时,最终消费率和居民消费率是常用的两个重要指标,最终消费支出包含居民消费支出和政府消费支出两部分。所谓最终消费率(FCR)是指一个国家或地区在一定时期内(通常为 1 年)的最终消费(FC,用于居民个人消费和社会消费的总额)占当年支出法计算的 GDP 的比率,即 $FCR=\dfrac{FC}{GDP}\times100\%$;同样的,居民消费率(或政府消费率)是指一个国家或地区在一定时期内(通常为 1 年)的居民消费(或社会消费)占当年支出法计算的 GDP 的比率。

由图 5-1 可知,1978 年以来,我国最终消费支出总量呈现持续快速增加的态势,最终消费支出总量由 1978 年的 2233 亿元增加至 2016 年的 400176 亿元,增长了近 180 倍,但最终消费率呈现下降的趋势,最高年份为 1983 年 66.8%,近年来持续在 50% 左右徘徊。同时期,居民消费从 1759 亿元增加至 292661 亿元,居民消费率与最终消费率呈现同向变化趋势。通过数据对政府消费状况进行分析,结果显示政府消费增长趋势平稳、政府消费率也未出现较大幅度的波动。对比分析 1990—2016 年世界主要国家或地区居民消费率可知,中国居民消费率长期以来低于绝大多数国家和地区(表 5-1)。以 2015 年为例,中国居民消费率为 39.2%,同期主要发达国家如美国、日本、韩国、英国、法国、加拿大居民消费率分别为 68.1%、56.6%、48.8%、65.0%、55.4%、57.5%;而"金砖国家"成员国印度、南非、巴西、俄罗斯分别为 59.1%、59.9%、63.8%、52.1%。由此可以看出中国居民消费率不仅低于主要发达国家和地区,也远低于同等发展程度的金砖国家。

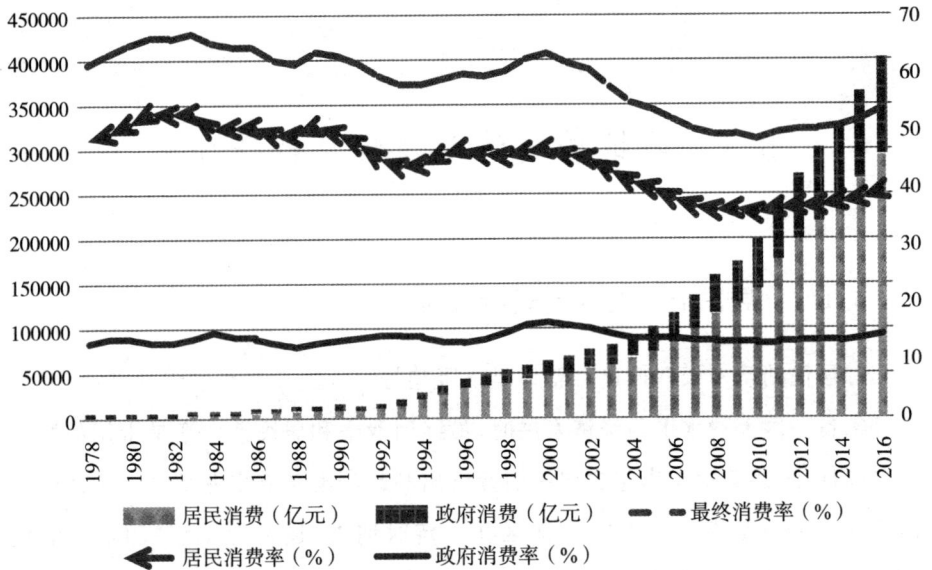

图 5-1　1978—2016 年中国最终消费、居民消费、政府消费

数据来源:历年《中国统计年鉴》。

表 5-1　1990—2016 年世界主要国家或地区居民消费率

年份 国家或地区	1990	2000	2005	2010	2015	2016
中国	48.3	46.2	38.5	35.9	37.1	39.2
孟加拉国	86.6	75.9	74.6	74.4	73.1	69.1
文莱	34.8	29.6	27.3	14.7	20.2	30.5
柬埔寨	—	89.2	86.1	81.7	76.6	76.5
印度	60.9	61.7	53.6	52.7	59.1	59.4
印度尼西亚	54.4	60.7	62.7	56.2	55.6	55.5

续表

年份 国家或地区	1990	2000	2005	2010	2015	2016
伊朗	66.7	50.3	44.6	46.1	50.3	—
以色列	55.6	53.4	55.7	56.8	54.7	55.2
日本	51.4	54.4	55.6	57.8	56.6	—
哈萨克斯坦	—	62.3	49.2	49.5	56.5	55.9
韩国	49.7	53.6	52.1	50.3	49.1	48.8
老挝	—	93.5	81.2	68.1	72.6	71.4
马来西亚	51.8	43.8	44.2	48.1	54.1	55.0
蒙古国	68.7	69.6	55.2	55.2	58.4	52.0
巴基斯坦	73.8	75.4	76.9	79.7	80.0	80.1
菲律宾	71.5	72.2	75.0	71.6	73.8	73.6
新加坡	44.8	42.1	38.6	35.5	36.7	37.5
斯里兰卡	75.9	72.1	69.0	68.5	70.1	67.6
泰国	56.8	55.8	57.0	53.1	48.9	46.2
越南	84.3	69.9	64.1	66.5	65.2	64.4
埃及	72.6	75.9	71.6	74.6	82.4	82.8
尼日利亚	63.0	52.5	75.2	66.1	78.4	—
南非	56.7	62.4	62.5	59.0	59.9	60.0
加拿大	55.7	54.5	54.3	56.9	57.5	58.3
墨西哥	69.6	66.8	68.5	67.5	66.6	66.3
美国	64.0	66.0	67.2	68.2	68.1	—
阿根廷	77.1	70.7	63.0	64.2	65.5	66.1
巴西	59.3	64.6	60.5	60.2	63.8	64.0
委内瑞拉	62.1	51.7	46.8	55.9	—	—
捷克	51.8	50.9	48.1	49.2	47.0	47.0
法国	55.6	54.4	55.2	56.1	55.4	55.2
德国	56.6	57.1	57.7	56.1	53.9	53.6
意大利	57.8	60.6	59.4	61.0	60.8	60.6
荷兰	49.0	50.0	48.1	44.7	44.6	44.4

续表

年份 国家或地区	1990	2000	2005	2010	2015	2016
波兰	46.8	63.6	62.9	61.6	58.4	58.6
俄罗斯	48.9	46.2	49.4	50.6	52.1	53.4
西班牙	61.1	59.7	57.7	57.2	58.1	57.8
土耳其	68.7	67.3	64.1	63.1	60.4	59.5
乌克兰	57.1	54.4	57.9	63.0	67.0	65.3
英国	60.7	66.5	65.5	65.2	65.0	66.0
澳大利亚	55.8	58.0	57.8	55.4	56.6	57.8
新西兰	60.2	58.0	58.2	58.1	57.8	—

数据来源:《2017 国际统计年鉴》。

2.居民消费增长速度低于经济增长速度

自 1978 年以来,中国居民消费与经济总体呈现增长的态势,居民消费对经济的增长起到了重要的拉动作用。2008 年以前居民消费水平的增长整体落后于经济增长的速度,个别年份居民消费水平增长略高于 GDP 增长率(如 2000年)。1991 年至 2007 年这一阶段,中国经济的快速增长拉大了与居民消费增长之间的差距,2008 年经济危机爆发,导致出口疲软,经济发展受挫,且伴随着中国经济步入新常态,中国经济增长与居民消费增长增速差距逐渐缩小,2009—2016 年期间,居民消费水平平均增长速度略高于经济增速,但从总体来看,居民消费水平增长总体慢于经济增长的速度。

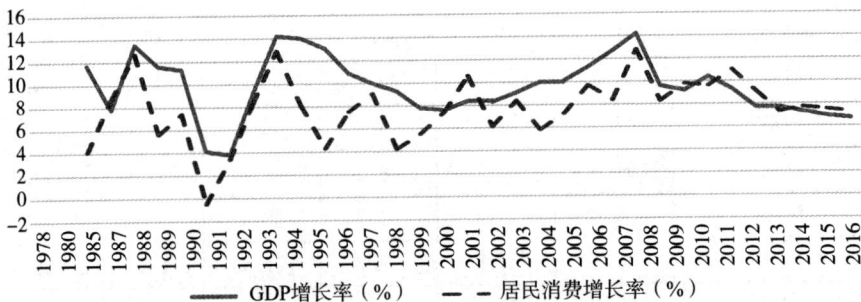

图 5-2　1978—2016 年中国居民消费增长率与 GDP 增长率

数据来源:历年《中国统计年鉴》。

5.1.2　城镇居民消费需求现状与特征分析

1.城镇居民消费总量不断增加,消费率缓慢上升

从消费总量来看,1978 年以来,城镇居民消费出现快速增加,1978 年城镇居民消费总量为 667 亿元,2016 年这一数值增加至 228517 亿元。同时期居民消费率总体呈现较为缓慢的上升趋势。1978—2000 年城镇居民消费率增长趋势较为明显,从 1978 年的 18.35％增至 2000 年最高水平,达 31.2％;2001—2008 年期间,城镇居民消费率整体趋于不断下降,这一变化与经济快速增长有关,经济增长速度快于城镇居民消费增长,拉大了二者之间的差距,居民消费率因而出现了下降;2008—2016 年城镇居民消费率再次出现缓慢增长,从 2008 年的27.04％增加至 2016 年的 30.62％,相比于 2000 年 30.2％的城镇居民消费率,截至 2016 年仍未恢复至 2000 年城镇居民消费率水平。

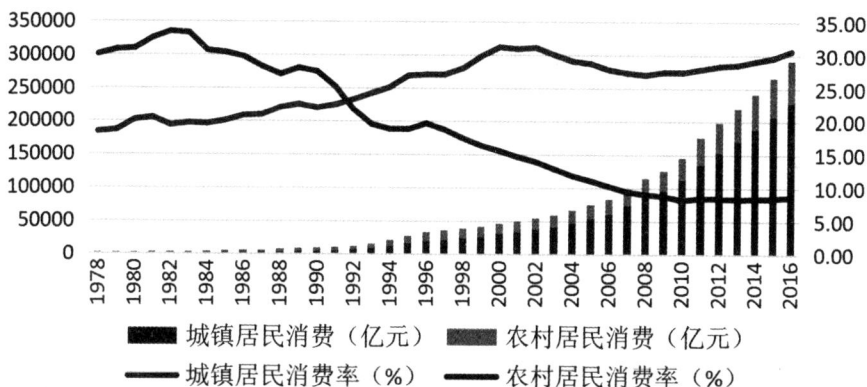

图 5-3　1978—2016 年中国城乡居民消费总量与居民消费率

数据来源:历年《中国统计年鉴》。

2.城镇居民消费与农村居民消费有较大差距

城镇居民消费与农村居民消费在整体增加的同时,城乡之间的差距不断加大。由图 5-4 可知,1978—2016 年间,城镇居民消费总量增长近 342 倍,而农村居民消费总量从 1092 亿元增加至 64144 亿元,增长近 59 倍,城镇居民消费的快速增长与农村居民消费的缓慢增长导致二者之间的差距越来越大;从居民消费率来看(图 5-3),城镇居民消费率整体呈现缓慢上升趋势,而农村居民消费整

体呈现较快的下降态势,1978—1991年期间,农村居民消费率大于城镇居民消费率,两者之间的差距逐渐缩小;自1992年起城镇居民消费率反超农村居民消费率,二者差距逐渐呈扩大的趋势。从居民消费水平来看(如图5-4),1978—2016年间,城镇居民消费水平从405元增至2016年28154元,同期农村居民消费水平从138元增至10609元,城乡居民消费之比在1995年之前呈缩小之势,1995年城乡居民消费之比为3.55,2000年达3.65,而后逐渐呈缩小的趋势,至2016年二者之比为2.65。

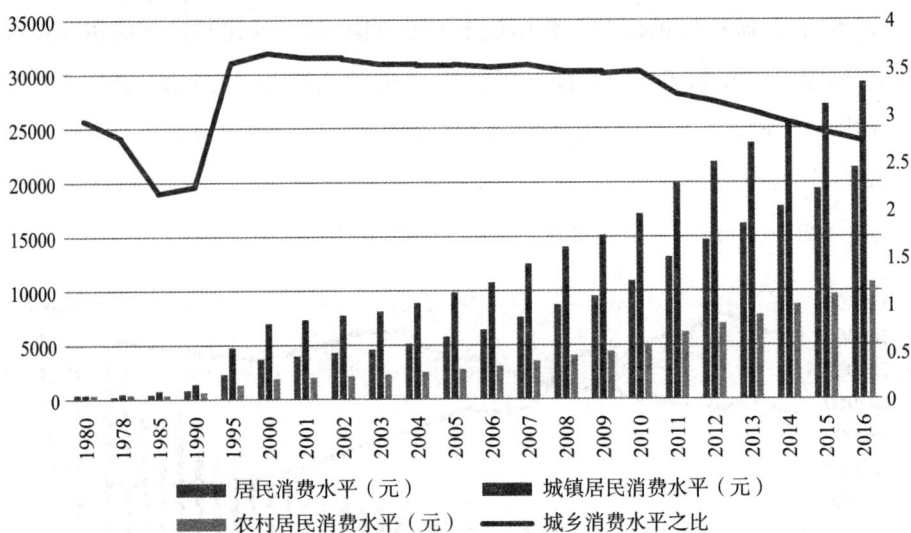

图5-4　1978—2016年中国居民消费水平

数据来源:历年中国统计年鉴

3.城镇居民消费水平不高,消费支出增长速度慢于居民收入增长速度

整体来看,中国居民消费水平较低,居民人均消费支出远远低于世界平均水平(表5-2)。2005年世界居民人均消费支出为4263美元,中国居民人均消费支出仅为683美元,2015年世界居民人均消费支出为5833美元,而中国居民人均消费支出仅为2402美元。在金砖国家组织中,中国居民消费水平仅略高于印度,远低于俄罗斯、南非和巴西居民的消费水平,2005年、2015年这三个国家居民人均消费支出分别为2666美元、3270美元、2857美元和5901美元、4585美元、7121美元。

表 5-2　2005—2015 年世界一些国家和地区居民人均消费支出水平

(单位:美元)

年份 国家 (地区)	2005	2006	2007	2008	2009	2010	2011	2012	2014 *①	2015 *
世界平均	4263	4357	4458	4462	4385	4457	4527	4577	5766	5833
低收入国家	267	276	286	295	303	317	330	342	434	435
印度	431	461	498	526	558	599	646	670	928	973
中低收入国家	978	1027	1091	1130	1146	1200	1269	1318	—	—
中国	683	739	812	875	952	1025	1133	1221	2235	2402
中等收入国家	1091	1147	1221	1267	1286	1348	1427	1484	2407	2447
中高收入国家	1601	1699	1807	1883	1902	2006	2132	2224	—	—
俄罗斯	2666	3000	3435	3800	3607	3794	4036	4349	6551	5901
南非	3270	3496	3641	3673	3568	3676	3804	3887	4582	4585
巴西	2857	2973	3123	3269	3384	3587	3702	3788	7477	7121
高收入国家	18094	18482	18836	18782	18406	18669	18854	19043	24266	24642
日本	20673	20904	21094	20910	20794	21387	21383	21858	26680	26599
美国	29746	30347	30735	30342	29620	29946	30468	30903	34682	35526

数据来源:世界银行网站,《2017 国际统计年鉴》。

从消费水平来看,城镇居民消费总体较低,1978 年中国城镇居民消费水平仅为 405 元,随着经济的不断发展,城镇居民消费水平 2015 年、2016 年增加至 27210 元、29219 元,按照 2016 年美元平均兑人民币汇率 1 美元=6.6423 元计算,2015 年、2016 年城镇居民消费水平为 4096 美元、4398 美元。以 2015 年对比,中国城镇居民平均消费水平低于世界居民平均消费水平 5833 美元。从消费支出增长率来看,改革开放为中国经济增长注入了活力,经济的快速增长使得城镇居民人均可支配收入的快速增长,与此同时城镇居民人均消费支出也不断增长,但城镇居民

---

① 　* 为以 2010 年为不变价格,其余年份以 2005 年为不变价格

人均消费支出增长速度总体来看低于人均可支配收入的增长(图 5-5)。根据陈晓毅(2015)计算所得城镇居民人均可支配收入和人均消费支出年均增长率,1979—1990 年城镇居民人均可支配收入增长率为 5.86％略高于人均消费支出年均增长率5.27％,1991—2000 年及 2001—2013 年两个时期,在经济高速发展带动下城镇居民人均可支配收入和人均消费支出均呈现了快速增长,但人均可支配收入增长速度一直快于人均消费支出增长速度,这两个时期城镇居民人均可支配收入增长率和人均消费支出年均增长率分别为 6.83％、6.17％和 9.55％、8.12％。

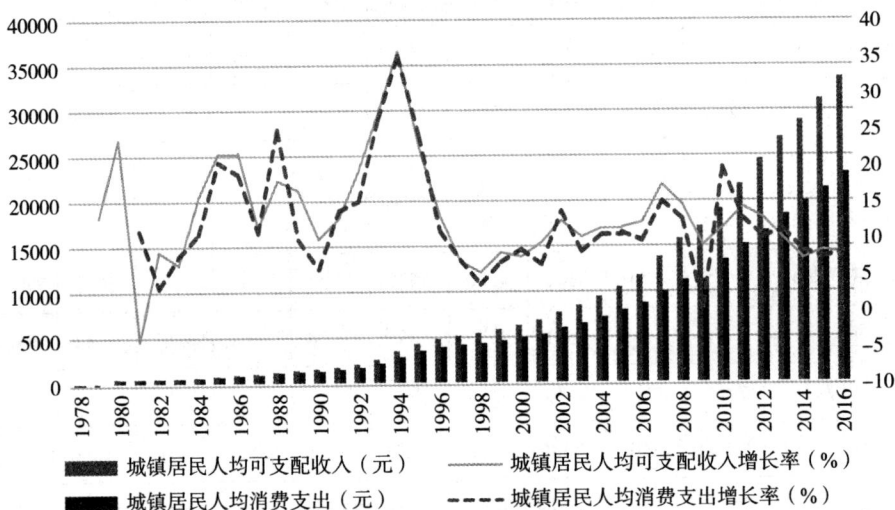

图 5-5　1978—2016 年中国城镇居民人均可支配收入、人均消费支出及其增长率[①]

数据来源:历年《中国统计年鉴》。

4. 城镇居民消费倾向呈递减之势

(1)平均消费倾向

平均消费倾向(APC)是指任一收入水平上消费支出在可支配收入中的比率,其计算公式为 $APC=\dfrac{C}{Y}$,其中 C 为人均消费支出,Y 为人均可支配收入。由图 5-6 可知,城镇居民平均消费倾向总体呈下降之势,1978—1988 年间,城镇居民平均消费倾向基本处于 0.9 以上区间波动,1989—1997 年间,城镇居民平均消费倾向处于 0.8～

[①]　(1)2013—2016 年为城镇居民人均消费支出,其余年份为城镇居民人均现金消费支出;
　　(2)增长率根据统计年鉴数据由作者计算所得,未扣除通货膨胀及价格因素的影响.

0.9 区间且不断下降,1998—2010 年间城镇居民平均消费倾向基本处于 0.7～0.8 区间波动,2011 年以来,城镇居民平均消费倾向处于 0.6～0.7 之间波动。总体来看,中国城镇居民平均消费倾向整体呈现平稳下降的态势。

(2)边际消费倾向

根据凯恩斯绝对收入消费理论,边际消费倾向(MPC)是消费曲线的斜率,它的数值是大于 0 而小于 1 的正数,这表明消费是随收入增加而相应增加的,但消费增加的幅度低于收入增加的幅度,即边际消费倾向是随收入的增加而递减的。本文采用 $MPC=\dfrac{\Delta C}{\Delta Y}$ 公式计算得到中国城镇居民边际消费倾向,因而计算所得并不完全符合 $MPC \in (0,1)$ 的假设,个别异常值并不影响本研究所关注的边际消费倾向随时间而变化的特征。由图 5-7 可知,1982 年以来,中国城镇居民边际消费倾向出现较大波动的同时整体呈递减的特征。1982—1991 年和 2009—2010 年期间波动幅度较大,1992—2008 年间边际消费倾向波动趋弱,处于较为平稳发展的时期,其波动幅度处于(0.5～0.9)区间。

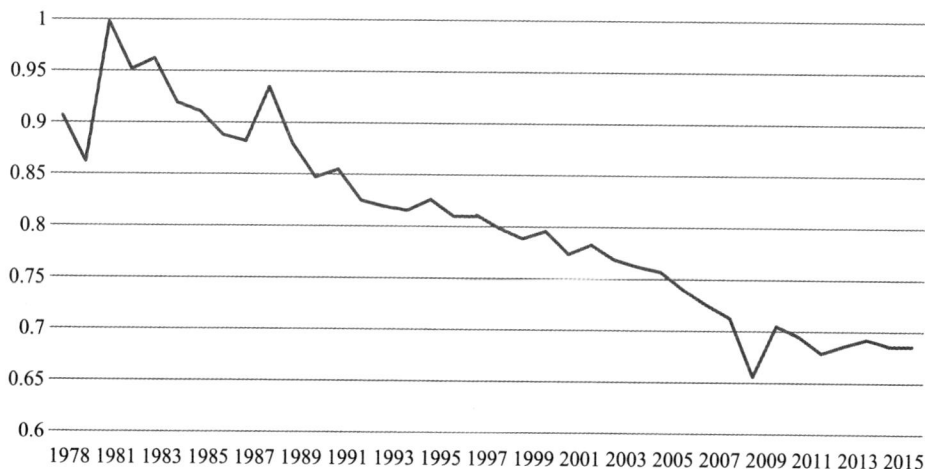

图 5-6　1978—2016 年中国城镇居民平均消费倾向

数据来源:1982—1998 年数据转引自范剑平.中国城乡居民消费结构的变化趋势[M].北京:人民出版社,2001;1999—2012 年数据转引自刘社建.最终消费率与经济增长稳定[M].上海:中国出版集团 东方出版中心,2017;2013—2016 年数据根据历年《中国统计年鉴》计算而得。

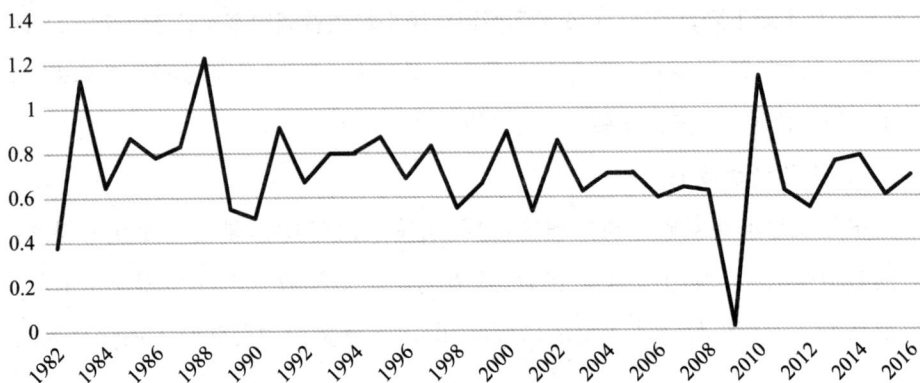

图 5-7　1982—2016 年中国城镇居民边际消费倾向

数据来源：1982—1998 年数据转引自范剑平.中国城乡居民消费结构的变化趋势[M].
北京：人民出版社,2001；1999—2012 年数据转引自刘社建.最终消费率与经济增长稳定
[M].上海：中国出版集团 东方出版中心,2017；2013—2016 年数据根据历年《中国统计年
鉴》计算而得。

5.1.3　城镇居民消费结构分析

1.城镇居民恩格尔系数不断下降

恩格尔系数是食品支出总额占个人消费支出总额的比重。总体来看,中国
城镇居民恩格尔系数呈下降趋势,1978 年城镇居民恩格尔系数为 57.5%,1996
年下降为 48.8%,2000 年、2015 年分别降至 39.4%、29.7%,2016 年这一数值
降为 29.3%。恩格尔系数的降低是衡量居民消费结构不断优化的重要指标之
一,1978—1990 年间,城镇居民恩格尔系数整体下降较为缓慢,从 57.5%降至
54.2%；1991—2000 年的十年间,城镇居民恩格尔系数从 53.4%迅速降至
39.4%；2001—2016 年城镇居民恩格尔系数再次趋缓从 38.2%降至 29.3%,
2004 年、2007—2008 年期间略有反复。从 1978—2016 年城镇居民恩格尔系数
的变化可以看出,中国城镇居民消费结构正不断优化。同时,恩格尔系数也是
衡量一国贫富程度的重要标志,根据联合国依据恩格尔系数划分的贫富标准,
恩格尔系数达 59%以上为贫困型,50%～59%为温饱型,40%～50%为小康型,
30%～40%为富裕型,低于 30%为最富裕型。据此判断,随着中国城镇居民人
均收入的不断增长,中国于 1996 年、2000 年、2015 年分别实现了温饱型—小康

型、小康型—富裕型、富裕型—最富裕型的转变。

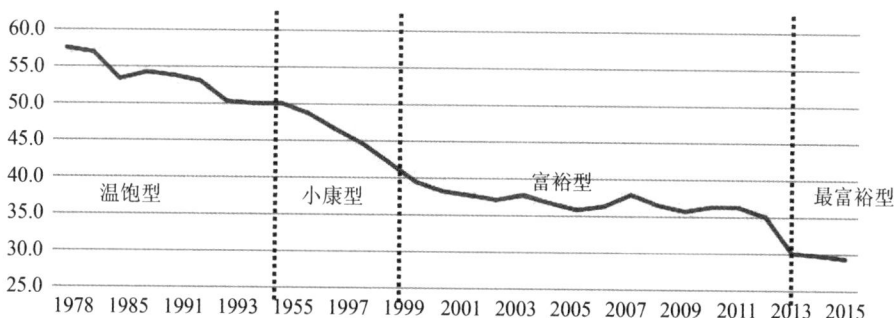

图 5-8　1978—2016 年中国城镇恩格尔系数①(单位:%)

数据来源:1978—2013 年数据来自《2014 中国统计年鉴》。

2.城镇居民消费结构不断优化

在改革开放初期,城镇居民消费支出中超过 50％的部分为食品消费支出,随着居民生活水平的不断改善,城镇居民用于文教娱乐、医疗保健、交通通信方面的支出比重有明显的增长,从城镇居民消费结构的这一转变可以看出,中国城镇居民消费结构转变符合消费结构优化升级的规律。即随着人们收入的不断增加,城镇居民用于食品方面的支出比重明显下降,2016 年食品消费支出比重降至29.3％,用于衣着、家庭设备及用品方面的支出比重基本保持稳定。截至 2016 年,二者占总消费支出比重分别为 7.54％、22.16％,而用于交通通信、文教娱乐、医疗保健、居住方面的支出比重不断增加,2016 年占比分别上升至13.75％、11.43％、7.07％、22.16％,其中居住支出所占消费支出的比重自 2014年起有较大幅度的增加。

进入 21 世纪以来,城镇居民生存型消费支出比重不断下降,发展型、享受型消费支出快速增长。2013 年在限额以上企业商品零售额中,汽车类、通信器材类、家用电器和音像器材类、金银珠宝类、家具类、建筑及装潢材料类等新兴消费品市场均实现了快速增长。根据商务部发布的《中国零售行业发展报告(2016/2017年)》数据显示,2016 年我国零售业商品结构继续升级。①居住类商品增长较快。

---

① 　2014—2016 年恩格尔系数根据新口径数据,利用公式如下公式计算而得:恩格尔系数＝城镇居民人均食品烟酒消费支出/城镇居民人均可支配收入。

伴随房地产市场回暖,居民改善型住房需求得到释放,带动居住类商品增长。据国家统计局数据,2016 年限额以上企业建筑及装潢材料、家具零售额增速分别为 14.0%、12.7%,分别比限额以上企业商品零售额增速高 5.7% 和 4.4%。②健康休闲类商品增长较快。随着健康生活理念逐步普及,居民更加关注生活质量,带动休闲运动、医疗保健类商品增长。据国家统计局数据,2016 年限额以上企业体育娱乐用品、中西药品零售额增速分别为 13.9%、12.0%,分别比限额以上企业商品零售额增速高 5.6% 和 3.7%。③智能型商品增长较快。凭借更好的功能质量和消费体验,智能型商品持续热销,催生消费者升级换代需求。据工信和信息化部数据,2016 年全国智能手机销售量达到 5.2 亿部,同比增长 14.0%;智能手机市场占有率为 93.2%,比上年扩大 4.9%。2016 年"双十一"阿里零售平台的智能消费占比为 7.4%,比 2012 年提高 5.8%。④绿色环保型产品增长较快。随着居民环保意识的增强,绿色、节能、环保商品成为零售市场新增长点。据阿里研究院数据,2016 年"双十一"当天,绿色产品销售额同比增长 40.2%,购买人数同比增长 31.3%,无毒环保水性漆、绿色有机橄榄油和节水节能洗衣机销售额同比分别增长 244%、228% 和 126%。

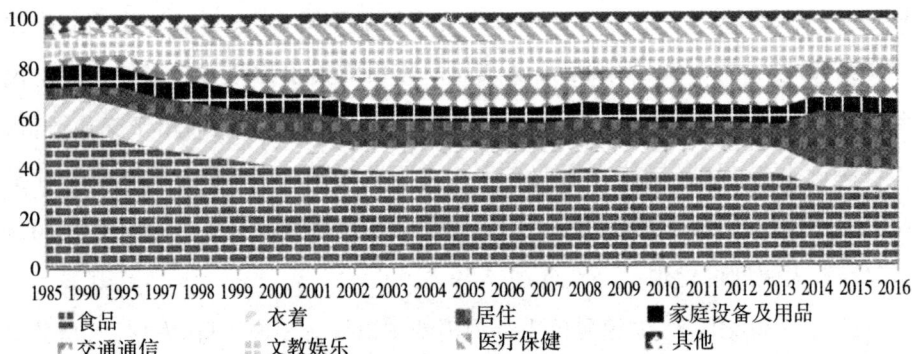

图 5-9　1985—2016 年中国城镇居民消费结构(单位:%)

数据来源:根据《历年中国统计年鉴》整理所得。

建筑及装潢材料类 ████████████████████ 14.0
体育娱乐用品类 ████████████████████ 13.9
家具类 ███████████████████ 12.7
中西药品类 ██████████████████ 12.0
通信器材类 █████████████████ 11.9
日用品类 █████████████████ 11.4
文化办公用品类 █████████████████ 11.2
食品材料烟酒类 ████████████████ 10.5
汽车类 ███████████████ 10.1
家用电器和音像器材类 █████████████ 8.7
书报杂志类 █████████████ 8.7
化装品类 ████████████ 8.3
服装鞋帽针纺织品类 ██████████ 7.0
其他 █████ 3.2
石油及制品类 ██ 1.2
金银珠宝类 0.0

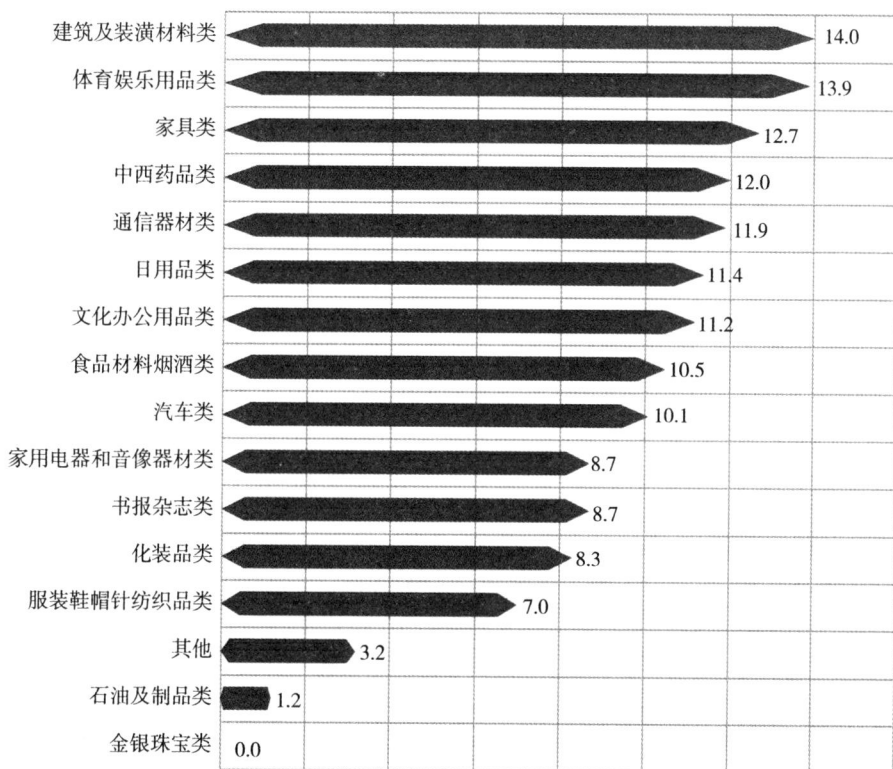

图 5-10 2016 年限额以上企业各类商品零售额增长情况(单位:%)

数据来源:国家统计局。

5.1.4 城镇居民消费差异分析

1. 城镇居民消费支出的区域差异

为考察城镇居民消费支出的区域差异性,本文选取江苏、河南、甘肃、吉林分别代表东部、中部、西部、东北地区四个区域,同时选取城镇居民人均消费支出指标的江苏/河南、江苏/甘肃、江苏/吉林、河南/甘肃、河南/吉林、甘肃/吉林及四个省份人均消费支出最大值与最小值的比值为指标来描述城镇居民消费支出之间的区域差异。由图 5-11 可知,地处经济发展水平较高的东部地区的江苏,城镇居民人均消费支出始终领先于其他三个地区(比重均大于 1),且自 1998 年以来东部地区与其他三个地区城镇居民人均消费支出差距经历了先下降后缓慢上升的过程。地处东北地区的吉林省城镇居民人均消费支出总体来看略高于地处中、西部地区的甘肃和河南两省,其中河南与吉林比值始终处于1以下,而甘肃与吉林比值在1999—2002年间及2016年大于1;中部地区河南省城镇居民人均消费支出和西部地区甘肃省城镇居民人均消费支出之比波动较大,1998年二者比值为1.1,1999—2007年间比值小于1,2008—2014年间比值大于1,2015—2016年比值又处于1以下。从以上数据分析可以看出,1998年以来由于地区收入差距的存在导致了城镇居民消费支出也存在明显的地区差异,但在西部大开发、振兴东北等一系列政策的主导下,地区间消费差距扩大之势得到了抑制,并未出现进一步恶化的局面。

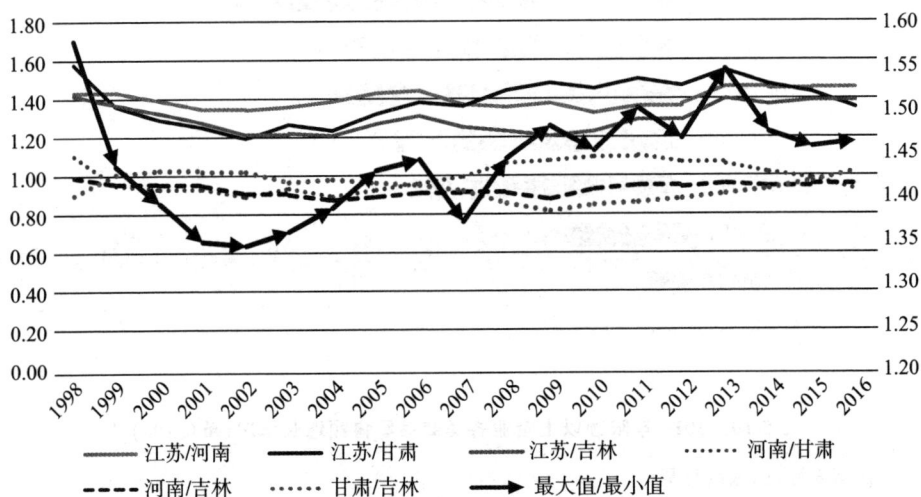

图 5-11 1998—2016 年江苏、河南、甘肃、吉林城镇居民消费支出差距

数据来源:根据《历年统计年鉴》数据整理计算所得。

2.城镇居民耐用品消费支出差异

2000年以来,不同区域城镇居民耐用品消费存在一定的差距,从低端耐用消费品如摩托车、电冰箱、洗衣机等来看,区域之间差距并不明显,随着耐用品档次的不断提升,各区域之间差距逐渐呈扩大之势,如每百户汽车拥有量2000年江苏为0,吉林、河南、甘肃分别为0.45辆、0.1辆、0.25辆,2016年江苏增加至45.8辆,其他三个地区分别为23辆、30.3辆及23.6辆。

表 5-3　各地区城镇居民家庭平均每百户耐用消费品拥有量

（单位：台或辆或个）

消费品 ＼ 年份	东北地区（吉林）			中部地区（河南）		
	2016	2010	2000	2016	2010	2000
家用汽车	23	7.11	0.45	30.3	6.75	0.1
摩托车	14.7	11.47	7.84	19.6	19.97	19.5
电动助力车	9.0	3.65	—	105.7	48.96	—
洗衣机	95.5	94.87	89.6	100.2	97.43	87.9
电冰箱	95.8	89.9	69.4	98.0	90.7	71.8
微波炉	45.4	46.9	6.9	44.3	38.9	6.3
彩色电视机	103.5	122.2	107.3	121.3	126.5	108
空调	11.6	8.5	1.54	155.1	120.3	34.5
热水器	56.4	50.1	31.0	87.4	66.8	24.3
排油烟机	71.8	—	61.6	68.8	—	31.9
移动电话	223.3	202	12.2	234.4	175.1	12.2
计算机	66.2	54.2	4.62	74.6	57	5.7
照相机	19.9	32.6	30	21.8	33.4	27.2

消费品 ＼ 年份	西部地区（甘肃）			东部地区（江苏）		
	2016	2010	2000	2016	2010	2000
家用汽车	23.6	3.53	0.25	45.8	13.83	0
摩托车	18.8	7.75	5.9	14.7	21.59	27.3
电动助力车	20.7	8.21	—	110.7	73.09	—
洗衣机	100.0	98.09	97	100.4	102.08	57.3
电冰箱	96.6	85.84	73.1	103.0	99.36	85.6
微波炉	50.1	36.2	6.6	89.8	89.0	37.1
彩色电视机	105.7	101.0	121.1	173.9	170.7	124.5
空调	11.7	5.43	1.1	206.0	170.6	45.9
热水器	75.9	62.3	40.3	106.0	97.8	58.8
排油烟机	75.6	—	62.5	82.8	—	62.6
移动电话	237.2	159.6	9.5	241.0	183.3	25.5
计算机	69.3	42.9	5.4	94.2	81.4	10.7
照相机	26.9	26.5	32.7	34.9	48.3	36.8

数据来源：国家统计局网站。

3.城镇居民内部消费差异

根据陈晓毅(2017)利用统计数据计算所得的城镇居民消费基尼系数[①](表5-4)可以看出,城镇居民消费内部也存在一定的差异。从城镇居民消费总支出来看,1985—2012年城镇居民消费基尼系数从0.19上升至0.33,城镇居民内部消费差距正不断拉大;从八大类消费项目分析,食品、衣着类等生存型消费基尼系数不断扩大反映出城镇居民内部收入差距及基本福利水平差距过大;医疗保健、交通通信消费支出基尼系数分别从0.07、0.24上升至0.26、0.47,近年来房价不断攀升及相关材料、人工等费用也不断上涨,因而导致居住项目的消费基尼系数也在不断上升。由此可以看出,城镇居民内部消费差距从总支出到各类项目之间的差距均呈不断扩大之势。

表5-4 1985—2012年城镇居民消费基尼系数

年份	消费支出	食品	衣着	家庭设备及用品	医疗保健	交通通信	教育与文化娱乐	居住	其他
1985	0.19	0.14	0.21	0.3	0.07	0.24	0.31	0.11	0.26
1990	0.19	0.14	0.21	0.31	0.15	0.3	0.24	0.2	0.27
1995	0.21	0.13	0.26	0.39	0.2	0.37	0.26	0.2	0.35
2000	0.26	0.16	0.3	0.44	0.27	0.35	0.29	0.22	0.4
2005	0.35	0.26	0.35	0.45	0.35	0.51	0.39	0.32	0.46
2010	0.34	0.24	0.33	0.4	0.31	0.5	0.42	0.31	0.45
2012	0.33	0.23	0.32	0.37	0.26	0.47	0.39	0.28	0.47

资料来源:转自陈晓毅.人口年龄结构变动对居民消费的影响研究[M].北京:中国社会科学出版社,2017年,第84页。

5.2 影响居民消费的主要因素分析

一国最终消费由居民消费和政府消费两部分组成,我国最终消费率(简称消费

---

① 消费基尼系数计算公式为:$gini = 1 - \sum_{i=1}^{n} W(2Q_i - P_i)$,其中 $Q_i = \sum_{k=1}^{i} P_k$,P_i 为第 i 组人均消费支出占人均总消费支出的比重;W_i 为第 i 组人口的比重;Q_i 是 P_i 从 $k=1$ 到 i 的累计数。

率)偏低主要是居民消费率偏低所致。根据最终消费率的定义,它是指一个国家或地区在一定时期内(通常为 1 年)的最终消费(用于居民个人消费和社会消费的总额)占当年 GDP 的比重。而居民消费率是指最终消费中用于居民个人消费的总额与同时期以支出法计算所得的 GDP 之比,由此可得居民消费率的公式为:

$$CR = \frac{ECONS}{GDP} \tag{5.1}$$

其中,CR 为居民消费率,ECONS 为居民消费支出总额,GDP 为按照支出法计算的国内生产总值。将上式进行如下分解可得:

$$CR = \frac{ECONS}{Y} \times \frac{Y}{GDP} \tag{5.2}$$

其中,Y 表示居民收入,$\dfrac{ECONS}{Y}$ 表示居民消费支出所占居民收入的比重即居民消费倾向,$\dfrac{Y}{GDP}$ 表示居民收入占 GDP 的比重。上式表明居民消费率由居民消费倾向和居民收入占 GDP 的比重两部分共同决定。

5.2.1　居民收入占 GDP 的比重与居民消费率

根据经济学基本原理,随着居民收入不断增加,居民消费总支出将不断增加,而当居民收入保持不变时,居民消费率的高低将取决于居民消费倾向的变化。因此,当分析居民收入占 GDP 的比重与居民消费率之间的关系时,需要我们假定居民消费倾向 $\dfrac{ECONS}{Y}$ 保持不变,即居民收入增加(或减少)时居民消费支出将随之增加(或减少)相同的比例。

自 1978 年以来,中国改革开放政策的实施促进了经济的快速发展,中国城镇居民收入快速增长,消费水平不断提升。居民收入占 GDP 的比重发生了重要的变化,总体的变化趋势为"上升—稳定—下降":在改革开放之初的十六年间,居民收入比重上升了 19.1%,升至 1994 年的 69.6%,20 世纪末的几年间,居民收入占 GDP 的比重基本稳定在三分之二的水平,2006 年降至 55%左右,近年来有下降的趋势。从城镇居民人均可支配收入来考量,从图 5-12 可以看出,2000 年以来,城镇居民人均可支配收入的增长率总体低于 GDP 的增长率,城镇居民收入增长总体滞后于经济的增长。相较于城镇居民人均可支配收入,2011 年以来农村居民人均可支配收入增长速度较快,略高于 GDP 和城镇居民人均可支配收入增速,城乡居民人均可支配收入绝对值差距仍较大。受制于人均可支配收入的增长及城乡居民收入差距较大,中国城乡居民消费水平及消费率呈低迷之势,是导致中国最终消费率较低的重要原因。

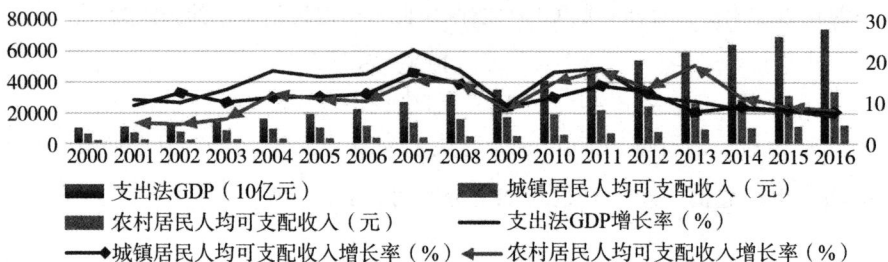

图 5-12　2000—2016 年 GDP 增长率(支出法计算)与居民人均可支配收入及其增长率比较①

数据来源:国家统计局官网。

5.2.2　居民消费倾向与居民消费率

居民消费倾向是影响居民消费率的另一重要因素,居民消费倾向反映了居民消费的主观消费意愿②。一般而言,居民消费倾向由居民平均消费倾向和居民边际消费倾向构成。居民平均消费倾向表示在任意收入水平下,居民消费支出占可支配收入的比重;居民边际消费倾向表示当收入增加一单位所引起消费支出的变化。根据定义可得:

$$APC = \frac{PCCE}{PCDI} \tag{5.3}$$

其中 APC 表示平均消费倾向,PCDI 表示居民人均可支配收入,PCCE 表示居民人均消费支出;

$$MPC = \frac{\Delta PCCE}{\Delta PCDI} \tag{5.4}$$

其中 MPC 表示边际消费倾向,ΔPCDI 表示居民人均可支配收入变化量,ΔPCCE 表示居民人均消费支出变化量。

---

① 2013—2016 年城镇及农村居民人均可支配收入按照新口径统计所得,旧口径农村居民家庭人均纯收入对应 2013 及以后新口径中农村居民人均可支配收入。

② 本部分所研究居民消费倾向反映的是居民消费行为的变化,若无特殊说明本部分采用居民平均消费倾向来表示居民消费倾向的变动。

2000年以来,城镇居民消费倾向呈下降之势,农村居民消费倾向略有增长。2004年以前农村居民消费倾向低于城镇居民消费倾向,2005年起超越城镇居民消费倾向,且二者之间的差距有逐年扩大之势。从总体来看,居民消费倾向处于整体小幅下降之势,经历了1981至1984年持续下降后出现较快增长。2015年居民消费倾向为0.715,2016年略有回升为0.718。由此可见,居民消费倾向在小幅波动中呈不断下降的态势。下文主要从收入分配、城镇化水平及社会保障制度、消费文化、人口结构五个方面来论述。

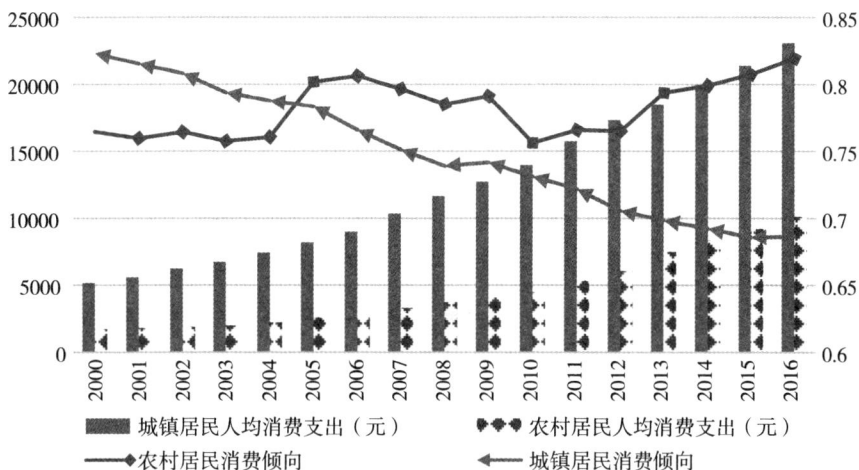

图 5-13 2000—2016 年城乡居民人均消费支出及居民消费倾向①

数据来源:国家统计局官网。

1. 收入分配

通常国际上用基尼系数来衡量一国(或地区)居民收入分配的差距,基尼系数介于0~1之间,基尼系数越大,表示财富在社会成员之间的分配不平等程度越高,反之亦然。根据联合国开发计划署等组织规定,基尼系数小于0.2表示收入绝对平均,0.2~0.3表示比较平均,0.3~0.4表示相对合理,0.4~0.5表示收入差距较大,大于0.5则表示收入差距悬殊。通常把0.4作为收入分配差距的"警戒线"。

---

① 2000—2012年城乡居民人均消费支出由现金消费支出和其他消费支出两部分构成。

表 5-5　联合国规定的基尼系数与收入分配差距之间的关系

基尼系数数值	0~0.2	0.2~0.29	0.3~0.39	0.4~0.49	0.5~1
指数等级	极低	低	中	高	极高
收入分配差距	绝对公平	比较平均	相对合理	差距较大	差距悬殊

　　一般欧洲发达国家收入差距不算大,有庞大的社会中间阶层,福利建设和社会机制的完善使其社会保障和生活水平较高。其中以北欧的国家尤甚,基尼指数多在 0.24~0.4 之间,属于收入比较平均和相对合理的阶段,美国稍高一些,在 0.45 左右,而中国基尼系数较长时期以来高于 0.4 的"警戒线",收入分配不合理,收入差距较大(如图 5-14 所示)。

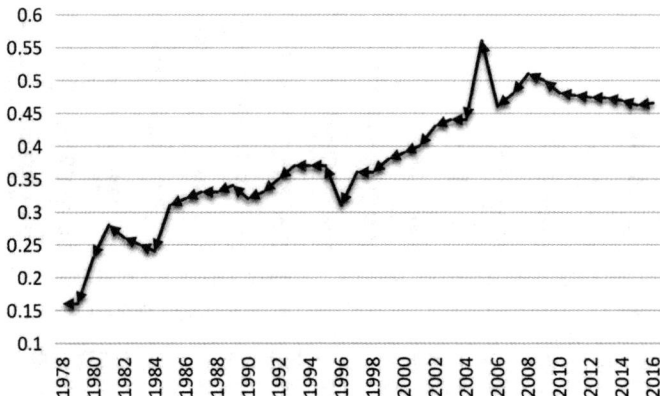

图 5-14　1978—2016 年中国基尼系数变迁

　　数据来源:1978—2009 年数据参考 Sundrum(1990)测算基尼系数的公式[1],并利用历年《中国统计年鉴》相关数据计算整理所得;2010—2016 年数据来自官方报告。

　　在党的十九大报告中,习近平总书记对我国收入分配方面成就进行了总结,即"深入贯彻以人民为中心的发展思想,一大批惠民举措落地实施,人民获得感显著增强"。"城乡居民收入增速超过经济增速,中等收入群体持续扩大"。同时也清醒地指出,我国"民生领域还有不少短板,脱贫攻坚任务艰巨,城乡区

---

[1]　基尼系数的公式为:$G = p_1^2 = \dfrac{\mu_1}{\mu}G_1 + p_2^2\dfrac{\mu_2}{\mu}G_2 + P_1P_2\left|\dfrac{\mu_2 - \mu_1}{\mu}\right|$,其中 G、G_1、G_2 分别表示全国、城镇及农村居民基尼系数,P_1、P_2 分别表示城镇和农村人口占比,μ、μ_1、μ_2 分别表示全国、城镇及农村居民人均收入。

域发展和收入分配差距依然较大"。广大劳动者和全体居民分享了经济发展成果,但居民分配份额进一步提高的难度越来越大。

2012—2016年,全国居民人均可支配收入由16508元增长到23821元,2016年比2012年增长了44.3%,扣除价格因素后实际增长率为33.3%,年均实际增长率达7.4%,各年份的实际增长率几乎都高于当年度GDP的增长率。其中农村居民收入增长更快,在2012—2016年间,农村居民人均可支配收入从8387元增加至12363元,2016年比2012年增长了47.4%,扣除价格因素后实际增长率为36.3%,年均实际增长率达8.0%;城镇居民人均可支配收入从2012年的24132元增至2016年的33616元,2016年比2012年增长了39.3%,实际增长率为28.6%,年均实际增长率为6.5%。实际数据表明,全国农村居民人均可支配收入的年均实际增速不仅连续5年高于当年GDP增速,也连续5年高于城镇居民可支配收入的增速。

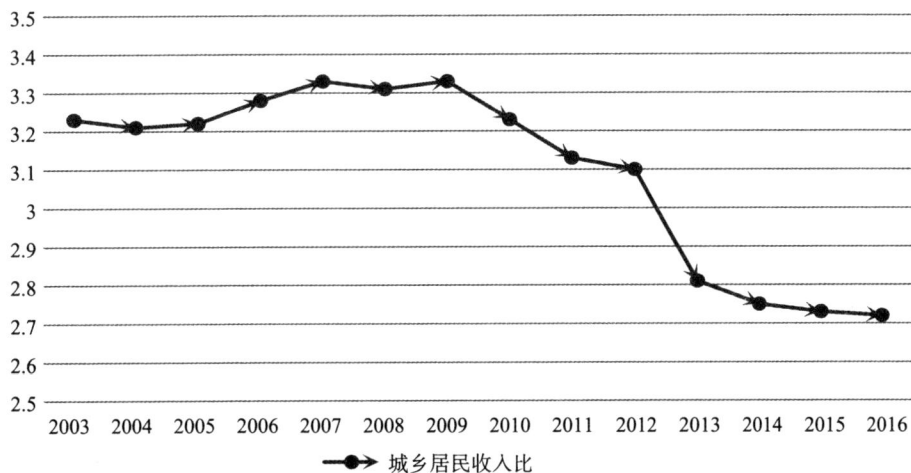

图5-15　2003—2016年我国城乡居民人均收入比

数据来源:国家统计局。

1978年至2017年间,农村居民收入水平持续提高,生活水平显著提升,贫困人口大幅减少,我国农村从普遍贫困走向整体消除绝对贫困。改革开放以来,农村贫困人口减少7.4亿,年均减贫人口规模近1900万人,农村贫困发生率以年均2.4%的速度不断下降,总体下降约94.4%,至2017年末农村贫困发生率为3.1%,贫困人口规模为3046万人。特别是党的十八大以来打响了脱贫攻坚战,"精准扶贫"等一系列举措呈现显著。按照世界银行每人每天 1.9 美元的国际贫困标准及世界银行发布的数据,中国贫困人口从 1981 年末的 8.78 亿人减少到 2013 年末的 2511 万人,累计减少 8.53 亿人,减贫人口占全球减贫总规模超七成。中国贫困发生率从 1981 年末的 88.3% 下降至 2013 年末的 1.9%,累计下降了 86.4%;同期全球贫困发生率从 42.3% 下降到 10.9%,累计下降 31.4%。减贫速度明显快于全球,贫困发生率也大大低于全球平均水平。贫困地区农村居民收入保持快速增长。2017 年,贫困地区农村居民人均可支配收入为 9377 元,名义水平是 2012 年的 1.8 倍,年均增长 12.4%。扣除价格因素,实际水平是 2012 年的 1.6 倍,年均实际增长 10.4%,比全国农村平均增速快 2.5%。贫困地区居民消费支出较快增长,生活条件明显改善。2017 年,贫困地区农村居民人均消费支出 7998 元,与 2012 年相比,年均名义增长 11.2%,扣除价格因素,年均实际增长 9.3%。

表 5-6　2010—2017 年我国农村贫困人口及贫困发生率

年份	2010	2011	2012	2013	2014	2015	2017
贫困人口(万人)	16567	12238	9899	8249	7017	5575	3046
贫困发生率(%)	17.2	12.7	10.2	8.5	7.2	5.7	3.1%

数据来源:国家统计局。

通过以上分析,近年来中国居民收入差距不断下降,贫困人口也在逐渐消减,贫困地区农村居民收入持续保持较快增长,与全国农村平均水平的差距缩小,生活消费水平明显提高。从整体来看,中国收入分配差距仍然较大,在 20 世纪 90 年代和 21 世纪第一个十年,工资提高和居民收入增长滞后于劳动生产率的提高,其中农民收入增长的滞后程度更为明显,造成这一时期城乡收入差距扩大、居民收入基尼系数上升以及劳动报酬在国民收入中的份额下降等不利于收入分配改善的结果。在此之后,城乡居民收入增长实现了与劳动生产率提高的同步,甚至一些群体的收入还略快于劳动生产率提高速度。相应地,收入分配状况也开始得到改善。截至 2016 年年末,我国城乡收入差距为 2.36,基尼系数下降为 0.465,但基尼系数仍超越"警戒线",收入分配差距仍然较大。居民收入分配差距过大必然导致居民消费倾向始终处于较低水平。

2.城镇化水平

城镇化亦称城市化、都市化,是指在"二元"经济结构中,由以农业为主的传统乡村社会向以工业和服务业为主的现代化城市社会逐渐转变的历史过程,这种转变包括劳动力要素及其职业的在空间上的流动和迁移、产业结构的转变等,其本质是城乡之间生产要素的合理流动、优化配置。随着城市化进程的发展,一方面,人口要素的流动和转移使得过剩部门的劳动力不断转移到劳动力稀缺的生产部门,使劳动力资源配置更为合理,客观上促进了劳动力生产效率的提高,进而劳动力报酬均得到提升,居民收入水平不断得以提高;另一方面,城镇化促使农村剩余劳动力不断转移到现代工业和服务业部门,因而城镇化能够提高低收入阶层收入水平,进一步增加中等收入居民在全体居民中的比重,使国民收入分配差距不断缩小。由此可见,城镇化水平的提高有利于提高居民消费能力和消费倾向。

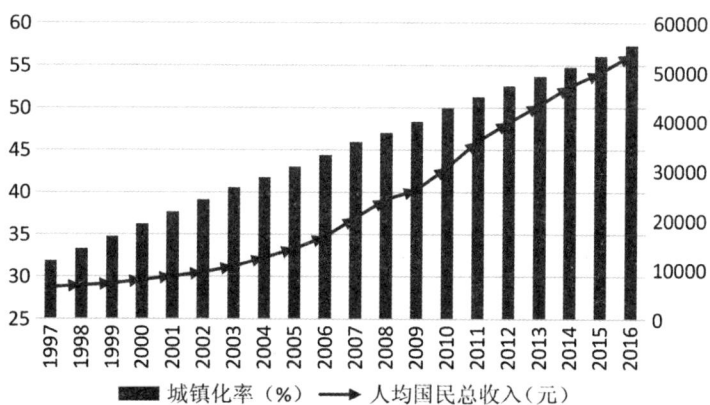

图 5-16　1997—2016 年中国城镇化率与人均国民总收入

数据来源:国家统计局。

根据施建刚、王哲(2012)的测算,20 世纪七八十年代以来,中国城镇化与经济发展进程符合经济发展推动城镇化正常发展这一规律,但由于一些制度性障碍因素的存在,中国城镇化水平总体滞后于经济发展水平。随着经济的不断发展,中国城市化水平的滞后并未表现出像通常认为的那样在逐步缩小,而是保持相对稳定不变的状态,滞后值为 12.31 个百分点。根据发达国家的城镇化经验,城镇化率在 30%～70%期间是加速城镇化的时期,而发达国家的城镇化率在 80%左右。2016 年中国平均城镇化率为 57.35%,远低于世界发达国家水平。从全国范围来看,当前有 13 个省份的城镇化率超过了全国平均水平(57.35%),有 10 个省份超过 60%,主要分布在沿海发达地区。上海城镇化率最高,为 87.6%,其次分别为北京、天津,城镇化率分别为 86.5%、82.93%。沪、京、津三大直辖市城镇化率已超过 80%,达到发达国家水平,其他省份均低于 70%。据专家估计,在现有发展水平上,城镇化比重每增加 1%,直接消费可拉动 GDP 增幅增加 0.5%。当前总体来看,中国城镇化水平仍然较低,城镇化水平的滞后导致一部分农村剩余劳动力无法及时转移,从而影响劳动生产效率,进而影响劳动力收入水平的提高,对城乡居民收入差距的缩小起负面作用;同时,由于严格的户籍管理制度的阻碍,中国人口流动出现"候鸟"现象,这种"候鸟式"生活方式大大抑制了这类人群的消费需求。以上因素的存在均在某种程度上抑制了居民消费倾向。

3.社会保障制度

社会保障制度在一定程度上起到了调节社会收入分配的作用,一国社会保障制度完善与否直接影响居民对未来收入的预期。根据莫迪利安尼的生命周期消费理论,个人的现期消费取决于个人现期收入、预期收入等,随着社会保障制度的不断完善,消费者预期未来收入增加,从而将减少当期储蓄,增加其消费倾向。诸多学者也得出社会保障制度与居民消费之间有着密切的联系。Feld-stein(1974)通过研究美国的数据得出,社会保障支出使得美国私人储蓄下降了 3—5 成,从而有利于增强居民消费倾向。国内的一些学者也从不同角度论证了社会保障制度对居民消费有着正向的影响(樊纲等,2004;何立新等,2008;石阳,2010;李雪增,2011;陈池波等,2012;岳爱等,2013;方匡楠,2013;蒋彧,全梦贞,2018)。

社会保障制度对居民消费的影响主要通过其对居民储蓄产生的替代效应和引致效应而产生作用。"替代效应"是指社会保障制度影响居民对未来收入的预期,从而减少预防性储蓄,以增加当期消费;"引致效应"是指社会保障制度将使居民更加倾向于提前退休,从而其一生中用于工作的时间减少,为了平滑一生的消费,居民更加倾向于将年轻时的收入更多地用于储蓄,因此引致效应使得居民储蓄增加,从而减少了当期消费。替代效应和引致效应共同作用使得社会保障制度对居民消费影响结果并不明晰。根据 Leland(1968)预防性储蓄理论,当一国社会保障制度水平较低时,引致效应强于替代效应,从而居民储蓄增加,抑制了居民消费;当社会保障制度处于一定水平时,居民对未来不确定性预期减少,此时替代效应强于引致效应,从而居民储蓄率降低,居民消费提高。

如图 5-17 所示,2000 年以来,中国社会保障支出总额及其占财政和GDP的比重不断增长,表明社会保障制度不断完善。2000 年中国社会保障支出总额3771.92 亿元上升至 2016 年的 62823 亿元,其占财政收入及 GDP 的比重分别从 2000 年的 23.74%、3.76%上升至 2016 年的 33.46%、8.45%。但这一水平与发达国家之间仍有一定的差距(表 5-7 所示)。中国社会保障体系总体仍处于不完善的阶段,各项社会保障制度仍处于探索和改革摸索的阶段,居民风险支出预期上升,其未来的收入及支出具有较强的不确定性。为了应对这种不确定性,居民在进行储蓄和消费决策时将更加谨慎和保守,预防性储蓄增加,消费倾向下降,是导致当前中国居民消费率较低的重要原因之一。

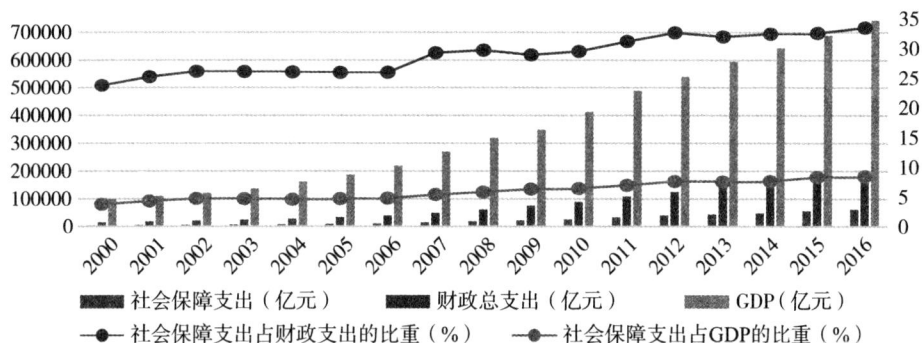

图 5-17　2000—2016 年中国社会保障支出、财政支出及 GDP

数据来源:《中国财政统计年鉴》。

表 5-7　一些年份世界主要国家社会保障支出占中央政府支出的比重(%)

年份	国家(地区)	社会保障支出比重	年份	国家(地区)	社会保障支出比重
2014 年	中国	25.44	2016 年	新西兰	33.24
2015 年	以色列	28.36	2016 年	哈萨克斯坦	24.95
2012 年	埃及	34.17	2007 年	加拿大	46.94
2000 年	墨西哥	20.12	2015 年	美国	32.76

续表

年份	国家(地区)	社会保障支出比重	年份	国家(地区)	社会保障支出比重
2005 年	阿根廷	39.94	2015 年	捷克	35.60
2012 年	意大利	48.54	2012 年	荷兰	36.21
2013 年	波兰	46.70	2016 年	俄罗斯	46.08
2015 年	土耳其	34.45	2015 年	乌克兰	52.39
2015 年	英国	35.53	2016 年	澳大利亚	33.7

数据来源:《2017 年国际统计年鉴》。

4.消费文化

消费文化是指在一定的历史阶段中,人们在物质生产与精神生产、社会生活以及消费活动中所表现出来的消费理念、消费方式、消费行为和消费环境的总和。而中国消费文化在形成的过程中受到中国传统文化尤其是儒家文化传统思想的渗透最为深刻,影响也最为深远。自古以来,中华民族素有勤俭节约的传统美德,在崇尚节俭这一消费文化的指导下,长久以来中国居民形成了自己特有的消费习惯,而且这种消费习惯具有较强的顽健性,很难打破。因此,尽管改革开放 40 多年来,虽然中国居民收入水平不断提升,但是居民消费意愿并未得到显著提升,消费率仍持续处于较低水平。由此可见,消费文化对居民消费意愿和消费倾向的影响不容忽视。

5.人口结构

2000 年中国步入老龄化社会以来,人口结构在加速转变,人口结构的转变必然对一国居民消费和储蓄决策产生影响。首先,人口年龄结构呈现"少子老龄化",少儿抚养比不断下降,老年抚养比不断上升。这种人口年龄结构直接改变了中国长久以来的家庭养老模式——"养儿防老",人们对未来的预期充满不确定性,如养老、重大疾病等,以此为目的而进行的储蓄将会增加,从而挤出了当期消费。同时,历次人口普查数据显示,中国总抚养负担呈逐年下降之势(2016 年总抚养比有所回升,主要受"二胎"政策影响,新生儿出生率上升,是少儿抚养比和老年抚养比增加共同作用而致),人口抚养负担的下降一方面减轻了劳动年龄人口抚养负担,另一方面劳动年龄人口比重增加,导致居民储蓄率上升,消费率下降。同时,人口预期寿命的提升对消费也具有抑制作用。其次,人口性别结构失衡对居民消费倾向具有负向作用。主要体现在:一方面性别比失衡使得男性在婚姻市场遭到挤压,为了在婚姻市场更具竞争力,有男孩的家庭更加倾向于多储蓄,另一方面性别比失衡影响人口再生产,进而导致少儿抚养比下降,进而抑制居民消费倾向,这种现象在经济欠发达的农村及偏远地区更为显著。

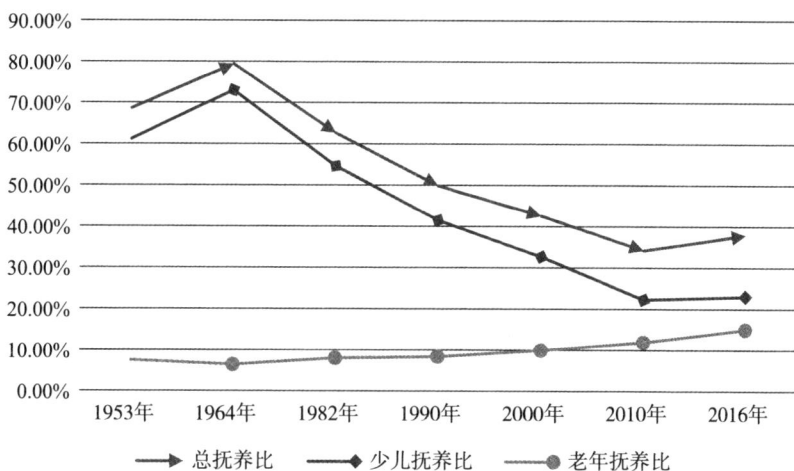

图 5-18　中国历次人口普查及 2016 年人口年龄结构示意图

数据来源:《2017 年中国人口统计年鉴》及历次中国人口普查资料。

5.3　本章小结

第一,中国居民消费需求呈现如下特征:居民消费率长期低迷且整体呈下降趋势、居民消费增长速度低于经济增长速度、城镇居民消费与农村居民消费有较大差距、城镇居民消费总量不断增加,消费率缓慢上升、城镇居民消费水平不高,消费支出增长速度慢于居民收入增长速度、城镇居民消费倾向呈递减之势等。

第二,从消费结构来分析,一方面,中国城镇居民消费结构不断优化,城镇居民恩格尔系数不断下降,中国于 1996 年、2000 年、2015 年分别实现了温饱型—小康型、小康型—富裕型、富裕型—最富裕型的转变。进入 21 世纪以来,城镇居民生存型消费支出比重不断下降,发展型、享受型消费支出快速增长。另一方面通过对城镇居民消费基尼系数的计算分析得出城镇居民内部消费差距从总支出到各类项目之间的差距均呈不断扩大之势。从不同区域城镇居民消费来研究可知,城镇居民消费支出也存在明显的区域差异。

第三,对影响居民消费的主要因素进行分析。一方面,当居民消费倾向保持不变的前提下,由于人均可支配收入的增长及城乡居民收入差距较大,中国城乡居民消费水平及消费率呈低迷之势,是导致中国最终消费率较低的重要原因;另一方面,居民消费倾向是影响居民消费率的另一重要因素,而居民消费倾向受居民收入分配差距、城镇化水平高低、社会保障制度完善程度、社会消费文化以及人口结构的约束和影响。

第四,中国居民消费需求呈现如下特征:居民消费率长期低迷且整体呈下降趋势、居民消费增长速度低于经济增长速度、城镇居民消费与农村居民消费有较大差距、城镇居民消费总量不断增加,消费率缓慢上升、城镇居民消费水平不高,消费支出增长速度慢于居民收入增长速度、城镇居民消费倾向呈递减之势等。

第六章　生育政策对城镇居民消费率变动影响的实证分析

6.1　变量选择与数据来源

通过前文分析生育政策对城镇居民消费影响的作用机理,生育政策主要通过子女数量、人口出生率、人口年龄结构、人口性别结构等直接或间接地影响居民消费水平。本文选取 2000—2016 年中国 31 各省市(自治区)的数据,数据来自《中国统计年鉴》《中国劳动统计年鉴》《中国人口和就业统计年鉴》等数据库。

6.1.1　变量的选取及相关说明

城镇居民消费需求不足主要表现在城镇居民消费占 GDP 的比重偏低,即前文所定义的城镇居民消费率偏低。因此,本部分实证模型选取城镇居民消费率反映城镇居民消费水平的变化,作为本研究的被解释变量。

本研究关注的核心变量生育政策在对城镇居民消费的影响方面主要通过人口出生率、人口年龄结构、性别结构进行传导,因而选取人口出生率 BIR、少儿抚养比(YDR＝0～14 岁少儿人口/15～64 岁劳动年龄人口)、老年抚养比(ODR＝65 岁及以上老年人口/15～64 岁劳动年龄人口)、性别比 SEX(人口中每 100 名女性对应男性人口数)为解释变量。控制变量主要包括:①反映城镇居民收入变化的城镇居民人均可支配收入的对数 LNI;②反映居民消费价格水平变动情况的宏观经济指标居民消费物价指数 CPI;③反映利率水平变化的实

际利率 r[①];④反映城镇居民消费习惯的滞后一期居民消费率 LCR1;⑤反映城镇居民消费习惯变化率的滞后一期城镇居民消费率的变化率 DCR1,即城镇居民消费习惯存量变化率,该变量主要用于反映城镇居民消费受以往习惯的影响程度,此变量数值越小,表示城镇居民消费的顽健性越强,也即其对新增信息反应越小,敏感程度越低。

表 6-1 各变量计算依据及数据来源

变量	变量定义	计算公式	数据来源
CR	城镇居民消费率	城镇居民消费占 GDP 比重	《中国统计年鉴》
LCR1	滞后一期城镇居民消费率	上一年城镇居民消费率	
DCR	城镇居民消费率的变化率	城镇居民消费率当期减去上年与上年之比	
DCR1	滞后一期城镇居民消费率的变化率	上一年城镇居民消费率的变化率	
CPI	居民消费物价指数(上年=100)	通货膨胀水平	
LnI	城镇居民收入水平	城镇居民人均可支配收入对数	
BIR	人口出生率	出生人数与平均人口之比	《中国人口和就业统计年鉴》
YDR	城镇少儿抚养比	0~14 岁与 15~64 岁人口之比	
ODR	城镇老年抚养比	65 岁及以上与 15~64 岁人口之比	
SEX	城镇性别比	以女性=100 计算男性人口数	
r	实际利率	名义利率与通货膨胀率之差	央行公布数据

6.1.2 计量模型建立

根据经济学理论分析,本文选取 2000—2016 年中国 31 个省、直辖市、自治区数据来研究生育政策对城镇居民消费的影响,考虑消费惯性对居民消费决策的影响,本文在变量选取时将滞后一期的城镇居民消费率的增长率纳入解释变量,因此损失了两年的样本数据,实际回归结果数据为 2002—2016 年共计 15 年的样本数据用以研究生育政策对城镇居民消费的影响,因此本研究模型设定

---

① 实际利率 r 等于名义利率减去通货膨胀率,通货膨胀率用居民消费价格指数减 100 的值来做近似替代,名义利率根据历年央行公布的 1 年期存款利率时点数据进行加权平均计算而得。

为面板数据。

面板数据可以从时间和空间两个维度提供样本信息,面板数据具有如下优点:可以解决遗漏变量问题、提供个体变量的动态行为信息、样本容量较大。因此,面板数据模型在宏观经济领域具有较为广泛的应用;经典面板数据模型主要有六种,从经济行为来看,在实际模型设定的过程中截面个体不变截距、变系数模型、时点变系数模型很少出现,采用面板数据进行模型设定时应用最为广泛的是截面个体变系数模型、截面个体变截距模型、截面个体截距模型三类。根据经典面板数据模型设定理论及前文理论分析,本文实证模型设定如下:

$$CR = \alpha_0 + \alpha_1 BIR + \alpha_2 YDR + \alpha_3 ODR + \alpha_4 SEX + \alpha_5 Z + \varepsilon \qquad (6.1)$$

其中,Z 为控制变量的集合,ε 为随机变量。

6.1.3　Hausman 检验

本研究样本数据时间 $T=15$,空间样本容量 $n=31$。在处理此面板数据时,为了判定面板数据模型选择固定效应还是随机效应,希望检验原假设"$H_0: \mu_i$ 与 x_{it}, z_i 不相关"(即随机效应模型为正确)。无论原假设成立与否,FE 都是一致的。然后,如果原假设成立,则 RE 比 FE 更有效。但如果原假设不成立,则 RE 不一致。因此,如果 H_0 成立,则 RE 与 FE 估计量将共同收敛于真实的参数值,反之如果二者差距过大,则倾向于拒绝原假设。本文根据 Hausman(1978)提出的关于固定效应和随机效应设定的检验,其核心思想为检验个体随机效应与解释变量之间的正交性。运用 STATA14.0 进行 Hausman 检验结果得到 $P = 0.0000$,说明拒绝随机效应接受固定效应,即采用固定效应模型要优于随机效应模型,因此本文将面板数据模型设定为固定效应模型。

表 6-2　Hausman 检验结果输出

Variable	(b) E	(B) RE	(b−B) Difference	sqrt(diag(V_b−V_B)) S. E.
LCR1	0.7618	0.9267	−0.1649	0.0284
DCR1	0.0259	0.0180	0.0078	0.0040
BIR	0.0624	−0.0197	0.0821	0.0863

续表

Variable	(b) E	(B) RE	(b－B) Difference	sqrt(diag(V_b－V_B)) S. E.
YDR	0.1000	0.0566	0.0434	0.0262
ODR	0.0545	0.1150	−0.0605	0.0358
SEX	−0.0009	0.0164	−0.0172	0.0120
LnI	1.1646	1.1188	0.0459	0.0875
r	−0.3768	−0.1844	−0.1924	0.0373
CPI	−0.4614	−0.2971	−0.1643	0.0304
_cons	38.9849	17.7067	21.2782	4.8846
Test:Ho:difference in coefficients not systematic				
chi2(8) = (b−B)'[(V_b−V_B)^(−1)](b−B)=50.52				
Prob＞chi2 ＝0.0000				

6.2 生育政策与城镇居民消费率之间的相关性分析

为初步考察主要核心变量对城镇居民消费率的影响,借鉴吴石英(2017)[①]处理方式,利用一元线性回归分析进行初步判定。本文实证分析主要考虑生育政策影响城镇居民生育率的四个基本途径即:人口出生率、少儿抚养比、老年抚养比和性别比。选取2000—2016年共17年31个省级层面地区截面数据,运用STATA14.0软件进行简单动态回归分析,以初步判断各核心变量与城镇居民消费率之间的关系。

① 吴石英.人口变动对居民消费的作用机理和影响效应研究[D].合肥:安徽大学,2017:100-107.

6.2.1　人口出生率与城镇居民消费率相关性分析

生育政策影响城镇居民消费率的第一个途径为人口出生率。生育政策实施以来,人口出生率整体呈下降之势,与此同时,城镇居民人均消费支出不断上升而城镇居民消费率整体呈低迷之势。2014 年"单独二孩"及 2016 年"全面二孩"政策实施以来,人口出生率与城镇居民消费率均呈回升之势。那么,人口出生率与城镇居民消费率所呈现的这种同向变化是偶然还是二者之间存在某种必然的联系? 仅考虑初步判断人口出生率与城镇居民消费率之间的关系。回归结果为:

$$CR = 2.7486 + 0.8298LCR1 + 0.1576BIR \tag{6.2}$$
$$R^2 = 0.8703, t = 1.85$$

回归结果显示,人口出生率对城镇居民消费率通过了 10% 水平下的显著性检验,城镇居民消费率与人口出生率之间呈正向变动关系,人口出生率每变动 1% 引起城镇居民消费率同向变动 0.1576%。

6.2.2　少儿抚养比与城镇居民消费率相关性分析

生育政策影响城镇居民消费率的第二个途径为人口年龄结构中的少儿人口总量及其比重的变化,本文利用城镇少儿抚养比来考察其对城镇居民消费率的影响。从现实数据来看,城镇人口年龄结构在不断发生转变,其中较为重要的特征之一是少儿抚养比不断下降,这一变化与城镇居民消费率变化方向一致。运用简单的动态回归分析,可以得到城镇少儿抚养比与居民消费率之间的关系。回归结果为:

$$CR = 3.8452 + 0.8280LCR1 + 0.0362YDR \tag{6.3}$$
$$R^2 = 0.8802, t = 1.26$$

回归结果表明,城镇少儿抚养比对居民消费率影响并不显著,城镇居民消费率与少儿抚养比之间呈较为微弱的正向变动关系,少儿抚养比每变动 1% 引起城镇居民消费率同向变动 0.0362%。

6.2.3 老年抚养比与城镇居民消费率相关性分析

生育政策影响城镇居民消费率的第三个途径为人口年龄结构中的 65 岁及以上人口数量及其比重的变化,生育政策对城镇人口带来的一个重要的影响为年龄结构加速老化即城镇老年人口占劳动年龄总人口的比重不断上升,本文选择老年抚养比作为解释变量以考察生育政策对城镇居民消费率的影响。运用STATA14.0 软件对二者之间的关系运用散点图进行拟合,从拟合结果来看,拟合曲线斜率为正,说明二者呈正向变动。为进一步判断城镇老年抚养比与城镇居民消费率之间的关系,运用 STATA14.0 软件进行简单的动态回归。回归结果为:

$$CR = 3.2667 + 0.8401LCR1 + 0.0892ODR \tag{6.4}$$

$$R^2 = 0.8845, t = 1.86$$

由简单回归结果可知,t 值为 1.86,通过了 10％水平下的显著性检验,回归系数为 0.0892,城镇老年抚养比每变动 1％引起城镇居民消费率同向变动0.0892％,表明在城镇地区,人口结构老化会显著地引起消费率的变化。

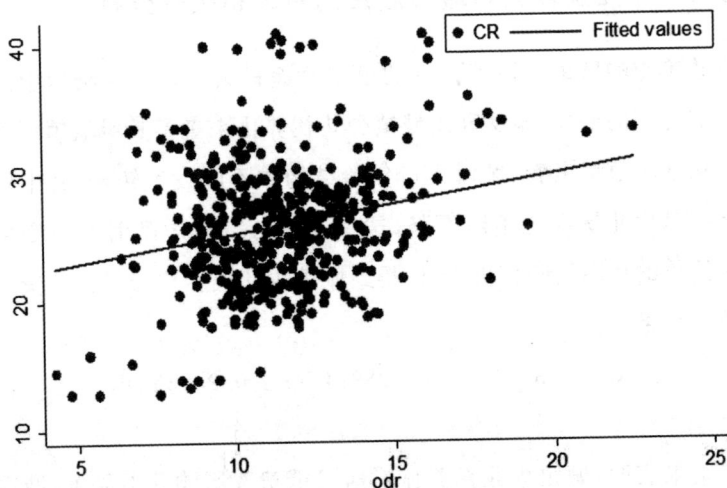

图 6-1　城镇老年抚养比与城镇居民消费率散点图

6.2.4 人口性别比与城镇居民消费率相关性分析

生育政策影响城镇居民消费率的第四个途径为城镇人口性别比,人口性别比对城镇居民消费率的影响通过女性对消费的主导性、婚姻市场匹配、性别差异对劳动力供给及报酬变化来实现。本研究选择城镇男性与女性人口（基数为100）比来考察其对居民消费率的影响。运用散点图对二者关系进行拟合得到的拟合曲线斜率为正，说明城镇人口性别比与居民消费率之间呈正向变动关系。进一步对二者进行简单的动态回归，得到如下结果：

$$CR = 1.9179 + 0.8160LCR1 + 0.0289SEX \qquad (6.5)$$
$$R^2 = 0.8824, t = 1.51$$

回归结果显示，城镇居民消费率与城镇人口性别比之间呈正向变动关系，城镇人口性别比每变动1%引起城镇居民消费率同向变动0.0289%。

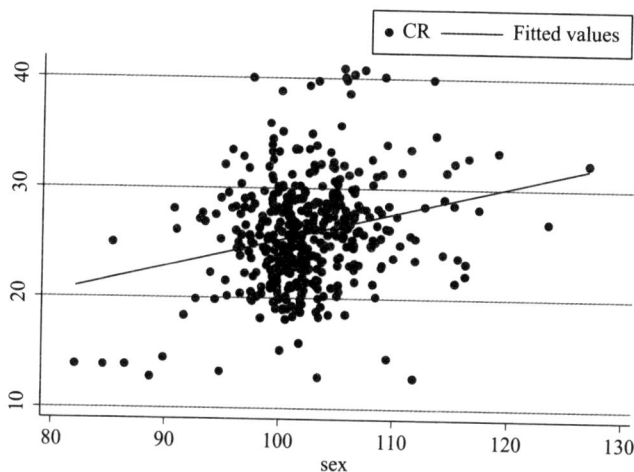

图6-2　城镇性别比与城镇居民消费率散点图

6.3　回归结果分析

6.3.1　变量统计性描述

为了更加系统全面地考察生育政策对城镇居民消费率的影响，本文首先对所有变量进行描述性统计，通过数据描述初步考察不同阶段、不同区域生育政策核心变量和消费变量的基本特征。具体来说，本研究综合考虑中国行政与经济发展情况进行区域划分和时间维度划分。从时间维度划分为 2002—2006 年、2007—2010 年、2011—2016 年共计三个阶段,划分主要依据经济波动与人口特征①;从区域角度考虑,根据经济发展特征分为四大经济区域。

表 6-2　全部变量数据的描述性统计

变量名称	英文表示	Obs	Mean	Std. Dev.	Min	Max
城镇居民消费率(%)	CR	465	25.9377	4.8248	12.83	40.88
滞后一期城镇居民消费率(%)	LCR1	465	25.7732	4.7444	12.83	40.88
滞后一期城镇居民消费率的变化率(%)	DCR1	465	0.6158	7.0359	−33.5	50.25
人口出生率(‰)	BIR	465	11.4414	2.8858	4.85	18.83
城镇少儿抚养比(%)	YDR	465	20.7637	5.1769	9.34	41.83
城镇老年抚养比(%)	ODR	465	11.4127	2.3584	4.27	22.54
城镇性别比(女性=100)	SEX	465	102.3751	4.9998	82.04	127.0
城镇居民人均可支配收入对数	LnI	465	9.6570	0.5210	8.69	10.96
实际利率(%)	r	465	0.1409	1.6056	−4.99	4.65
居民消费物价指数(上年=100)	CPI	465	102.4198	1.9689	97.6	108.9

6.3.2　静态面板估计结果

本部分根据前文设定的经典面板数据模型 $CR=\alpha_0+\alpha_1BIR+\alpha_2YDR+\alpha_3ODR+\alpha_4SEX+\alpha_5Z+\varepsilon$ 进行计量分析,其中 Z 为控制变量的集合,ε 为随机变量。从静态面板数据入手对生育政策与城镇居民消费率进行回归分析,以考察生育政策各核心变量对城镇居民消费率的影响。

---

① 经济区域划分为东部、中部、西部和东北四大地区。东北地区:辽宁省、吉林省、黑龙江省;东部地区:北京市、天津市、河北省、上海市、江苏省、浙江省、福建省、山东省、广东省、海南省;中部地区:山西省、安徽省、江西省、河南省、湖北省、湖南省;西部地区:内蒙古自治区、广西壮族自治区、重庆市、四川省、贵州省、云南省、西藏自治区、陕西省、甘肃省、青海省、宁夏回族自治区、新疆维吾尔自治区。

表 6-4 静态面板估计结果

变量名称	模型 1	模型 2	模型 3	模型 4
YDR	0.2907*** (5.27)	0.2667*** (4.63)	0.2746*** (4.75)	0.3034*** (5.07)
BIR		0.2010 (1.44)	0.2001 (1.43)	0.1978 (1.28)
ODR			−0.1042 (−1.36)	−0.0580 (−0.71)
SEX				0.0205 (0.62)
LnI	1.3825*** (4.50)	1.3219*** (4.26)	1.3470*** (4.34)	1.3695*** (4.07)
r	−1.4629*** (−5.74)	−1.4579*** (−5.73)	−1.4529*** (−5.71)	−1.4297** (−5.71)
CPI	−1.3812*** (−6.62)	−1.3745*** (−6.59)	−1.3815*** (−6.63)	−1.3501*** (−6.67)
_CONS	148.2177*** (6.83)	146.3204*** (6.74)	147.8252*** (6.81)	141.1891*** (6.50)
R^2	0.1696	0.1735	0.1771	0.2007

注:括号中的数值表示 t 值,*** 表示在 1% 水平上显著,** 表示在 5% 水平上显著,* 表示在 10% 水平上显著。

模型 1 只关注核心变量少儿抚养比对城镇居民消费率的影响,在控制其他主要变量的前提下,将城镇少儿抚养比与城镇居民消费率进行回归,得到相关系数为 0.2907,t 值为 5.27。回归结果表明,少儿抚养比对城镇居民消费率具有显著的正向作用,即城镇少儿抚养比提升(下降)1%,城镇居民消费率将提高(下降)0.2907%。

模型 2 中引入生育政策另一核心变量人口出生率,同样控制其他变量后,回归结果表明,人口出生率回归系数为 0.2010。表明人口出生率对城镇居民消费的影响为正,生育政策调整后人口出生率会有一定程度的提升,从而有助于刺激居民消费,拉动居民消费率;t值为1.44,没有通过显著性检验,说明人口出生率对城镇居民消费率影响微弱;而核心变量少儿抚养比对城镇居民消费率的影响显著性并没有受到影响,t值为4.63,通过了1%的显著性检验,其相关系数为0.2667。

模型3在模型2的基础上引入老年抚养比这一核心变量,回归系数为−0.1042,t值为−1.36。表明老年抚养比对城镇居民消费率具有抑制作用,也即随着城镇老年人口比重不断增加,居民更倾向于储蓄而不是消费。从t值来考量老年抚养比对城镇居民消费率的负影响并不显著;人口出生率对城镇居民消费率的影响与模型2的结果一致;少儿抚养比回归系数为0.2746,t值为4.75,少儿抚养比对城镇居民消费率具有显著的正影响。

模型4在模型3的基础上引入核心变量人口性别比。回归结果显示,随着估计方程不断加入其他核心变量,城镇少儿抚养比对城镇居民消费率的影响始终能通过1%显著性水平检验,相关系数分别为0.3034,t值为5.07;人口性别比回归系数为0.0205,t值为0.62。人口出生率、老年抚养比也均未通过显著性检验,二者回归系数和t值分别为:0.1978、−0.0580和1.28、−0.71。

从模型1、模型2、模型3、模型4逐步引入核心变量的方式进行回归,结果表明城镇居民消费率与少儿抚养比具有显著的正向关系,少儿抚养比是影响城镇居民消费率的重要因素。在截面样本数据考察的年份中,少儿抚养比呈逐年下降之势,城镇家庭抚养孩子负担在不断减轻。少儿抚养比下降引致居民消费率下降的主要原因为0~14岁少儿人口只对消费具有贡献而不进入生产领域,为纯消费人群,家庭养育孩子需要大笔消费支出。过去几十年严格的计划生育政策尤其是“独生子女”政策显著抑制了少儿人口数量的增长,少儿抚养比大幅下降导致家庭消费支出下降,进而居民消费率下降。从回归模型方程的拟合程度来看,静态面板回归模型方程拟合程度较低,R^2值均低于0.5。这是因为居民消费行为具有一定的连续性即存在一定的惯性,静态回归模型并未考虑居民消费这一特性。

6.3.3　动态面板估计结果

如前文所述,由于消费者消费行为存在惯性,由此对居民消费决策会产生一定的影响,Hall(1978)所构建的消费随机游走假说模型认为居民消费是具有稳定性的,并将理性预期方法应用到消费函数,通过研究消费者行为发现,消费者当期消费与前期甚至前几期消费之间有密切联系。本文在变量选取时将滞后一期居民消费率及其增长率纳入解释变量,以反映消费者行为的稳定性。

在静态面板模型基础上建立动态面板回归模型:

$$CR = \alpha_0 + \alpha_1 LCR1 + \alpha_2 DCR1 + \alpha_3 BIR + \alpha_4 YDR + \alpha_5 ODR + \alpha_6 SEX + \alpha_7 Z + \varepsilon$$

$$(6.6)$$

与静态估计结果进行比较可以发现,引入反映居民消费习惯的滞后一期居民消费率及其增长率后,估计方程拟合度有较大幅度的提升,各方程拟合度均在 0.85 以上,也证实了居民消费行为稳定性确实存在这一论点。模型 1、模型 2、模型 3、模型 4 与静态面板回归一样采用逐步引入核心变量的方式。

表 6-5　动态面板估计结果

变量名称	模型 1	模型 2	模型 3	模型 4
YDR	0.1111*** (3.37)	0.1010*** (2.94)	0.0981*** (2.83)	0.1000*** (2.63)
BIR		0.0855 (1.03)	0.0854 (1.03)	0.0624 (0.65)
ODR			0.0335 (0.74)	0.0545 (1.07)
SEX				−0.0009 (−0.14)
LCR1	0.7829*** (26.58)	0.7801*** (26.37)	0.7824*** (26.29)	0.7618*** (23.67)
DCR1	0.0250** (2.26)	0.0264** (2.37)	0.0263** (2.36)	0.0259** (2.13)

续表

变量名称	模型 1	模型 2	模型 3	模型 4
LnI	1.0924*** (5.94)	1.0627*** (5.71)	1.0543*** (5.65)	1.1646*** (5.46)
r	−0.2976* (−1.90)	−0.2948* (−1.89)	−0.2935* (−1.88)	−0.3768** (−2.31)
CPI	−0.4346*** (−3.39)	−0.4308*** (−3.36)	−0.4262*** (−3.31)	−0.4614*** (−3.48)
_CONS	37.4398*** (2.80)	36.6457*** (2.74)	35.8748*** (2.67)	38.9846*** (2.75)
R^2	0.8863	0.8746	0.8791	0.8829

注:括号中的数值表示 t 值,*** 表示在1%水平上显著,** 表示在5%水平上显著,* 表示在10%水平上显著。

1. 少儿抚养比与城镇居民消费率

四个模型中,少儿抚养比回归系数和 t 值分别为 0.1111、0.1010、0.0981、0.1000 和 3.37、2.94、2.83、2.63。少儿抚养比对城镇居民消费率具有正向促进的作用,在1%的水平上通过了显著性检验,表明少儿抚养比对城镇居民消费率的影响是显著的,且是稳健的。根据估计结果,少儿抚养比每下降(上升)1%,城镇居民消费率将下降(上升)约0.1%。与静态回归结果一致,证实了少儿抚养比下降是引致城镇居民消费率下降的重要因素之一。影响原因分析如下:

首先,在中国尤其是城镇地区,家庭用于子女的消费支出占家庭总支出比重较大且具有较强的"刚性"。一方面,家庭消费支出与养育孩子的数量具有密切的联系,在城镇地区"独生子女"政策实施是对家庭生育决策的强制性行政干预,使家庭失去自主选择生育子女数量的权利,20世纪80年代以来,城镇地区家庭抚养负担不断下降,导致家庭用于子女抚养与教育等的消费支出下降,抑制了家庭消费率;另一方面,家庭生育决策从对孩子数量需求转变为对孩子质量需求,这种养育子女的观念在城镇地区转变得更加彻底,家庭消费更加关注子女的教育投资和事业发展。许多家庭在孩子处于少儿阶段时就开始着手为其长远的学业和就业进行规划并进行长期储蓄决策,家庭储蓄率上升抑制了消费。

其次,少儿抚养比下降降低了家庭照看和抚养孩子对资源的占用,如抚养时间成本、精力、各种开销所形成的物质成本等,抚养负担下降所节约的家庭资源可以用于家庭劳动力人力资本的投资,如用于健身、保健、教育投入、接受各种技能和非技能培训等。家庭劳动力人力资本投入增加为家庭带来更多的收入,从而储蓄水平上升消费率下降。反之,若在家庭总资源约束下,子女抚养占用资源越多则家庭用于人力资本投资的资源将被挤占,从而限制家庭收入和储蓄行为,消费率则上升。

第三,传统"养儿防老"观念发生重大转变,子女养老功能逐渐弱化转而被储蓄养老所替代。Samuelson(1958)研究认为希望子女在年老时为自己提供养老支持是父母生育子女的重要动机之一。在计划生育政策约束下,子女数量外生地受政策严格约束,家庭预期未来养老资源将会下降,为了弥补由于孩子数量下降所带来的养老供给损失,父母会将现期部分资源进行储蓄或者转变为其他形式的财富加以积累,重新将家庭内部资源进行配置,养老模式从传统的"养儿防老"转变为"储蓄养老"。

最后,家庭资源在配置中具有明显的倾向性,这一特征在城镇家庭中表现得尤为突出。具体表现为:(1)家庭资源稀缺的前提下,资源在配置过程中优先考虑子女的各项需求;(2)家庭资源配置具有长远安排,随着各级各类教育越来越普及,子女受教育年限普遍得以延长,以当前国内普通高等教育为例,本科在校学生年龄一般处在18~22岁之间,若进一步不间断学习,博士毕业时年龄在28岁及以上,因此,家庭抚养孩子的各类支出如高等教育、成家立业等高峰实际发生在18~28岁及以上。在中国无论在城镇地区还是农村地区,父母大多在远期消费和当期消费之间进行决策,一般来说,家庭为了给孩子创造更好的生存环境,为孩子的教育、婚姻及事业发展等更加看重远期消费而增加储蓄挤出当期消费。

2.人口出生率与城镇居民消费率

模型2、模型3、模型4回归系数和t值分别为0.0855、0.0854、0.0624和1.03、1.03、0.65。人口出生率对城镇居民消费率具有正向影响,但影响结果并不显著,这一结果与前文理论分析及二者关系初步判断的估计结果一致。人口出生率增加意味着家庭少儿抚养负担会加重,人口年龄结构中0~14岁人口占比会增加,也可能会减弱人口的性别偏好,从而降低人口性别比,从已有消费理论观点来看,人口出生率提高均会提高居民消费率。结果并不显著的可能原因如下:

首先,由于数据所限,本文研究的人口出生率是用全国人口出生率所替代的,从现实来看,城镇地区人口出生率低于全国人口平均人口出生率。

其次,与人口出生率与居民消费率之间变化趋势有关。在考察期内,31 个样本地区城镇居民消费率变化存在较大差异,北京等经济相对发达的区域城镇居民消费率呈上升趋势,吉林等地区城镇居民消费率呈下降趋势,而安徽、广东等地城镇居民消费率则保持相对较为平稳的状态;从考察期来看,人口出生率则整体呈现相对稳定的变化趋势。

第三,随着人口预期寿命延长,人口出生率对年龄结构转变的影响作用较为微弱,尤其是在当前老龄化程度日渐加深的背景下。由此可见,人口出生率提高并不能够有效提高少儿抚养比,而根据前文分析,少儿抚养比是影响城镇居民消费率的重要因素之一。因而,人口出生率对城镇居民消费率的影响作用是较微弱的。

3.老年抚养比与城镇居民消费率

从模型 3 和模型 4 回归结果可知,老年抚养比回归系数分别为 0.0335、0.0545,t 值分别为 0.74、1.07,均未通过显著性检验。出现在这一结果的原因如前文理论分析所述,由生命周期理论可知,居民消费率会随着老年抚养比的提高而提高,但老年抚养比的变化对消费率也具有反向抑制作用,两种不同因素同时作用使老年抚养比对居民消费率的影响并不显著。

首先,社会养老保障对消费具有积极影响。一些研究发现社会保障对养老储蓄具有挤出效应,这种效应达 30%～50%(Feldstein,1974;何立新等,2008)。当前,中国社会保障公共服务不完善、供不应求的状况促使家庭养老储蓄和预防性储蓄不断增加,从而挤出部分消费。

其次,预期寿命延长、退休延迟、子女数量减少等进一步加剧家庭父母养老和对未来的不确定性。为了应对这种不确定性,家庭会占用更多的当期资源为未来做长期准备。当前中国的现实是人口预期寿命已经由 1960 年的 36.32 延长至 2017 年的 76.7 岁,退休延迟的呼声随着劳动力短缺也不断高涨。在人口与经济发展双重压力下,家庭养老储蓄和预防性储蓄增加进一步挤出了消费。

第三,老年人具有强烈的遗赠动机而减少消费、增加储蓄。在中国出于遗赠动机而进行储蓄的老年人大有人在,他们省吃俭用、减少当期消费、增加储蓄不一定是为了退休后养老消费支出,很大一部分是为了将财富赠予后代,尤其是在财富较多超出其养老消费需求时,人们为后代遗留财富从而进行储蓄的动机更加强烈(Kotlikoff 等,1981)。

4.性别比与城镇居民消费率

从模型 4 回归结果来看,性别比的回归系数和 t 值分别为 −0.0009 和 −0.14,性别比对城镇居民消费率的影响并不显著,这一结果与前文所进行的相关性分析结果并不一致。一方面,不同性别的消费者其消费行为存在天然的差异,这种差异性影响其消费决策和消费行为。一般来说,女性消费群体是带动消费的重要的力量,这是因为女性在家庭购买决策中居于主导地位,是家庭绝大多数消费品如子女用品、老年人用品、日常家庭消费品、耐用品等的购买决策者,随着女性家庭地位的不断提升,其消费决策的范围也更加广泛。从这一角度来分析,人口性别比失衡,男性人口占比增加在某种程度上抑制了居民消费水平的提升;另一方面,如前文所述,婚姻市场中现实的婚嫁模式挤出了部分消费,人口性别比提高会使得有男孩的家庭为了在婚姻市场中更具竞争力而会将部分资源进行储蓄,降低当期消费即竞争性储蓄理论;同时,性别比通过影响劳动供给和劳动报酬对居民消费率也具有一定的影响。

从动态模型回归结果来分析,反映生育政策对城镇居民消费率影响的四个核心解释变量中,少儿抚养比始终通过了 1% 水平下的显著性检验,而人口出生率、老年抚养比和性别比则始终没能通过显著性检验。这一结论表明生育政策影响城镇居民消费率的主要途径为少儿抚养比,城镇居民消费率长期处于较低水平与长期以来实施的"独生子女"政策有直接的关系,少儿抚养比下降对城镇居民消费率的提升起到了抑制作用,生育政策不断调整和完善,有利于缓解当前城镇居民消费率持续低迷的现状。

6.3.4　分阶段回归

为考察不同时间阶段生育政策对城镇居民消费率的影响,将时间分为

2002—2006 年、2007—2010 年、2011—2016 年三个阶段运用模型 4 分别进行回归。回归结果表明,随着经济不断发展与人口结构的转变,生育政策对城镇居民消费率的影响发生了明显的变化。

表 6-6　分阶段核心变量的描述性统计

2002—2006 年	英文表示	Obs	Mean	Std. Dev.	Min	Max
城镇居民消费率(%)	CR	155	26.4488	4.6887	13.92	40.02
人口出生率(‰)	BIR	155	11.5413	3.2686	4.85	18.83
城镇少儿抚养比(%)	YDR	155	22.9702	5.4620	10.18	41.83
城镇老年抚养比(%)	ODR	155	11.4806	2.4665	6.92	22.54
城镇性别比(女性=100)	SEX	155	100.3974	3.7133	85.29	110.51
城镇居民消费率(%)	CR	124	25.0208	4.6808	13.88	39.82
人口出生率(‰)	BIR	124	11.3929	2.6469	6.06	16.79
城镇少儿抚养比(%)	YDR	124	20.1536	4.9199	9.47	31.83
城镇老年抚养比(%)	ODR	124	11.7078	2.2313	4.27	17.99
城镇性别比(女性=100)	SEX	124	101.8912	4.5025	82.04	116.21
2011—2016 年	英文表示	Obs	Mean	Std. Dev.	Min	Max
城镇居民消费率(%)	CR	186	26.1229	5.0188	12.83	40.88
人口出生率(‰)	BIR	186	11.3905	2.7061	5.36	17.89
城镇少儿抚养比(%)	YDR	186	19.3318	4.4609	9.34	31.88
城镇老年抚养比(%)	ODR	186	11.1594	2.3343	4.76	16.37
城镇性别比(女性=100)	SEX	186	103.9908	5.6244	88.67	127

1. 第一阶段:2002—2006 年

少儿抚养比、人口出生率、老年抚养比、性别比四个核心变量的回归系数分别为 0.3477、−0.1437、0.0249、−0.0561;显著性检验结果 t 值分别为 3.87、−0.42、0.20、−0.69。变量少儿抚养比与整体回归结果一致,但其对城镇居民消费率的影响程度高于整体回归结果;其余三个变量对被解释变量的影响均未通过显著性检验,从回归结果相关系数看,人口出生率和性别比对被解释变量的影响为负,老年抚养比对被解释变量的影响为正。

2.第二阶段:2007—2010 年

少儿抚养比、人口出生率、老年抚养比、人口性别比回归系数和 t 值分别为 0.1131、−0.9368、−0.0345、0.0416 和 1.42、−3.51、−0.32、1.13。与前一阶段不同的是此阶段城镇居民消费低迷主要是受宏观经济环境的影响,自 2007 年以来爆发了全球性经济危机,经济持续疲软,居民消费因此受到较大程度的抑制;受经济因素的影响,少儿抚养比对被解释变量的影响程度下降,未通过显著性检验;解释变量老年抚养比与性别比也未通过显著性检验;此阶段解释变量人口出生率对城镇居民消费率的影响显著,为负且影响程度较深。

3.第三阶段:2011—2016 年

回归结果显示,少儿抚养比、人口出生率、老年抚养比、人口性别比回归系数符号与前一阶段一致,分别为 0.0614、−0.2416、−0.0351、0.0123;但四个变量对城镇居民消费率的影响程度在不断下降且均未通过显著性检验,t 值分别为 0.86、−1.63、−0.41、0.58。

表 6-7 分阶段动态面板估计结果

变量名称	2002—2006 年	2007—2010 年	2011—2016 年
YDR	0.3477***	0.1131	0.0614
	(3.87)	(1.42)	(0.86)
BIR	−0.1437	−0.9368***	−0.2416
	(−0.42)	(−3.51)	(−1.63)
ODR	0.0249	−0.0345	−0.0351
	(0.20)	(−0.32)	(−0.41)
SEX	−0.0561	0.0416	0.0123
	(−0.69)	(1.13)	(0.58)
LCR1	0.4199***	0.5159***	0.7908***
	(3.90)	(5.71)	(8.84)

续表

变量名称	2002—2006 年	2007—2010 年	2011—2016 年
DCR1	0.0075	−0.0279	−0.0116
	(0.30)	(−1.50)	(−0.45)
LnI	16.1066***	−0.8265	0.0273
	(3.38)	(−0.69)	(0.01)
r	−14.6658***	0.1948	−0.5813*
	(−3.81)	(0.64)	(−1.69)
CPI	−14.8829***	0.0061	−0.9768**
	(−3.76)	(0.03)	(−2.24)
_CONS	1387.23***	23.9795	106.671
	(3.82)	(0.79)	(1.63)
R^2	0.3197	0.6412	0.9290

注:括号中的数值表示 t 值,*** 表示在 1% 水平上显著,** 表示在 5% 水平上显著,* 表示在 10% 水平上显著。

以上部分将考察期 2002—2016 年分为三个阶段,分别研究生育政策对城镇居民消费率的影响,通过分阶段回归结果显示:在 2002—2006 年间,少儿抚养负担每提高 1% 则居民消费率提高 0.3477%,少儿抚养比下降抑制了城镇地区居民消费支出;随着少儿抚养比不断下降,加之 2007 年经济环境恶化,其对城镇居民消费率的影响程度在不断减弱。自 2000 年中国步入老龄化社会以来,第一阶段老年抚养比与城镇居民消费率呈正相关关系,随着老龄化程度的不断加深,老年抚养比对城镇居民消费的负面作用逐渐显现,自 2006 年起第二、第三阶段动态回归系数均为负值;人口性别比对城镇居民消费率的影响则从第一阶段的负值转为第二、第三阶段的正值,说明人口性别比失衡对城镇居民消费率的影响从抑制转向正向促进作用。

6.3.5　分区域回归

由于经济发展及生育政策执行力度存在明显的区域差异,因此有必要考察生育政策对不同区域城镇居民消费率的影响。本文对四大经济区域分别进行考察，回归结果显示生育政策对城镇居民消费率影响存在明显的地区差异。

表6-8　分区域核心变量的描述性统计

东部地区	英文表示	Obs	Mean	Std. Dev.	Min	Max
城镇居民消费率（%）	CR	150	26.6390	5.6377	18.0849	40.8770
人口出生率（‰）	BIR	150	10.6325	2.5443	4.85	17.89
城镇少儿抚养比（%）	YDR	150	18.3928	5.3333	9.3415	33.0358
城镇老年抚养比（%）	ODR	150	11.7021	2.9600	6.3833	22.5415
城镇性别比（女性=100）	SEX	150	103.943	5.9603	90.6695	126.9953
中部地区	英文表示	Obs	Mean	Std. Dev.	Min	Max
城镇居民消费率（%）	CR	90	25.0362	3.2210	18.3183	31.5722
人口出生率（‰）	BIR	90	11.9983	1.4439	8.26	14.74
城镇少儿抚养比（%）	YDR	90	23.1833	3.5706	16.0880	33.4107
城镇老年抚养比（%）	ODR	90	11.1173	1.4896	8.3887	14.3138
城镇性别比（女性=100）	SEX	90	103.1994	3.6354	92.9236	115.3444
城镇居民消费率（%）	CR	180	25.7721	4.8586	12.8258	40.0238
人口出生率（‰）	BIR	180	12.9765	2.5936	7.72	18.83
城镇少儿抚养比（%）	YDR	180	23.0694	3.9599	16.1823	41.8301
城镇老年抚养比（%）	ODR	180	10.9901	2.0727	4.2663	17.2190
城镇性别比（女性=100）	SEX	180	101.2971	4.8836	82.0449	114.336
东北地区	英文表示	Obs	Mean	Std. Dev.	Min	Max
城镇居民消费率（%）	CR	45	26.0646	4.1654	18.7861	38.7974
人口出生率（‰）	BIR	45	6.8833	0.7506	5.36	8.3
城镇少儿抚养比（%）	YDR	45	14.6052	2.2437	10.9910	20.1693
城镇老年抚养比（%）	ODR	45	12.7294	2.0127	9.3711	16.3663
城镇性别比（女性=100）	SEX	45	99.7001	1.7563	94.7882	101.9807

1. 东部地区

对于经济较为发达东部地区,0～14 岁少儿人口占比与城镇居民消费率呈同向变动趋势,二者相关系数为 0.2089,且通过了 1％水平下的显著性检验,表明对少儿抚养比增加 1％引起城镇居民消费率同向变动 0.2089％;老年抚养比、人口性别比对城镇居民消费率具有正向作用,人口出生率则抑制了居民消费率的增长,这三个解释变量对被解释变量影响均未通过显著性检验。这是因为在经济较为发达的东部地区城镇居民消费主要受家庭抚养孩子负担的影响,经济越发达的地区家庭在进行消费决策时,资源越倾向于子女抚养和教育等人力资本投资,因此,经济发达地区家庭子女数量越多,家庭消费支出比重就越高,从整体来考察,少儿抚养比越高则越能够促进城镇居民消费率的提升;另外人口性别比这一变量对城镇居民消费率的影响结果并不显著,可能是因为,从人口抽样数据统计结果来看,东部城镇地区性别比基本处于均衡状态,个别地区有些年份男性人口甚至少于女性人口,如天津、山东、江苏三个地区,这可能是导致该变量对城镇居民消费率影响不显著的原因。

2. 中部地区

中部地区回归结果显示,人口出生率对城镇居民消费率具有抑制作用,回归系数为−0.5389,通过 10％水平下的显著性检验。从全国范围来看,中部地区人口出生率始终保持在相对较高的水平,除个别地区,在考察期平均人口出生率均超过 10‰,其中最高值为 13.92‰(该数据为江西省 2008 年人口出生率),因此,人口出生率对城镇居民消费率具有较强的影响作用。回归系数为负说明人口出生率对城镇居民消费率具有显著的负向影响,与理论分析及相关性分析结果出现不一致,一方面是因为人口出生率与居民消费支出的变化趋势有关,计划生育政策实施以来人口出生率不断下降并趋稳,但城镇居民消费水平在不断提升和优化;另一方面,收入水平增长速度较快,人口出生率增加对家庭人口规模并没有显著的影响,导致家庭消费支出占比呈下降趋势,对居民消费率具有负的影响;而其他三个解释变量相关系数均为正,但影响结果均不显著,未能通过显著性检验。

3. 西部地区

生育政策对西部地区的影响较为显著,其中少儿抚养比、老年抚养比及性别比分别通过了 5％、10％、10％水平下的显著性检验,回归系数分别为 0.1271、

0.1929、−0.0135。回归结果表明,少儿抚养比、老年抚养比提高有助于提升城镇居民消费率,这一结论与生命周期理论是一致的;人口性别比失衡则抑制城镇消费率,主要原因是西部地区经济发展水平低于其他三个地区,城镇居民消费水平较低,人口抚养比提高使家庭消费支出比重增加,从而提升了城镇居民消费率;另一方面人口性别比失衡导致城镇居民储蓄率上升,从而抑制了居民消费支出比重。经济发展落后地区性别比的失衡对居民消费具有明显的抑制作用,这一结论验证了竞争储蓄理论;老年抚养比对西部地区城镇居民消费具有明显提升作用,是因为西部地区家庭收入水平受到严格约束,赡养负担越重,家庭用于老年人的消费支出的比重则越大。

4. 东北地区

东北地区来看,人口性别比回归系数为−0.3829,并通过了 10% 水平的显著性检验;人口老龄化对城镇居民消费率具有负作用,回归系数为−0.0275,但影响结果并不显著;少儿抚养比与人口出生率对城镇居民消费率影响为正,但并未通过显著性检验。东北地区在经济发展的过程中,面临十分严峻的人口老龄化问题,2016 年辽宁、吉林、黑龙江三地区城镇人口老年抚养比分别达 16.13%、14.11%、15.46%;与此同时,城镇少儿抚养比呈现快速下降的趋势。同时伴随着资源日渐枯竭,加之国家经济政策向南方地区尤其是东南沿海地区倾斜,东北地区经济逐渐在走下坡路,导致许多产业不断萎缩,大量年轻劳动力外流;同时,近几年来东北三省人口老龄化程度加剧,人口增长缓慢,其中辽宁人口问题更加突出,2017 年其 65 岁及以上人口为 626.8 万,占比 14.35%,人口出生率仅为全国的一半,这些都在一定程度上对居民消费率起到抑制作用。

表 6-9　分区域动态面板估计结果

变量名称	东部地区	中部地区	西部地区	东北地区
YDR	0.2089***	0.0945	0.1271**	0.4213
	(3.66)	(0.88)	(2.25)	(1.57)
BIR	−0.0306	−0.5389*	0.1847	0.4130
	(−0.26)	(−1.82)	(0.96)	(0.61)
ODR	0.0159	0.0128	0.1929*	−0.0275
	(0.31)	(0.08)	(1.68)	(−0.14)

续表

变量名称	东部地区	中部地区	西部地区	东北地区
SEX	0.0269	0.0840	−0.0135*	−0.3829*
	(1.62)	(0.93)	(−0.37)	(−1.81)
LCR1	0.7528***	0.7391***	0.5588***	0.9592***
	(13.28)	(8.95)	(9.28)	(6.76)
DCR1	0.0253	−0.0024	0.0529***	−0.0042
	(1.16)	(−0.10)	(2.92)	(−0.05)
LnI	1.6874***	1.0620*	0.5849	4.1466***
	(5.25)	(1.84)	(1.53)	(3.22)
r	−0.0305	−0.3474	−0.6401**	−0.5925
	(−0.14)	(−0.99)	(−2.19)	(−0.83)
CPI	−0.1623	−0.4442	−0.6986***	−0.6039
	(−0.93)	(−1.54)	(−1.02)	(−1.02)
_CONS	0.2154	41.2701	71.3218***	52.2366
	(0.01)	(1.34)	(2.81)	(0.71)
R^2	0.9295	0.7748	0.8268	0.8298

注:括号中的数值表示 t 值,*** 表示在 1% 水平上显著,** 表示在 5% 水平上显著,* 表示在 10% 水平上显著。

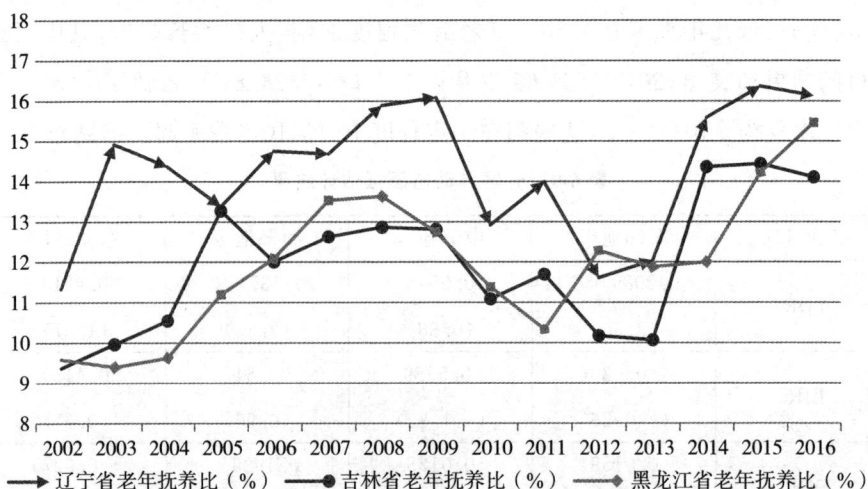

图 6-3 2002—2016 年东北地区城镇人口老龄化发展趋势

6.4 本章小结

首先,本文在利用一元线性回归初步判定反映生育政策的核心变量与城镇居民消费率的关系的基础上,建立计量模型,从静态面板数据入手进行回归分析,生育政策影响居民消费的途径之一少儿抚养比对居民消费率的影响始终通过了 1‰水平下的显著性检验,且相关系数为正。这一结果表明少儿抚养比是影响城镇居民消费率的重要因素之一。人口出生率、老年抚养比和性别比三个核心变量未能通过显著性检验。从回归模型拟合程度来看,静态面板回归模型方程拟合程度较低,R^2值均低于 0.5。

其次,建立动态计量回归模型,从动态模型回归结果可知,反映生育政策对城镇居民消费率影响的四个核心解释变量中,少儿抚养比始终通过了 1‰水平下的显著性检验,而人口出生率、老年抚养比和性别比则始终没能通过显著性检验,这说明生育政策对城镇居民消费率的影响主要通过少儿抚养比而得以实现,且城镇人口系统中少儿抚养比的不断增加能显著提升城镇居民消费率。因此,随着中国生育政策的不断调整和完善,有利于缓解当前城镇居民消费率持续低迷的现状。

第三,分阶段考察生育政策对城镇居民消费率的影响。结果表明随着经济的不断发展,生育政策对城镇居民消费率的影响发生了明显的变化。2002—2006 年期间,少儿抚养比对被解释变量的影响结果显著,且其影响程度高于整体回归结果;人口出生率和性别比对城镇居民消费率的影响为负;随着模型中引入性别比这一变量,老年抚养比系数由负转正;自 2007 年以来爆发了全球性经济危机,经济持续疲软,居民消费因此受到较大程度的抑制,受经济因素的影响,少儿抚养比对被解释变量的影响程度下降,未通过显著性检验;解释变量老年抚养比与性别比也未通过显著性检验;此阶段解释变量人口出生率对城镇居民消费率的影响显著为负,且影响程度较深。2011—2016 年期间,各解释变量对被城镇居民消费率影响结果与前一阶段一致,但影响程度不断下降。

最后,通过分区域进行回归,结果表明生育政策对城镇居民消费率影响存在明显的地区差异。生育政策对西部地区的影响较为显著,其中少儿抚养比、老年抚养比及性别比均通过了显著性检验;从东北地区来看,人口老龄化对城镇居民消费率具有负作用,这与东北地区人口老龄化程度比其他地区更深具有密切的联系;中部地区回归结果显示,人口出生率对城镇居民消费率具有抑制作用;对于经济较为发达东部地区,0~14 岁少儿人口占比与城镇居民消费率呈同向变动趋势,二者相关系数为 0.2089,且通过了 1‰ 水平下的显著性检验。

第七章 生育政策对城镇居民消费
结构影响的实证分析

7.1 生育政策对与城镇居民消费结构相关性研究
——基于灰色关联度分析

7.1.1 灰色关联度方法简介

所谓关联度是指两个系统之间的因素随时间或不同对象而变化的关联性大小的量度。在系统动态发展变化的过程中,若两个因素同步变化程度较高,则二者关联度较高,反之,二者关联度则较低。灰色关联分析来自中国著名学者邓聚龙①教授首创的系统科学理论——灰色系统理论,它是根据各因素变化曲线几何形状的相似程度来判断因素之间关联程度的方法。此方法通过对动态过程发展态势的量化分析,完成对系统内时间序列有关统计数据几何关系的比较,求出参考数列与各比较数列之间的灰色关联度,与参考数列关联程度越大的比较数列,其发展方向和速率与参考数列越接近,与参考数列的关系越紧密。可见,灰色关联度分析对于一个系统发展变化态势提供了量化的度量,非常适合动态历程分析。其基本思想是将原始观测数据进行无量纲化处理,计算关联系数、关联度以及根据关联度的大小对待评指标进行排序。

---

① 邓聚龙(1933 年 1 月—2013 年 6 月),华中科技大学控制科学与工程系教授,博士生导师,20 世纪 60 年代提出"去余控制"理论,1982 年提出灰色系统理论。

7.1.2 生育政策与居民消费结构的灰色关联度计算

1. 确定参考数列和比较序列

灰色关联度分析首先应确定反映系统行为特征的参考数列(即母序列)和影响系统行为的比较数列(即子序列),并构建耦合度指标体系。其中反映系统行为特征的数据序列称为参考数列,影响系统行为的因素组成的数据序列,称比较数列。本文的参考数列为城镇居民消费结构(八大分类)系统,记为 $Y_j(t)$,其中 $j \in [1,8]$;比较数列为由反映生育政策的主要指标构成的系统,主要指标变量包括:人口出生率、城镇少儿抚养比、城镇老年抚养比、城镇人口性别比、总和生育率,记为 $X_i(t)$,其中 $i \in [1,5]$。具体表示为:

$$\begin{cases} Y_j = \{Y_j(t) \mid t = 1,2,\cdots,n; j = 1,2,\cdots,8\} \\ X_i = \{X_i(t) \mid t = 1,2,\cdots,n; i = 1,2,\cdots,5\} \end{cases} \tag{7.1}$$

其中,t 代表时间序列的长度,8 和 5 分别为参考数列、比较数列的个数。

2. 对参考数列和比较数列进行无量纲化处理

由于城镇居民消费结构各变量数据单位为元,而反映生育政策的主要变量单位也不一,因此,参考序列与比较序列单位的不一致带来比较上的困难。为了便于比较,在进行灰色关联度分析时,首先应要进行无量纲化的数据处理。常用的无量纲化处理方法有均值法、初值法和 $\frac{x - \bar{x}}{s}$ 变换等。本文选用均值法进行数据的无量纲化处理。计算公式如下:

$$\begin{cases} Y'_j(t) = \left\{ \dfrac{Y_j(t)}{\overline{Y_j(t)}} \middle| t = 1,2,\cdots,n; j = 1,2,\cdots,8 \right\} \\ X'_i(t) = \left\{ \dfrac{X_i(t)}{\overline{X_i(t)}} \middle| t = 1,2,\cdots,n; i = 1,2,\cdots,5 \right\} \end{cases} \tag{7.2}$$

3. 计算参考数列与比较数列的灰色关联系数

首先,逐个计算每个被评价参考数列与比较数列对应元素的绝对差值,即 $|Y'_j(t) - X'_i(t)|$,表示在 t 时刻各参考序列与比较序列的绝对差值。

其次,确定参考序列与比较序列绝对差值的最小值和最大值即:

$$\min_{j=1}^{8} \min_{i=1}^{5} |Y'_j(t) - X'_i(t)| \quad 与 \quad \max_{j=1}^{8} \max_{i=1}^{5} |Y'_j(t) - X'_i(t)| \tag{7.3}$$

最后,计算参考数列 $Y_j(t)$ 与比较序列 $X_i(t)$ 之间的关联系数,即在时刻 t 上两个数列之间的关联程度,记为 $\xi_{ij}(t)$,根据以下公式可以求得:

$$\xi_{ij}(t) = \frac{\min\limits_{j=1}^{8}\min\limits_{i=1}^{5}|Y_j'(t)-X_i'(t)| + \rho\max\limits_{j=1}^{8}\max\limits_{i=1}^{5}|Y_j'(t)-X_i'(t)|}{|Y_j'(t)-X_i'(t)| + \rho\max\limits_{j=1}^{8}\max\limits_{i=1}^{5}|Y_j'(t)-X_i'(t)|} \quad (7.4)$$

其中 $\rho\in[0,1]$ 为分辨系数,若 ρ 越小则关联系数间差异越大,区分能力越强,具体取值可视情况而定,当 $\rho\leqslant0.5463$ 时分辨力最好,通常取 $\rho=0.5$,本文在计算参考数列与比较数列的关联系数时令 $\rho=0.5$ 即:

$$\xi_{ij}(t) = \frac{\min\limits_{j=1}^{8}\min\limits_{i=1}^{5}|Y_j'(t)-X_i'(t)| + 0.5\times\max\limits_{j=1}^{8}\max\limits_{i=1}^{5}|Y_j'(t)-X_i'(t)|}{|Y_j'(t)-X_i'(t)| + 0.5\times\max\limits_{j=1}^{8}\max\limits_{i=1}^{5}|Y_j'(t)-X_i'(t)|}$$

$$(7.5)$$

4.计算关联序和平均关联度

由上一步计算出参考序列与比较序列之间的多个关联系数,关联系数数值较多难以直接从整体上对两个数列的关联程度进行比较,因此,为更方便地度量参考数列与比较数列之间的关联程度,需要计算比较序列各指标与参考序列对应元素的关联系数的均值,以反映各评价对象与参考序列的关联关系,称其为关联序,即 $\zeta_{ij} = \frac{1}{m}\sum\limits_{t=1}^{m}\xi_{ij}(t)$,其中 m 为时间序列节点数,本文选取2000—2016 年 17 年的数据进行研究,故 $m=17$。

$$\zeta_{ij} = \begin{bmatrix} 0.7029 & 0.6909 & 0.5216 & 0.6550 & 0.6203 & 0.6409 & 0.7997 & 0.6940 \\ 0.6440 & 0.6360 & 0.5254 & 0.6106 & 0.6076 & 0.6056 & 0.7382 & 0.6378 \\ 0.7169 & 0.7098 & 0.5375 & 0.6466 & 0.6327 & 0.6469 & 0.8230 & 0.7264 \\ 0.7356 & 0.7183 & 0.5191 & 0.6858 & 0.6162 & 0.6618 & 0.8314 & 0.7234 \\ 0.6823 & 0.6658 & 0.5386 & 0.6309 & 0.6063 & 0.6079 & 0.7655 & 0.6767 \end{bmatrix}$$

$$(7.6)$$

根据以上关联序计算结果可以得到生育政策主要变量与居民消费结构各项支出比例之间的关联序矩阵 ζ_{ij}。

表 7-1　2000—2016 年生育政策主要指标与城镇居民八大类消费结构之间关联序

	人口出生率	少儿抚养比	老年抚养比	人口性别比	总和生育率
食品烟酒类	0.7029	0.6440	0.7169	0.7356	0.6823
衣着类	0.6909	0.6360	0.7098	0.7183	0.6658
居住类	0.5216	0.5254	0.5375	0.5191	0.5386
生活用品及服务类	0.6550	0.6106	0.6466	0.6858	0.6309
医疗保健类	0.6203	0.6076	0.6327	0.6162	0.6063
交通和通信类	0.6409	0.6056	0.6469	0.6618	0.6079
教育、文化和娱乐类	0.7997	0.7382	0.8230	0.8314	0.7655
其他用品及服务类	0.6940	0.6378	0.7264	0.7234	0.6767

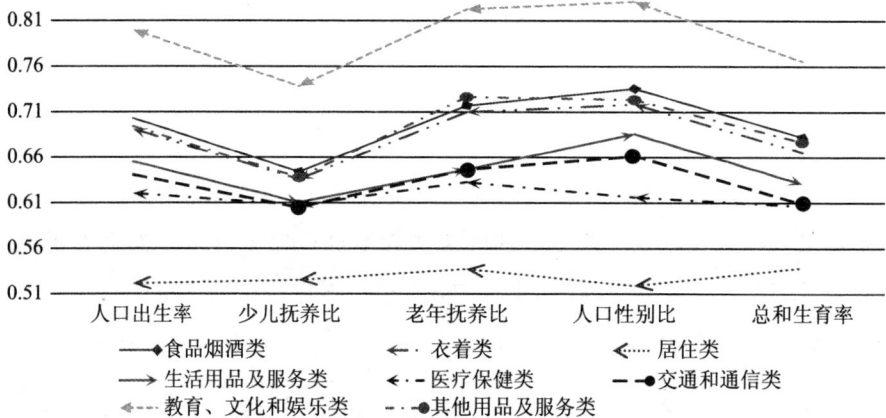

图 7-1　2000—2016 年生育政策主要指标与城镇居民八大类消费结构之间关联序

　　一般来说,由于各指标在综合评价中所起的作用不同,应对关联序求加权平均值,以衡量各指标与系统之间的关联度。本研究将反映生育政策的各主要变量指标及各消费支出类别赋予相同权重,利用平均关联程度以各主要变量与城镇居民消费结构系统之间以及八大类消费支出与生育政策系统之间的关联序。生育政策主要指标与消费结构系统之间的平均关联度记为 p_i,表示第 i 个变量与消费结构系统之间的平均关联程度 $p_i = \dfrac{1}{p}\sum\limits_{i=1}^{p}\zeta_{ij}$,其中 p 表示生育政策系统所包含的变量个数;八大类消费支出类别与生育政策系统之间的平均关联度记为 Q_j,表示第 j 类消费支出与生育政策系统之间的平均关联程度 $Q_j = \dfrac{1}{q}\sum\limits_{j=1}^{q}\zeta_{ij}$,其中 q 表示城镇居民消费结构系统所包含的指标个数,计算可得:

$$p_i = (0.6656 \quad 0.6257 \quad 0.6800 \quad 0.6864 \quad 0.6468)^T \quad (7.7)$$

$$Q_j = (0.6963 \quad 0.6841 \quad 0.5284 \quad 0.6458 \quad 0.6166 \quad 0.6326 \quad 0.7915 \quad 0.6917) \quad (7.8)$$

p_i、Q_j 的值越接近于 1 说明相关性越强。

为了进一步的表示因素间的关联程度强弱,本文用关联度的大小次序进行描述,将根据计算所得的数据进行排序,如图 7-2、7-3 所示。

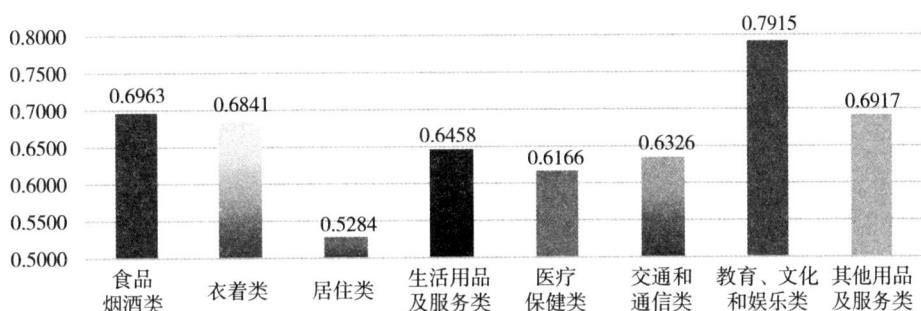

图 7-2　城镇居民八大消费类别与生育政策系统之间平均关联程度

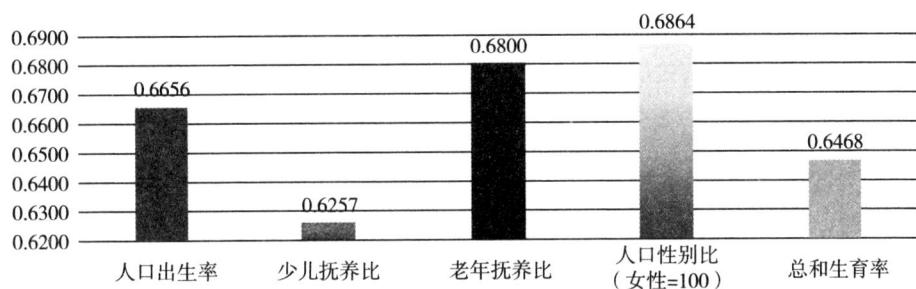

图 7-3　生育政策系统与消费结构系统之间平均关联度

从两大系统各变量之间的关联序计算结果可以看出,反映生育政策系统的核心指标变量与城镇居民消费结构中各类消费之间存在较强的关联性,各变量之间的关联系数均超过了 0.5。总体来看,教育、文化和娱乐类消费与生育政策各系统关联度最高,相关系数均在 0.73 以上;而居住类消费与生育政策各核心变量之间关联度相对较低,在 0.5 附近。八类消费与生育政策系统关联度从强至弱大致顺序如下(图 7-2 所示):教育、文化和娱乐类、食品烟酒类、其他用品及服务类、衣着类、生活用品及服务类、交通和通信类、医疗保健类、居住类。从平均关联序计算结果来看,生育政策系统与城镇居民人均教育、文化和娱乐类消费之间的平均关联系数为 0.7915,这表明生育政策与城镇居民人均教育、文化和娱乐类消费之间的关联性最强,而与人均居住类消费的平均关联序最小为0.5284,表明生育政策与人均居住消费之间的关联度最为微弱。从反映生育政策的五大核心指标变量考察(图 7-3 所示),人口性别比和老年抚养比与城镇居民消费结构系统之间的关联度较强,均值分别为 0.6865 和 0.6800,其次分别为人口出生率、总和生育率及少儿抚养比,平均关联系数分别为 0.6656、0.6468 和 0.6257。

5.计算生育政策与城镇居民消费结构之间的耦合度,得出综合评价结果

根据参考数列与比较数列之间的关联序即生育政策主要变量指标与城镇居民消费结构之间关联序计算两个系统之间的耦合度,计算公式为:

$$D(t) = \frac{1}{p \times q} \sum_{i=1}^{p} \sum_{j=1}^{q} R_{ij}(t), \text{其中} D(t) \in [0,1] \qquad (7.9)$$

通过计算 2000—2016 年以来我国生育政策与城镇居民消费结构之间的耦合度结果可以看出,2000 年以来,生育政策与城镇居民消费结构之间的耦合度出现了较为明显的波动,并在波动中整体呈下降趋势。在此期间耦合度最高年份为 2003 年,耦合度为 0.7493,最低年份为 2012 年,为 0.5127。2000—2009 年期间生育政策与城镇居民消费结构耦合度处于高位平稳波动阶段,此阶段耦合度均值在 0.7 以上;2010—2012 年期间呈现较快速的下滑,耦合度从 2009 年的 0.6978 跌至 2012 年的 0.5127;2013 年以来,生育政策与城镇居民消费结构耦合度又重回 0.6 以上,2016 年其值为 0.6951,接近 0.7 的水平,随着 2014 年"单独二孩"、2015 年"全面二孩"政策的落地实施,生育政策调整与城镇居民消费结构的调整呈现较为一致的变动趋势。

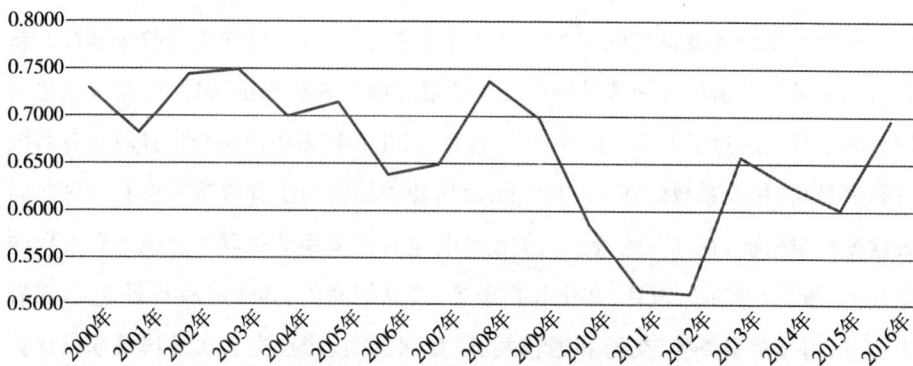

图 7-4 2000—2016 年生育政策与城镇居民消费结构之间的耦合度

7.1.3　城镇人口年龄结构变动与居民消费结构耦合度分析

进一步考察人口年龄结构与城镇居民消费结构之间的关联度，利用灰色关联度加以分析。参考数列仍为城镇居民消费结构（八大分类），即 $Y_j(t)$，比较数列为人口年龄结构，为了更好地反映各年龄阶段对居民消费的影响，本文将人口年龄以 5 岁组进行划分，共计分为 18 组，记为 $X_i(t)$，其中 $i \in [1,18]$。具体表示为：

$$\begin{cases} Y_j = \{Y_j(t) \mid = 1,2,\cdots,n; j = 1,2,\cdots,8\} \\ X_i = \{X_i(t) \mid t = 1,2,\cdots,n; i = 1,2,\cdots,18\} \end{cases} \tag{7.10}$$

本文选取 2000—2016 年 17 年的数据进行研究，利用均值法对两个系统数据进行无量纲化处理，并计算得到城镇 5 岁组人口年龄结构与城镇居民 8 大类消费支出结构之间的关联序矩阵 ζ_{ij}，即：

$$\zeta_{ij} = \begin{bmatrix} 0.41 & 0.94 & 0.88 & 0.80 & 0.87 & 0.89 & 0.84 & 0.71 \\ 0.42 & 0.91 & 0.84 & 0.78 & 0.81 & 0.90 & 0.89 & 0.69 \\ 0.44 & 0.85 & 0.76 & 0.73 & 0.75 & 0.87 & 0.90 & 0.65 \\ 0.47 & 0.74 & 0.69 & 0.65 & 0.70 & 0.83 & 0.80 & 0.58 \\ 0.51 & 0.68 & 0.74 & 0.60 & 0.66 & 0.75 & 0.76 & 0.55 \\ 0.54 & 0.64 & 0.73 & 0.57 & 0.61 & 0.71 & 0.71 & 0.52 \\ 0.54 & 0.62 & 0.67 & 0.55 & 0.60 & 0.68 & 0.67 & 0.50 \\ 0.56 & 0.59 & 0.65 & 0.53 & 0.58 & 0.65 & 0.63 & 0.49 \\ 0.55 & 0.62 & 0.71 & 0.55 & 0.59 & 0.67 & 0.67 & 0.50 \\ 0.51 & 0.68 & 0.75 & 0.60 & 0.65 & 0.75 & 0.75 & 0.54 \\ 0.46 & 0.78 & 0.79 & 0.67 & 0.74 & 0.83 & 0.84 & 0.60 \\ 0.43 & 0.88 & 0.82 & 0.77 & 0.83 & 0.95 & 0.84 & 0.68 \\ 0.40 & 0.91 & 0.84 & 0.86 & 0.90 & 0.88 & 0.80 & 0.75 \\ 0.38 & 0.88 & 0.77 & 0.94 & 0.92 & 0.79 & 0.79 & 0.83 \\ 0.37 & 0.80 & 0.72 & 0.95 & 0.87 & 0.73 & 0.76 & 0.90 \\ 0.35 & 0.74 & 0.67 & 0.87 & 0.79 & 0.68 & 0.70 & 0.97 \\ 0.34 & 0.69 & 0.63 & 0.80 & 0.74 & 0.64 & 0.66 & 0.93 \\ 0.34 & 0.67 & 0.61 & 0.77 & 0.71 & 0.62 & 0.63 & 0.88 \end{bmatrix} \tag{7.11}$$

进一步计算可得分年龄组与消费结构系统之间的平均关联度记为 p_i，以及各消费支出类别与人口年龄结构系统之间的平均关联度记为 Q_j。根据各因素间的关联程度强弱，对关联度的大小次序进行描述，根据计算所得数据进行排序，如下表所示。

表 7-2　各年龄组与消费结构系统之间平均关联度排序

排序	年龄组别	平均关联程度	排序	年龄组别	平均关联程度	排序	年龄组别	平均关联程度
1	60～64 岁	0.7919	7	10～14 岁	0.7435	13	45～49 岁	0.6536
2	0～4 岁	0.7911	8	75～79 岁	0.7210	14	85 岁＋	0.6519
3	65～69 岁	0.7882	9	50～54 岁	0.7139	15	25～29 岁	0.6288
4	5～9 岁	0.7800	10	15～19 岁	0.6842	16	40～44 岁	0.6090
5	55～59 岁	0.7724	11	80～84 岁	0.6771	17	30～34 岁	0.6059
6	70～74 岁	0.7613	12	20～24 岁	0.6562	18	35～39 岁	0.5851

表 7-3　各消费类别与人口年龄结构系统之间平均关联程度排序

排序	消费类别	平均关联程度	排序	消费类别	平均关联程度
1	交通和通信类	0.7664	5	居住类	0.7368
2	教育、文化和娱乐类	0.7577	6	生活用品及服务类	0.7216
3	衣着类	0.7574	7	其他用品及服务类	0.6817
4	医疗保健类	0.7395	8	食品烟酒类	0.4457

最后，计算得到人口年龄结构与城镇居民消费结构两个系统之间的耦合度，如图 7-5 所示。

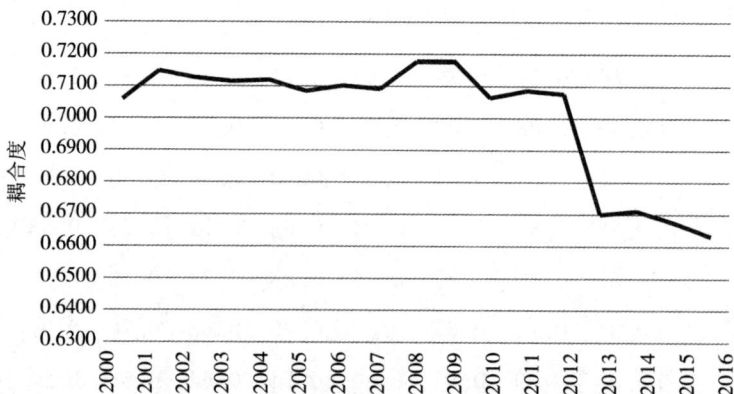

图 7-5　2000—2016 年人口年龄结构与城镇居民消费结构系统间的耦合度

7.2　生育政策对城镇居民消费结构的影响研究
——基于扩展的 AIDS 模型分析

7.2.1　有关消费结构研究理论模型介绍

国内外诸多学者对消费结构进行了大量的深入研究,并以此为基础形成了经典的理论模型,这些理论模型主要包括 LES(线性支出系统模型)、ELES(扩展线性支出系统模型)和 LAIDS(线性几乎理想需求系统模型)三种基本理论模型;LES 模型是由英国经济学家 R. Stone(1954)提出的,该模型以 John Maynard Keynes 有效需求理论为基础,具有较强的系统性,但存在储蓄—投资的悖论;在此基础上,经济学家 Luch(1973)对 LES 模型进行了修正和发展,形成了 ELES 模型,该模型以 L. R. Klein 和 H. Rubin 提出的效用函数为基础,并用可支配收入取代 LES 模型中的总消费支出,以边际消费倾向取代了商品的边际预算份额,在一定程度上弥补了 LES 模型存在的逻辑缺陷。1980 年 Angus Deaton 和 John Muell-bauer 创建了几乎理想需求系统模型即 AIDS 模型,该模型以恩格尔需求理论为基础,并引入了价格这一变量。AIDS 模型是经济学中分析消费者需求行为的重要的系统模型,许多研究消费结构的学者将这一模型引入居民消费结构研究领域,成为当前研究居民居民消费结构的主要模型之一。

7.2.2　几乎理想需求系统模型及其扩展

1. AIDS 模型

AIDS 模型的核心思想为在一定的价格水平和效用水平下,如何使得消费者以最小的支出达到既定的消费水平。该模型以联立方程为基础将各类消费品纳入一个统一的系统加以考察,认为消费者的各类消费需求是相互关联和相互制约而非独立的,并将需求看作消费支出与价格的函数,该模型具有显著的优点,即它可以一阶逼近任何一种需求系统。该模型假设消费者行为满足 PIGLOG(Price Independent Generalized Log)偏好假设即该模型支出函数为

PIGLOG 型,即其支出函数 E(u,p)满足以下方程式:

$$\log(E(u,p)) = (1-u)\log(e_{\min}(p)) + u\log(e_{\max}(p)) \qquad (7.12)$$

其中,$u \in [0,1]$表示效用水平的高低,$u=0$表示消费者满足基本生理需求时效用水平,$u=1$表示消费者达到最大满足状态时的效用水平。$e_{\min}(p)$表示消费者基本生理需求得以满足时所需的最小支出,此时 $u=0$ 且 $E(u,p) = e_{\min}(p)$;$e_{\max}(p)$表示消费者效用达到最大满足状态时所需的最小支出,此时 $u=1$ 且 $E(u,p) = e_{\max}(p)$,并且 $e_{\min}(p)$ 和 $e_{\max}(p)$ 满足齐次性和线性性。

$e_{\min}(p)$ 和 $e_{\max}(p)$ 满足以下形式:

$$\log(e_{\min}(p)) = \alpha_0 + \sum_{i=1}^{n} \alpha_i \log(p_i) + \frac{1}{2} \sum_{i=1}^{n} \sum_{j=1}^{n} r_{ij}{}^* \log(p_i)\log(p_j)$$

$$(7.13)$$

$$\log(e_{\max}(p)) = \log(e_{\min}(p)) + \beta_0 \prod_{i=1}^{n} p_i{}^{\beta_i} \qquad (7.14)$$

将式(7.13)和(7.14)代入(7.12)式得:

$$\log(E(u,p)) = \alpha_0 + \sum_{i=1}^{n} \alpha_i \log(p_i)$$
$$+ \frac{1}{2} \sum_{i=1}^{n} \sum_{j=1}^{n} r_{ij}^* \log(p_i)\log(p_j) + u\beta_0 \prod_{i=1}^{n} p_i{}^{\beta_i} \qquad (7.15)$$

上式(7.15)即为 AIDS 模型支出函数的一般形式,进一步对支出函数对商品 i 价格 p_i 求一阶偏导数可得消费者对 i 类消费品的最优需求量即:

$$Q_i^* = \frac{\partial \log(E(u,p))}{\partial p_i} \qquad (7.16)$$

将式(7.16)两边同时除以$\frac{E(u,p)}{p_i}$,可以得到 i 类消费品支出占总支出的比重 σ_i:

$$\sigma_i = \frac{p_i Q_i^*}{E(u,p)} = \frac{\partial \log(E(u,p))}{E(u,p)} \qquad (7.17)$$

支出函数(7.15)式对 i 类消费品价格的对数取偏导可得:

$$\frac{\partial \log(E(u,p))}{\partial \log p_i} = \sigma_i \alpha_i + \sum_{j=1}^{n} \left(\frac{r_{ij}^* + r_{ji}^*}{2} \right) \log p_j + u\beta_i \prod_{j=1}^{n} p_j^{\beta_j} \qquad (7.18)$$

若消费者实际消费所达到的效用水平为$u_r(p,E_r)$,E_r 为此效用水平下真实的预算支出,$E_r = E(u_r,p)$,将其代入式(7.8)可求得$u_r(p,E_r)$,代入(7.18)得:

$$\sigma_i = \alpha_i + \sum_{j=1}^{n} r_{ij} \log p_j + \beta_i \log\left(\frac{E_r}{P}\right) \tag{7.19}$$

其中，$r_{ij} = \dfrac{r_{ij}^* + r_{ji}^*}{2}$，式（7.19）中价格指数 P 在实际测算过程中具有较大的困难，在 AIDS 模型中一般情况下用其近似值来代替，本文选择 Stone 价格指数代替，Stone 价格指数可以通过以下计算得到：

$$\log P = \sum_{i=1}^{n} \sigma_i \log p_i \tag{7.20}$$

2. AIDS 模型的扩展

本文所研究的对象是生育政策对城镇居民消费结构的影响，因此本文将上述 AIDS 模型纳入了反映生育政策的主要指标变量即人口出生率、性别比、少儿抚养比及老年抚养比，同时还考虑到其他控制因素对城镇居民消费结构的影响，从而形成扩展线性几乎理想需求系统模型。

7.2.2　基于扩展 AIDS 模型的估计方法选择[①]

1. 模型估计方法的选择

在进行多方程估计过程中，若各方程间存在某种联系，将这些方程进行联合估计即系统估计有助于提高估计的效率。该方法存在的较为明显的缺点是，若某个方程的误差较大，则系统会将这一误差代入其他方程中，进而污染整个方程系统。因此，在进行估计时选择单一方程估计还是系统估计，需要在"有效性"和"稳健性"之间进行权衡。

多方程系统主要分为两类即"联立方程组（Simultaneous Equations）"和"近似不相关回归（Seemingly Unrelated Regression Estimation 记为 SUR 或者 SURE）"。联立方程组表示不同方程之间的变量存在内在的联系，一个方程的解释变量是另一个方程的被解释变量；而近似不相关回归则表示各方程的变量之间不存在内在联系，但各方程的扰动项之间存在相关性。

从本文的研究对象来看，城镇居民八大类消费方程的变量相互之间不存在内在的联系，但是由于同一消费者的一些不可观测因素会同时影响八类消费品

---

① 陈强. 高级计量经济学及 STata 应用（第二版）[M]. 北京:高等教育出版社,2014,468-473.

的消费情况,因此,八个方程的扰动项之间理论上存在相关性,因此将此八个方程同时进行联合估计即系统估计将会提高估计效率。基于以上分析,本研究将选择近似不相关回归(SUR)进行方程的估计。

2. 近似不相关回归(SUR)方程假定

本文将近似不相关回归模型设定如下:模型共有 n 个方程,每个方程观测值为 $N,N > n$。在第 i 个方程中,共有 K_i 个解释变量。第 i 个方程可以写为:

$$\underset{T \times 1}{y_i} = \underset{T \times K_i}{X_i} \underset{K_i \times 1}{\beta_i} + \underset{T \times 1}{\varepsilon_i}, \text{其中},i \in [1,n] \tag{7.21}$$

将 n 个方程叠放在一起可得到如下矩阵:

$$y \equiv \begin{pmatrix} y_1 \\ y_2 \\ \vdots \\ y_n \end{pmatrix} = \begin{pmatrix} X_1 & 0 & \cdots & 0 \\ 0 & X_2 & \cdots & 0 \\ \vdots & \vdots & & \vdots \\ 0 & 0 & \cdots & X_n \end{pmatrix} \begin{pmatrix} \beta_1 \\ \beta_2 \\ \vdots \\ \beta_n \end{pmatrix} + \begin{pmatrix} \varepsilon_1 \\ \varepsilon_2 \\ \vdots \\ \varepsilon_n \end{pmatrix} \equiv X\beta + \varepsilon \tag{7.22}$$

$$\underset{nT \times 1}{} \qquad \underset{nT \times \sum\limits_{i=1}^{n} K_i}{} \quad \underset{\sum\limits_{i=1}^{n} K_i \times 1}{} \quad \underset{nT \times 1}{}$$

此时,随机扰动项 ε 的协方差矩阵为:

$$\Omega \equiv \mathrm{Var} \begin{pmatrix} \varepsilon_1 \\ \varepsilon_2 \\ \vdots \\ \varepsilon_n \end{pmatrix} = E \begin{pmatrix} \varepsilon_1 \\ \varepsilon_2 \\ \vdots \\ \varepsilon_n \end{pmatrix} (\varepsilon_1' \quad \varepsilon_2' \quad \cdots \quad \varepsilon_n') = E \begin{pmatrix} \varepsilon_1\varepsilon_1' & \varepsilon_1\varepsilon_2' & \cdots & \varepsilon_1\varepsilon_n' \\ \varepsilon_2\varepsilon_1' & \varepsilon_2\varepsilon_2' & \cdots & \varepsilon_2\varepsilon_n' \\ \vdots & \vdots & & \vdots \\ \varepsilon_n\varepsilon_1' & \varepsilon_n\varepsilon_2' & \cdots & \varepsilon_n\varepsilon_n' \end{pmatrix}_{nT \times nT}$$

$$\tag{7.23}$$

假设同一方程不同期的扰动项不存在自相关,且方差也相同,记第 i 个方程的方差为 σ_{ii},则协方差矩阵 Ω 中主对角线的第 (i,i) 个矩阵为 $E(\varepsilon_i\varepsilon_i') = \sigma_{ii}I_T$。假设不同方程的扰动项之间存在同期相关即 $E(\varepsilon_{it}\varepsilon_{js}) = \begin{cases} \sigma_{ij}, & t=s \\ 0, & t \neq s \end{cases}$,则协方差矩阵 Ω 中的第 (i,j) 个矩阵 $(i \neq j)$ 为 $E(\varepsilon_i\varepsilon_j') = \sigma_{ij}I_T$。综合以上结果可以将协方差矩阵 Ω 改写为:

$$\Omega = \begin{pmatrix} \sigma_{11}I_T & \sigma_{12}I_T & \cdots & \sigma_{1n}I_T \\ \sigma_{21}I_T & \sigma_{22}I_T & \cdots & \sigma_{2n}I_T \\ \vdots & \vdots & & \vdots \\ \sigma_{n1}I_T & \sigma_{n2}I_T & \cdots & \sigma_{nn}I_T \end{pmatrix} \tag{7.24}$$

通过矩阵的"克罗内克尔乘积(Kronecker product)"(叉乘符号表示为$\otimes$),可以将随机扰动项ε的协方差矩阵简化为:

$$\Omega = \begin{pmatrix} \sigma_{11} & \sigma_{12} & \cdots & \sigma_{1n} \\ \sigma_{21} & \sigma_{22} & \cdots & \sigma_{2n} \\ \vdots & \vdots & & \vdots \\ \sigma_{n1} & \sigma_{n2} & \cdots & \sigma_{nn} \end{pmatrix} \otimes I_T \equiv \sum \otimes I_T \qquad (7.25)$$

其中$\sum = \begin{pmatrix} \sigma_{11} & \sigma_{12} & \cdots & \sigma_{1n} \\ \sigma_{21} & \sigma_{22} & \cdots & \sigma_{2n} \\ \vdots & \vdots & & \vdots \\ \sigma_{n1} & \sigma_{n2} & \cdots & \sigma_{nn} \end{pmatrix}$表示同期协方差矩阵,$\Omega$的逆矩阵可以写为$\Omega^{-1}$

$= \sum^{-1} \otimes I_T$。

3. 近似不相关回归方程的 FGLS 估计

由于Ω不是单位矩阵,各方程的扰动项之间存在相关性,因而 OLS 估计方法不是最有效的,当Ω已知时,GLS 是最有效的估计方法,并且扰动项之间的相关性越强,GLS 估计方法带来的效率改进就越大:

$$\hat{\beta}_{\text{GLS}} = (X'\Omega^{-1}X)^{-1}X'\Omega^{-1}y = [X'(\sum{}^{-1} \otimes I_T)X]^{-1}X'(\sum{}^{-1} \otimes I_T)y \qquad (7.26)$$

由于现实中Ω一般是未知的,首先应对Ω进行估计,得到$\hat{\Omega}$,然后再对方程系统进行 FGLS 估计。由于对每个方程进行 OLS 回归是一致的,因此可以使用单一方程 OLS 的残差来一致的估计σ_{ij}。假设第i个方程的 OLS 残差向量为e_i,则σ_{ij}的一致估计量为:

$$\sigma_{ij} = \frac{1}{T}e'_i e_j = \frac{1}{T}\sum_{t=1}^{n} e_{it}e_{jt},\text{因此},\hat{\Omega} = \begin{pmatrix} \hat{\sigma}_{11} & \hat{\sigma}_{12} & \cdots & \hat{\sigma}_{1n} \\ \hat{\sigma}_{21} & \hat{\sigma}_{22} & \cdots & \hat{\sigma}_{2n} \\ \vdots & \vdots & & \vdots \\ \hat{\sigma}_{n1} & \hat{\sigma}_{n2} & \cdots & \hat{\sigma}_{nn} \end{pmatrix} \otimes I_T \quad (7.27)$$

将式(7.27)代入(7.26)可以得到"近似不相关估计量"(Zellner,1962)即:

$$\hat{\beta}_{\text{SUR}} = (X'\hat{\Omega}^{-1}X)^{-1}X'\hat{\Omega}^{-1}y \qquad (7.28)$$

使用 FGLS 后得到新的残差,可以再一次计算$\hat{\Omega}$,不断迭代直至系数估计值$\hat{\beta}_{\text{SUR}}$收敛。

4.计量模型设定及数据来源

$$e_i = \text{cons}_0 + \alpha_i \sum_{j=1}^{n} \ln p_j + \beta_i \ln \frac{C}{P} + \gamma_i Z + \varepsilon_i$$

本部分所使用的城镇居民消费结构面板数据来源于 2002－2017 年《中国统计年鉴》,其他变量数据来源同前文。各类价格指数由于 31 个地区没有统一进行城乡划分,本研究统一选择不区分城乡的价格指数。由于统计数据中没有对其他用品及服务类消费价格指数进行单独统计,本文根据总价格指数和其他七类消费价格指数进行加权计算,得出该类消费的价格指数,并以 1998 年为基期即 1998 年各类价格指数为 100 进行折算并进行对数化处理。P 为 Stone 价格指数,C 为消费总支出,Z 为反映生育政策的指标变量与其他控制变量集合,p_j 为第 j 类消费品价格指数。各变量描述性统计如表 7-4 所示。

表 7-4　各统计变量的描述性统计

变量名称	英文表示	Obs	Mean	Std. Dev.	Min	Max
食品消费占比	e1	465	35.9011	4.8874	21.09	51.21
衣着消费占比	e2	465	10.3462	2.4902	4.49	16.25
居住消费占比	e3	465	12.1161	4.8503	5.80	33.16
家庭设备及用品消费占比	e4	465	6.2280	1.0686	3.41	12.50
医疗保健消费占比	e5	465	7.8258	2.5295	3.01	15.24
交通和通信消费占比	e6	465	12.5011	2.4845	4.09	20.69
文教娱乐服务消费占比	e7	465	11.5914	2.8709	4.45	17.66
其他消费支出占比	e8	465	3.4409	0.8156	1.66	6.03
食品消费价格指数对数	Lnp1	465	4.9665	0.2832	4.48	5.48
衣着消费价格指数对数	Lnp2	465	4.4799	0.1471	3.87	4.95
居住消费价格指数对数	Lnp3	465	4.9449	0.1592	4.62	5.45
家庭设备及用品消费价格指数对数	Lnp4	465	4.5325	0.0757	4.35	4.80
医疗保健消费占比	Lnp5	465	4.7097	0.1426	4.44	5.15
交通和通信消费价格指数对数	Lnp6	465	4.3881	0.1105	4.01	4.65
文教娱乐服务消费价格指数对数	Lnp7	465	4.6509	0.1170	4.37	5.03

变量名称	英文表示	Obs	Mean	Std. Dev.	Min	Max
其他消费价格指数对数	Lnp8	465	5.1364	0.5861	2.64	6.34
总消费与价格指数之比对数	Ln(C/P)	465	4.5790	0.3826	3.77	5.65
人口出生率	bir	465	11.4414	2.8858	4.85	18.83
城镇少儿抚养比	ydr	465	20.7637	5.1769	9.34	41.83
城镇老年抚养比	odr	465	11.4127	2.3584	4.27	22.54
城镇性别比(女性=100)	sex	465	102.3751	4.9998	82.04	127.00
城镇居民人均可支配收入对数	Lni	465	9.6570	0.5210	8.69	10.96
利率	r	465	0.1409	2.8858	4.85	18.83

根据 AIDS 模型的理论设定,考虑在理论层面上各类消费方程扰动项之间可能存在相关性,因此,本研究运用 STATA 14.0 软件对各消费方程进行 SUR 估计,并利用选择项"corr"汇报对各方程扰动项之间"同期无相关"的检验结果,如表 7-5 最后一行所示,八大类消费方程扰动项之间"同期无相关"的检验 Pr=0.000,因此在 1‰的显著水平下拒绝各方程扰动项相互之间不相关的原假设,即各消费方程扰动项之间是相关的,因此说明本文选择 SUR 估计方法能够提高方程估计的效率。进一步利用迭代式 SUR 进行方程估计,估计结果如表 7-6 所示。

表 7-5　八大类消费方程随机扰动项之间相关性检验结果

	e1	e2	e3	e4	e5	e6	e7	e8
e1	1.0000							
e2	−0.1254	1.0000						
e3	−0.5380	−0.4163	1.0000					
e4	−0.0418	0.0322	−0.2485	1.0000				
e5	−0.3301	−0.1084	0.2633	0.1356	1.0000			
e6	0.0007	0.0631	−0.4456	−0.0562	−0.3024	1.0000		
e7	−0.1795	0.0290	−0.1908	−0.0660	−0.5953	0.2096	1.0000	
e8	0.2144	0.4195	−0.5457	0.1570	−0.1112	0.0798	−0.0025	1.0000
Breusch-Pagan test of independence:chi2(1) = 968.983,Pr = 0.0000								

7.2.3 基于扩展 AIDS 模型的估计结果分析

基于扩展 AIDS 模型的城镇居民消费结构方程迭代 SUR 估计结果如表(7-6)所示。本文主要关注反映生育政策的主要变量对城镇居民消费结构的影响,因此下文将分析人口出生率、城镇少儿抚养比、城镇老年抚养比和城镇性别比对城镇居民八大类消费的影响,从估计结果可以得出,各核心解释变量对各类消费的影响程度及显著性存在明显的差异。

表 7-6　生育政策与城镇居民消费迭代 SUR_i 估计结果

	e1	e2	e3	e4	e5	e6	e7	e8
Lnp1	−4.5343**	5.1429***	−1.6667	1.6199***	0.6920	−2.2995*	−1.6498	0.1209
	(−2.12)	(4.62)	(−0.68)	(2.69)	(0.49)	(−1.89)	(−1.13)	(0.27)
Lnp2	−6.3313***	−2.1349***	5.8072***	−0.8543**	3.7088***	−1.1033	0.3280	0.2502
	(−4.87)	(−3.16)	(3.92)	(−2.33)	(4.33)	(−1.49)	(0.37)	(0.92)
Lnp3	−4.6269**	4.3100***	8.1181***	−3.0010***	2.9101*	−3.3040**	−4.5468***	−0.1977
	(−1.99)	(3.56)	(3.07)	(−4.60)	(1.90)	(−2.50)	(−2.86)	(−0.41)
Lnp4	11.7066***	−1.2352	5.4520	−3.7461***	−3.1632	2.2104	−12.7711***	0.7870
	(3.68)	(−0.75)	(1.51)	(−4.19)	(−1.51)	(1.22)	(−5.88)	(1.19)
Lnp5	−8.0038***	−2.3711***	−1.3765	1.3370***	4.6703***	3.0422***	3.6320***	−0.7829**
	(−5.12)	(−2.92)	(−0.77)	(3.04)	(4.54)	(3.43)	(3.41)	(−2.40)
Lnp6	3.1958*	5.3935***	−3.7232*	1.3674***	−2.7134**	−2.4478**	−2.7823*	0.9931***
	(1.75)	(5.67)	(−1.79)	(2.66)	(−2.27)	(−2.36)	(−2.23)	(2.60)
Lnp7	−4.4070***	1.3707*	0.4169	1.1937***	4.3515***	0.3827	−2.0962*	−1.0995***
	(−2.78)	(1.66)	(0.23)	(2.68)	(4.17)	(0.43)	(−1.94)	(−3.08)
Lnp8	−3.5907***	0.9717***	−0.0299	0.6304***	0.4904**	0.0888	1.1511***	0.2108***
	(−10.95)	(5.70)	(−0.08)	(6.83)	(2.27)	(0.48)	(5.14)	(3.08)
Ln(C/P)	−0.7737	−3.3642***	−1.3530	−1.7220***	−2.3750*	4.8292***	−1.2684	0.3589
	(−0.39)	(−3.26)	(−0.60)	(−3.09)	(−1.82)	(4.29)	(−0.94)	(0.87)
bir	0.6189***	−0.0473	−0.3241***	0.0214	−0.2751***	0.1592**	−0.1582**	0.0450**
	(6.10)	(−0.90)	(−2.81)	(−0.75)	(−4.11)	(2.76)	(−2.28)	(2.12)
ydr	−0.2036***	−0.1336***	0.3666***	0.0379**	0.0282	−0.0379	0.0020	−0.0805***
	(−3.34)	(−4.22)	(5.29)	(2.21)	(0.70)	(−1.10)	(0.05)	(−6.32)
odr	0.0094	−0.2258***	0.4699***	0.0198	0.1553***	−0.3068***	−0.0620	−0.0763***
	(0.12)	(−5.37)	(5.11)	(0.87)	(2.91)	(−6.68)	(−1.12)	(−4.52)
sex	−0.0091	−0.1001***	0.0982**	0.0213**	−0.0033	−0.0510**	0.0750***	−0.0321***
	(−0.12)	(−5.46)	(2.45)	(2.15)	(−0.14)	(−2.55)	(3.11)	(−4.36)

	e1	e2	e3	e4	e5	e6	e7	e8
Lni	−0.5752	−2.3525**	5.3652**	1.7297***	0.2828	0.2155	1.0672	−0.5782
	(−0.29)	(−2.31)	(2.41)	(3.13)	(0.22)	(0.19)	(0.80)	(−1.41)
r	−0.4683***	−0.0400	0.3413***	0.0325	0.0601	−0.0523	0.0777	−0.0331
	(−4.61)	(0.76)	(2.95)	(1.14)	(0.90)	(−0.91)	(1.12)	(−1.56)
_cons	126.3469***	9.0588	−114.4342***	1.0123	−35.7813***	12.8709	87.9085***	11.7526***
	(7.17)	(0.99)	(−5.71)	(0.20)	(−3.08)	(1.29)	(7.31)	(3.19)
R^2	0.5494	0.5309	0.4080	0.2535	0.2706	0.4388	0.3912	0.2944

注：括号中的数值表示 t 值，*** 表示在 1% 水平上显著，** 表示在 5% 水平上显著，* 表示在 10% 水平上显著。

1. 人口出生率与城镇居民消费结构

人口出生率对城镇居民人均食品烟酒消费，人均居住消费，人均交通和通信消费，人均教育、文化和娱乐消费支出的影响显著性最强，在 1% 的水平下显著；对人均医疗保健消费和其他用品及服务消费的影响在 5% 的水平下显著；对人均衣着消费和生活用品及服务消费影响不显著。在影响显著的六类消费中，从相关系数来看，人口出生率对食品烟酒类消费占比，教育、文化和娱乐消费占比，其他用品及服务消费支出具有正向影响，其相关系数分别为：0.6189、0.1592、0.0450；人口出生率对人均居住消费占比、人均交通和通信消费占比、人均医疗保健消费支出具有负向影响，其相关系数分别为：−0.3241、−0.2751、−0.1582。

人口出生率对食品类和教育、文化和娱乐类消费具有显著正向影响，对居住类、交通和通信类和医疗保健类消费具有显著负向影响，对衣着类和生活用品及服务类消费影响并不显著；这是因为人口出生率增加意味着新出生人口的增加，为保证产妇的营养健康，鸡鸭鱼肉、各类蔬果和滋补汤水及各类进补保健药品的支出增加，同时新生儿奶粉等方面支出均带来家庭食品类开支增长；新生儿出生后家庭用于婴儿抚触、游泳、启蒙玩具等各类早教支出提高了文教娱乐类消费支出占；婴儿出生后，家庭成员尤其是照顾婴幼儿及产妇的人员减少了外出机会，引致交通通信费用下降；新生儿出生后尤其是母乳喂养阶段免疫力较好，同时在这一时期家庭成员因家中有幼儿也格外注重个人健康再加上饮食营养更丰富，家庭成员患病概率下降导致医疗保健类消费下降；在城镇地区，月子会所等高端私人母婴护理中心日渐增加,新生儿刚出生的一段时期内母婴并不住在家中,因此家庭居住类消费支出出现了下降;新生儿对服装和其他家庭用品没有特别需求,因而对这两类支出影响不明显。

2.少儿抚养比与城镇居民消费结构

少儿抚养比对城镇居民人均食品烟酒消费、人均衣着消费、人均居住消费、其他用品及服务消费支出的影响显著性最强,在1%的水平下显著;对人均生活用品及服务消费支出的影响在5%的水平下显著;对人均交通和通信消费,人均教育、文化和娱乐消费,人均医疗保健消费支出的影响不显著。在影响显著的五类消费中,从相关系数来看,少儿抚养比对人均居住消费、人均生活用品及服务消费占比具有正向影响,其相关系数分别为:0.3666 和 0.0379;少儿抚养比对人均食品烟酒类消费、人均衣着消费、其他用品及服务消费占比具有负向影响,其相关系数分别为:−0.2036、−0.1336、−0.0805。

少儿抚养比对居住类和生活用品及服务类消费有显著正向影响,对食品类和衣着类消费具有显著负向影响,对交通和通信类,教育、文化和娱乐类,医疗保健类消费影响并不显著。一方面,在当前托幼公共服务并不健全的前提下,子女照料主要由隔代照料来实现。少儿抚养比增加,意味着家庭"三代同堂"居住模式的出现,家庭对改善型住房出现"刚性"需求,居住类消费开支增加,同时家庭规模扩大,生活类用品及服务类消费支出占比也出现增长;另一方面,家庭消费结构中食品类、衣着类等基本生活需求消费占比主要受到家庭收入水平、物价水平等影响,同时家庭中有少儿人口有效减少了家庭外出聚会就餐的机会,从而使得食品类消费支出下降,再加上儿童对服装没有较高的要求,母亲因为抚养负担加重也会减少对服装的购置,因此服装类消费支出也出现下降;从理论分析,可知少儿抚养比与文教娱乐类消费具有正向关性,但一方面由于高房价和通货膨胀的存在挤压了文教娱乐类消费,同时,由于少儿抚养比考察的少儿年龄处于0~14岁,而处于6~14岁的儿童接受的是义务教育,因此,得到了少儿抚养比对文教娱乐类消费支出影响并不显著这一结论。

3.老年抚养比与城镇居民消费结构

老年抚养比对城镇居民人均衣着消费,人均居住消费,人均交通和通信消费,人均教育、文化和娱乐消费,其他用品及服务消费支出占比均表现出较强的影响,在 1% 的水平下显著;老年抚养比对人均食品烟酒类消费、人均生活用品及服务消费、人均医疗保健消费支出的影响并不显著。在影响显著的五类消费中,从相关系数来看,老年抚养比对人均居住消费、人均交通和通信消费占比具有正向影响,其相关系数分别为:0.4699 和 0.1553;老年抚养比对人均衣着消费,人均教育、文化和娱乐消费,人均其他用品及服务消费占比具有负向影响,其相关系数分别为:-0.2258、-0.3068、-0.0763。

随着老年抚养比不断提高,城镇居民消费结构中居住类、交通和通信类消费占比不断提高,而衣着类和教育、文化和娱乐类消费支出会被抑制,对食品类、生活用品及服务类和医疗保健类消费支出影响并不显著。居住类消费是指与住房相关的诸如水电煤气费、维修费等,老年人在家中时间远高于年轻人,因而此类消费支出比重明显增长;城镇地区中,老年人多数不与子女同住,甚至子女远在外地,双方之间的沟通主要通过网络、电话等方式,再加上当前网络使用的范围越来越广泛,老年人跟随时代的步伐也纷纷加入其中,从而交通和通信类消费支出比重也出现了增加;衣着类消费和文教娱乐类消费支出下降是由老年人的消费习惯和生活方式所决定的。一般而言,老年抚养比增长会导致医疗保健类消费支出增长,本研究结论显示,老年抚养比对此类消费支出比重影响不显著,可能的原因为退休后老年人更加注重身体锻炼,如广场舞、太极、健步走等运动方式成为大多数城市老年人健身的主要方式,在国家全民健身的倡导下,免费的公园、健身步道、免费的运动设施越来越多,老年人身体健康状况在不断改善,预期寿命不断延长,因而导致其对医疗保健类消费支出占比影响并不显著。城镇地区老年人多数有退休工资,退休后经济状况并未受到太大的影响,因此其对食品类,生活用品及服务类消费支出的影响也并不明显。

4.性别比与城镇居民消费结构

性别比对城镇居民人均衣着消费、人均医疗保健消费、人均其他用品及服务支出的影响显著性最强,在 1% 的水平下显著;对人均居住消费,人均生活用品及服务消费,教育、文化和娱乐消费支出的影响在 5% 水平下显著;对人均食品烟酒类消费、人均交通和通信消费支出的影响不显著。在影响显著的六类消费中,从相关系数来看,性别比对居住消费占比、生活用品及服务消费占比、医疗保健消费占比具有正向影响,其相关系数分别为:0.0982、0.0213、0.0750;性别比对人均衣着消费占比,人均教育、文化和娱乐消费占比,人均其他用品及服务消费占比具有负向影响,其相关系数分别为:-0.1001、-0.0510、-0.0321。

人口性别比对食品类、交通和通信类消费支出影响不显著,人口性别比失衡将使居住、生活用品及服务、医疗保健三类消费在城镇居民消费结构中的比重增加,而同时却抑制衣着和教育、文化和娱乐类消费在居民消费结构支出中的比重。这一结论与前文理论分析基本一致,性别比失衡意味着男性人口占比提高,从性别消费差异角度分析,在家庭消费中衣着类和文教娱乐类消费占主导和支配地位的是女性而非男性,性别比提高将抑制这两类消费支出的占比;从健康和预期寿命来看,随着年龄的增长,男性健康状况不如女性,男性预期寿命也短于女性,男性人口占比越大,用于医疗保健类消费支出比重也会增加;从婚姻挤压角度分析,性别比失衡导致婚姻市场竞争加剧,为提高其竞争力有男孩的家庭将增加居住类消费支出,从而使得居住类消费支出占比增长。同时由于竞争性储蓄动机存在,也会进一步抑制文教娱乐类、交通和通信类等消费的支出。

7.3　本章小结

首先,本章利用灰色关联度分析方法计算出生育政策系统与城镇居民消费结构系统之间的耦合度。通过计算结果可知,反映生育政策系统的核心指标变量与城镇居民消费结构中各类消费之间存在较强的关联性,各变量之间的关联系数均超过了0.5,其中教育、文化和娱乐类消费与生育政策各系统指标变量的关联度最高,相关系数均在0.73以上,生育政策与城镇居民人均教育、文化和娱乐类消费之间的关联系数在0.79以上,这一结果表明生育政策与城镇居民人均教育、文化和娱乐类消费之间具有很强的关联性。通过测算2000—2016年以来生育政策与城镇居民消费结构两大系统之间的耦合度,结果表明2000年以来,生育政策与城镇居民消费结构之间的耦合度出现了较为明显的波动,并在波动中整体呈下降趋势,随着2014年以来"二孩政策"的落地实施,生育政策调整与城镇居民消费结构的调整呈现较为一致的变动趋势。进一步测算人口年龄结构与城镇居民消费结构之间的关联度,结果表明 0~4 年龄段人口与城镇居民消费结构具有较强的关联性,关联系数为 0.7911。

其次,基于扩展的 AIDS 模型研究生育政策对城镇居民消费结构的影响。本文在 AIDS 模型纳入了反映生育政策的主要指标变量即人口出生率、性别比、少儿抚养比及老年抚养比,同时还考虑到其他控制因素对城镇居民消费结构的影响,从而形成扩展 AIDS 模型,并选择近似不相关回归(SUR)进行方程的估计。估计结果表明,各核心解释变量对各类消费的影响程度及显著性存在明显的差异。随着人口出生率的提高,一方面能有效提高城镇居民消费结构中食品消费,教育、文化和娱乐类消费,其他用品及服务消费支出占比,另一方面却显著抑制了居住消费、交通和通信消费、医疗保健消费支出的比重;随着少儿抚养比不断提高,城镇居民消费结构中居住消费、生活用品及服务消费将不断提高,而食品烟酒类消费、衣着消费、其他用品及服务消费支出将会被抑制;随着老年抚养比不断提高,城镇居民消费结构中居住消费、交通和通信消费支出将不断提高,衣着消费,教育、文化和娱乐消费,其他用品及服务消费支出会被抑制;人口性别比失衡将使居住、生活用品及服务、医疗保健三类消费在城镇居民消费结构中的比重增加,而同时却抑制衣着,教育、文化和娱乐,其他用品及服务三类消费在居民消费结构支出中的比重。

第八章 生育政策调整对城镇居民消费影响的计量分析
——基于2016CFPS数据

8.1 中国家庭追踪调查(CFPS)

8.1.1 中国家庭追踪调查(CFPS)概述

中国家庭追踪调查(China Family Panel Studies,CFPS)CFPS 由北京大学中国社会科学调查中心(ISSS)实施。旨在通过跟踪收集个体、家庭、社区三个层次的数据,反映中国社会、经济、人口、教育和健康的变迁,为学术研究和公共政策分析提供数据基础。CFPS 重点关注中国居民的经济与非经济福利,以及包括经济活动、教育成果、家庭关系与家庭动态、人口迁移、健康等在内的诸多研究主题,是一项全国性、大规模、多学科的社会跟踪调查项目。CFPS 样本覆盖 25 个省/市/自治区,目标样本规模为 16000 户,调查对象包含样本家户中的全部家庭成员。CFPS 在 2008、2009 两年在北京、上海、广东三地分别开展了初访与追访的测试调查,并于 2010 年正式开展访问。经 2010 年基线调查,将界定出来的所有基线家庭成员及其今后的血缘/领养子女将作为 CFPS 的基因成员,成为永久追踪对象。CFPS 调查问卷共有社区问卷、家庭问卷、成人问卷和少儿问卷四种主体问卷类型,并在此基础上不断发展出针对不同性质家庭成员的长问卷、短问卷、代答问卷、电访问卷等多种问卷类型。为了尽可能满足多样化的设计需求,提高访问效率,保证数据质量,在北京大学和国家自然基金委资助下项目采用计算机辅助调查技术开展访问。

8.1.2　数据筛选

居民消费最基本的单元为家庭消费,本部分从微观家庭层面入手研究2014年以来人口政策调整对城镇居民家庭消费及消费结构的影响,研究数据选取中国家庭追踪调查(China Family Panel Studies,CFPS)于2016年所开展的第3轮追踪调查所搜集的个体、家庭数据。选择户主或其配偶中至少一方于1970至1995年之间出生的家庭数据,剔除存在以下几种情况的样本数据:①婚姻状态为未婚的样本;②婚姻状态不明确且无子女的样本;③乡村及城乡信息不明确的样本;④存在数据缺失的样本。共得到有效样本量为2911,其中2014年及以后家庭有第二个孩子出生的样本量为222,占总体样本量的7.63%。按照四类不同收入分组,各收入分位数总样本量及其占总体样本的比重和2014年及以后家庭有二孩出生样本量及其占该收入分位数的比重如图8-1所示。

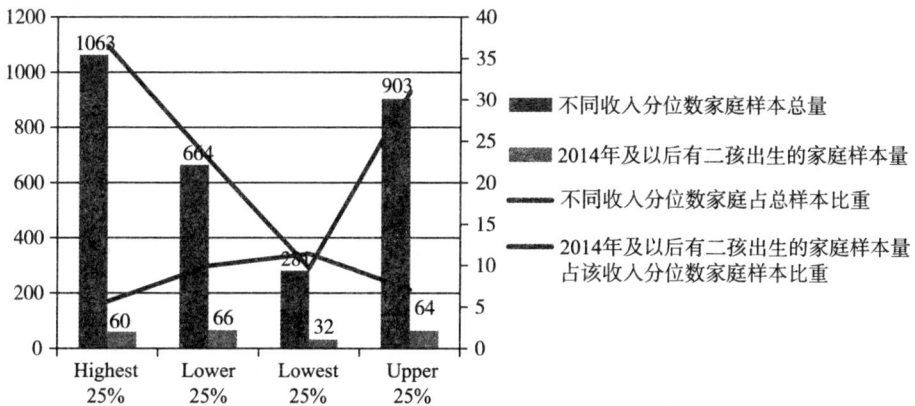

图8-1　不同收入群组样本基本分析

8.1.3　家庭追踪调查消费支出主要项目

中国家庭追踪调查(CFPS2016)数据中家庭总支出表示为过去一周、一个月或者12个月中各项消费支出费用,这些支出包括消费性支出、转移性支出、房贷支出、福利性支出。其中家庭消费支出为家庭总支出的主要组成部分。本文家庭消费率(cr)定义为家庭消费支出(pce)占家庭总支出(expense)的比重即cr＝(pec/expense)×100%。根据追踪调查数据将各项消费支出进行调整得到调整后的家庭居民消费支出加总,同时得到家庭消费支出八大类型分别为:调整后的食品支出(food)、衣着鞋帽支出(dress)、调整后的家庭设备及日用品支出(daily)、文教娱乐支出(eec)、调整后的居住支出(house)、医疗保健支出(med)、调整后的交通通信支出(trco)和其他消费性支出(other)。通过对家庭日常消费支出中各项分类消费支出的统计和描述反映了家庭消费的多样性、差异性和层次性。按照现行国家统计局对城乡居民生活消费支出分类标准,居民消费支出结构由食品烟酒消费支出,衣着消费支出,居住消费支出,生活用品及服务消费支出,交通和通信消费支出,教育、文化和娱乐消费支出,医疗保健消费支出,其他用品及服务消费支出共计八大类构成。由此可知,中国家庭追踪调查(CFPS2016)有关各项消费支出指标与国家统计局所采用的分类标准口径基本一致。

在中国家庭追踪调查(CFPS2016)中,食品消费支出既包括一般食物支出如伙食费,外出就餐费用,购买零食、饮料、烟酒等支出,也包括油脂、色素、调味品等在内的其他支出,即该项支出包括家庭用一切食品购买的费用支出;衣着鞋帽支出泛指身上的穿戴,还包括裤袜、手套、围巾等消费支出;家庭设备及日用品支出是指家庭用于购买汽车,购买维修其他各种交通工具(不含汽车)如自行车、电动自行车等,通信工具(如手机)及相关配件所产生的费用以及维修费用,购买及维修家具、电器及其他耐用消费品①如电脑、家电、首饰、古董、高档乐器等费用支出,以及购买日用品如洗衣粉、香皂、肥皂、牙膏、牙刷等费用支出;文教娱乐支出包括购家庭教育支出②以及买书报杂志、看电影看戏、旅游③产生的交通费、食宿费、景点门票等费用支出;居住支出是指与家庭用房有关的所有支出,包括房租、住房维修和装修、物业费、取暖费、生活用水、生活用电、生活燃料、自有住房折算租金等相关费用支出;医疗保健支出包括医疗支出④、保健支出如健身锻炼及购买相关产品器械、保健品等费用支出的总和,如户主及家庭

---

① 耐用消费品是指单位价格在1000元以上,自然使用寿命在两年以上的产品。
② 教育支出是所有和教育相关的支出,如择校费、学杂费、培训费、参加课外辅导班的费用、购买教辅材料费用等。
③ 旅游包括本地景点的旅游、参观、度假。
④ 医疗支出不包括已经报销的和预计可以报销的费用,不包括已经报销的费用,但包括亲友借给或支付的部分。

成员看病、手术、住院等产生的挂号费、诊疗费、手术费、床位费等以及为了保健
所购买健身课程、器械、保健品等产生的相关费用;交通通信支出包括邮电通讯
费如邮寄、手机、电话、上网等费用和交通费如公交车费、汽车和摩托车油费及
养护费用等;其他消费性支出是指无法归入上述七类支出的其他消费品和服务
所需的费用。

表 8-1　中国家庭追踪调查(CFPS2016)家庭消费支出涵盖的主要项目

序号	消费类别	涵盖项目内容
1	食品消费	家庭消费的食品以及自己生产并消费的农产品
2	衣着鞋帽	服饰及其配件如围巾、手套、袜子等
3	家庭设备及日用品	购买汽车、购买除汽车外的其他交通工具及维修、购买办公类电器、购买家具及其他耐用消费品、日用品支出等
4	居住	房租、水电费、生活用燃料费、取暖费、物业费、维修费、装修费等
5	文教娱乐	教育支出、文化娱乐支出、旅游支出等
6	医疗保健	直接支付的医疗费用、保健及健身费用等
7	交通通信	邮电通信费、本地交通费
8	其他消费性支出	其他消费品和服务所需的费用

8.2　变量统计分析与计量模型建立

8.2.1　变量描述性统计

本研究数据为截面数据,来自 CFPS2016 数据库,被解释变量分别选取家
庭消费率 cr,以及反映家庭消费结构变动的八大类消费支出即调整后的食品支
出(food)、衣着鞋帽支出(dress)、调整后的家庭设备及日用品支出(daily)、文教
娱乐支出(eec)、调整后的居住支出(house)、医疗保健支出(med)、调整后的交
通通信支出(trco)和其他消费性支出(other)占消费总支出的比重 pfood、

pdress、pdaily、peec、phouse、pmed、ptrco、pother。解释变量包括：①城镇家庭是否有 2014 年及以后出生的第二个孩子 chi，该变量为虚拟变量，为其赋值 0和 1，0 表示该家庭无 2014 年及以后出生的第二个孩子，1 表示该家庭有 2014年及以后出生的第二个孩子；②家庭人口规模 count，人是消费的基本单元，家庭人口规模的大小将对家庭消费及消费结构产生较大的影响；③chi 和 count 的交叉项；④城镇居民家庭人均可支配收入对数 lni；⑤宏观层面控制变量：实际利率 r 及居民消费价格指数 CPI。

表 8-2　各统计变量的描述性统计

变量名称	英文表示	Obs	Mean	Std. Dev.	Min	Max
城镇家庭消费支出占总支出的比重（%）	cr	2911	83.1639	15.8875	2.5306	100
城镇家庭是否有 2014 年及以后出生的第二个孩子	chi	2911	0.0763	0.2655	0	1
家庭人口规模	count	2911	4.1185	1.5983	1	14
食品支出占比（%）	pfood	2911	37.0641	17.2899	0.4144	89.5077
衣着鞋帽支出占比（%）	pdress	2911	5.8220	4.9548	0.0481	51.7956
家庭设备及日用品支出占比（%）	pdaily	2911	12.2675	16.2111	0.0577	97.6820
文教娱乐支出占比（%）	peec	2911	12.6889	12.2336	0.0065	78.4929
居住支出占比（%）	phouse	2911	12.8205	14.6870	0.1786	91.6277
医疗保健支出占比（%）	pmed	2911	7.6320	10.7926	0.0260	86.5868
交通通信支出占比（%）	ptrco	2911	9.7383	6.8220	0.1467	59.6745
其他消费支出占比（%）	pother	2911	1.9667	3.9576	0.0118	79.8765
城镇居民人均可支配收入对数	lni	2911	9.9184	0.9180	0.9163	14.5342
实际利率（%）	r	2911	−0.4201	0.58660	−1.7	0.4
居民消费物价指数（上年＝100）	CPI	2911	101.9201	0.5866	101.1	103.2

8.2.2　变量相关性检验

为了避免因变量之间相关性过高而出现估计的偏差,本研究首先对截面数据变量进行相关性检验,从而得到各变量之间的相关系数矩阵。从相关性检验结果来看,解释变量利率 r 与居民消费指数 CIP 之间呈现较强的负相关性,二者相关系数为 -1,因此在进行回归时宏观层面的控制变量剔除利率而保留了居民消费指数。从表 8-3 可以看出,主要变量之间的相关系数均较低,说明变量之间不存在较强的相关性。

表 8-3　各变量之间相关系数矩阵

	cr	pfood	pdress	pdaily	peec	phouse	pmed	ptrco	chi	count	lni
pfood	−0.02	1.0									
pdress	−0.15	−0.01	1.0								
pdaily	0.08	−0.45	−0.14	1.0							
peec	0.01	−0.23	0.01	−0.20	1.0						
phouse	0.07	−0.31	−0.16	−0.15	−0.23	1.0					
pmed	0.002	−0.18	−0.09	−0.17	−0.09	−0.17	1.0				
ptrco	−0.19	−0.03	0.097	−0.14	−0.08	−0.16	−0.10	1.0			
chi	−0.02	0.03	0.001	0.008	−0.08	0.011	0.01	0.01	1.0		
count	0.03	−0.003	−0.10	−0.03	0.05	−0.05	0.12	0.01	0.23	1.0	
lni	−0.18	−0.09	0.08	0.15	−0.05	0.01	−0.13	0.06	−0.1	−0.3	1.0
CPI	−0.01	0.03	−0.05	0.06	−0.03	−0.04	−0.04	0.01	0.01	0.03	0.2

8.2.3　计量模型的建立

根据以上分析,利用中国家庭追踪调查数据(CFPS)2016 年第三次调查所得的截面数据,并采用最小二乘法进行回归分析。回归分析计量模型为:

$$Y = \alpha + \beta \text{chi} + \gamma \text{count} + \delta \text{chi} * \text{count} + \varepsilon Z + \mu \tag{8.1}$$

其中,Y 为被解释变量,具体包括城镇居民家庭消费率 cr 及八大类消费支出占比;Z 为控制变量包括家庭人均收入对数、居民消费价格指数;chi 为核心变量,反映 2014 年"二孩政策"对居民消费及消费结构的影响,其符号和数值大小是模型关注的重点;count 为家庭人口规模反映家庭人口数量对家庭消费及消费结构的影响;chi * count 为"二孩政策"与家庭人口规模两个解释变量的交叉项,反映二者对家庭消费及消费结构的综合影响。

8.3 回归结果分析

8.3.1 "二孩政策"对城镇家庭消费率的影响

为了考察"二孩政策"对城镇居民家庭消费率的影响,模型(1)有关家庭人口学特征的变量主要包括两个:一是家庭是否有 2014 年及以后新出生"二孩",二是家庭人口规模。从全样本回归结果来看,"二孩政策"对城镇居民消费率具有负影响,其系数为−1.7036,意味着"二孩政策"对家庭消费率具有负向影响,但并未通过显著性检验。考虑到家庭消费与家庭人口数量有密切的关系,模型(2)中纳入"二孩政策"与家庭人口规模两个解释变量的交叉项 chi * count 进行回归,核心变量 chi 的系数符号从负转为正,数值为 1.0148,说明考虑家庭人口数量规模与"二孩政策"对居民消费的综合影响后,"二孩政策"对城镇家庭消费支出具有正向影响,但这一结果并未通过显著性检验。

表 8-4 "二孩政策"对城镇家庭消费率影响的回归结果

变量名称		chi	count	chi * count	lni	CPI	_cons
全部样本	模型(1)	−1.7036 (−1.52)	−0.2633 (−1.33)		−3.3533 *** (−9.90)	1.1274 ** (2.20)	2.7073 (0.05)
	模型(2)	1.0148 (0.29)	−0.2105 (−1.01)	−0.5184 (−0.82)	−3.3354 *** (−9.83)	1.1239 ** (2.20)	2.6719 (0.05)

续表

变量名称		chi	count	chi * count	lni	CPI	_cons
Highest 25%	模型 (1)	−2.8186	0.0520		−5.6813***	1.3711*	1.1660
		(−1.20)	(0.12)		(−6.61)	(1.75)	(0.01)
	模型 (2)	11.2099	0.3198	−2.8737**	−5.7485***	1.3163*	6.5783
		(1.55)	(0.73)	(−2.05)	(−6.69)	(1.68)	(0.08)
Lower 25%	模型 (1)	−1.2654	−0.7325*		3.7627	2.0947	−159.5875
		(−0.64)	(−1.93)		(1.28)	(1.59)	(−1.18)
	模型 (2)	−4.5977	−0.7958**	0.6080	3.7766	2.0972	−159.677
		(−0.65)	(−1.98)	(0.49)	(1.29)	(1.59)	(−1.18)
变量名称		chi	count	chi * count	lni	CPI	_cons
Lowest 25%	模型 (1)	−0.5193	−0.093		0.0515	0.5838	28.8000
		(−0.19)	(−0.20)		(0.05)	(0.28)	(0.13)
	模型 (2)	−1.4334	−0.1186	0.1678	0.0553	0.5649	30.8186
		(−0.19)	(−0.24)	(0.13)	(0.05)	(0.27)	(0.14)
变量名称		chi	count	chi * count	lni	CPI	_cons
Upper 25%	模型 (1)	−1.6539	−0.6079*		0.7966	1.1842	−41.6874
		(−0.85)	(−1.79)		(0.27)	(1.32)	(−0.45)
	模型 (2)	−0.7070	−0.5897	−0.1796	0.8163	1.1798	−41.5164
		(−0.11)	(−1.64)	(−0.16)	(0.28)	(1.32)	(−0.45)

注:括号中的数值表示 t 值,*** 表示在1%水平上显著,** 表示在5%水平上显著,* 表示在10%水平上显著。

　　为进一步考虑不同收入阶层家庭消费受"二孩政策"的影响程度,样本数据按照收入水平进行划分,分别为 Highest 25%、Lower 25%、Lowest 25%、Upper 25%四组,并分别按照模型(1)、模型(2)进行回归。回归结果并不理想,四组样本回归结果显示,除了 Highest 25%在模型(2)的回归系数为正之外,chi 回归系数均为负值,且均未通过显著性检验。这说明2014年以来"二孩政策"对家庭消费支出占比的影响微弱,与前文理论模型结论是相悖的。之所以出现这一相反的结论主要原因为：

一方面因为样本数据限制。本文数据来自 CFPS（2016），CFPS 第四轮全国调查（CFPS 2016）于 2016 年 5 月正式开展，同年 11 月份基本结束样本集中地区的面访，之后又系统性地展开电话访问和异地追踪工作，最终所有调查在 2017 年 4 月份结束。而"单独二孩"政策各个地区于 2014 年 1 月 1 日陆续实施，"全面二孩"政策于 2015 年年底公布并实施。家庭生育决策需要一定的过程，从生育决策到生育行为具有一定的时间差。从备孕、怀孕到生产，最快的满足生育条件的家庭，第二个孩子也要在 2014 年 10 月及以后出生，到本次调查 2016 年时间基本是两年左右的时间。本文筛选满足条件的样本中，2014 年及以后有"二孩"出生的家庭样本量有限，因此在一定程度上可能对回归结果产生影响。

另一方面是因为新出生的"二孩"年龄较小，从而导致对家庭消费影响不显著。如前文所述，本文研究家庭"二孩"出生于 2014 年及以后，直至调查时年龄最大的孩子不过 2 岁左右，也即样本数据符合条件的家庭"二孩"年龄为 0～2 岁。0～2 岁孩子尤其是第二个孩子消费支出在家庭中支出中的占比是相对较小的。首先，0～2 岁孩子的生活核心是吃喝拉撒睡等基本生理需求。以人口基础而论，出生后最初 6 个月的纯母乳喂养是建议的喂养婴儿方式，接着以持续母乳喂养并添加适当的补充食品的方式进行喂养，直至 2 岁或更长。由此可知，在此阶段孩子以母乳喂养为主，奶粉支出有限，其他支出如纸尿裤、服饰等也是有限的；其次，"二孩"育儿成本低于第一个孩子的平均支出成本。家有二孩，家庭经济负担自然会加重，许多家庭为了节约成本给老二使用老大使用过的衣服、玩具、婴儿车等，同时，亲朋好友家二手衣物、用品等也会拿来给老二使用，这种现象在孩子 3 岁以前尤为普遍。

8.3.2 "二孩政策"对城镇家庭消费结构的影响

消费结构研究的是居民家庭各类消费支出随着总消费支出的增加而发生的变化。为了考察"二孩政策"对城镇居民家庭消费结构变动的影响，分别以八大类消费占比作为被解释变量进行回归分析。

表8-5 "二孩"政策对城镇家庭消费结构影响的回归结果

变量名称		chi	count	chi * count	lni	CPI	_cons
pfood	模型(1)	1.9666 (1.6)	−0.5275** (−2.43)		−2.1514*** (−5.77)	1.8154*** (3.22)	−124.6182** (−2.21)
	模型(2)	1.1038 (0.29)	−0.5442** (−2.38)	0.1646 (0.24)	−2.1570*** (−5.78)	1.8165*** (3.23)	−124.6069** (−2.21)
pdress	模型(1)	0.4566 (1.29)	−0.2431*** (−3.91)		0.3864*** (3.62)	−0.5567*** (−3.45)	59.7038*** (3.69)
	模型(2)	−0.7877 (−0.71)	−0.2672*** (−4.09)	0.2373 (1.19)	0.3783*** (3.54)	−0.5552*** (−3.44)	59.7200*** (3.70)
pdaily	模型(1)	0.9051 (0.79)	0.1100 (0.54)		2.4982*** (7.18)	0.6583 (1.25)	−80.1025 (−1.52)
	模型(2)	−0.0879 (−0.02)	0.0908 (0.43)	0.1892 (0.29)	2.4917*** (7.14)	0.6595 (1.25)	−80.0896 (−1.52)
peec	模型(1)	−4.2768*** (−4.90)	0.4694*** (3.06)		−0.4481* (−1.70)	−0.4076 (−1.02)	57.0658 (1.43)
	模型(2)	−0.9992 (−0.37)	0.5331*** (3.30)	−0.6251 (−1.26)	−0.4267 (−1.61)	−0.4118 (−1.03)	57.0231 (1.43)
phouse	模型(1)	1.2964 (1.23)	−0.4953*** (−2.68)		0.0146 (0.05)	−0.9937** (−2.07)	115.8941** (2.41)
	模型(2)	6.3343* (1.92)	−0.3975** (−2.04)	−0.9608 (−1.61)	0.0476 (0.15)	−1.0002** (−2.08)	115.8285** (2.41)
pmed	模型(1)	−0.8551 (−1.12)	0.6101*** (4.53)		−1.1937*** (−5.16)	−0.2672 (−0.76)	44.2467 (1.26)
	模型(2)	−3.8730 (−1.62)	0.5515*** (3.89)	0.5756 (1.33)	−1.2134*** (−5.24)	−0.2633 (−0.75)	44.2860 (1.26)

续表

变量名称		chi	count	chi * count	lni	CPI	_cons
ptrco	模型 (1)	0.1430 (0.29)	0.1334 (1.55)		0.5139*** (3.48)	−0.0746 (−0.33)	11.6892 (0.52)
	模型 (2)	−1.8145 (−1.19)	0.0954 (1.05)	0.3733 (1.35)	0.5010*** (3.39)	−0.0721 (−0.32)	11.7146 (0.52)
pother	模型 (1)	0.3652 (1.29)	−0.0571 (−1.15)		0.3800*** (4.45)	−0.1738 (−1.35)	16.1212 (1.25)
	模型 (2)	0.1243 (0.14)	−0.0618 (−1.18)	0.0460 (0.29)	0.3785*** (4.42)	−0.1735 (−1.34)	16.1243 (1.25)

注:括号中的数值表示 t 值,*** 表示在1%水平上显著,** 表示在5%水平上显著,* 表示在10%水平上显著。

1.食品消费

变量 chi 在模型(1)、(2)中的回归系数和 t 值分别为 1.9666、1.1038 和 1.6、0.29。"二孩政策"对家庭食品消费支出具有正的影响,但是这种正向影响并不显著。变量 count 的回归系数和 t 值分别为 − 0.5275、− 0.5442 和 − 2.43、− 2.38。从回归结果可知,家庭人口规模对家庭食品消费支出占比具有显著的负影响,模型(1)、(2)均通过了 5% 的显著性检验。模型(2)中交叉项回归系数为 0.1646、t 值为 0.24,说明交叉项对城镇家庭食品消费支出的影响为正,但是影响很轻微,没有通过显著性检验。

"二孩政策"对家庭食品消费支出占比的影响不显著,原因如前文所分析,样本数据"二孩"年龄在 0—2 岁,对家庭食品消费影响较小,因而其影响结果并不显著;家庭人口规模对被解释变量影响显著未负,主要原因在于样本数据中,家庭人口规模 count 这一数据,根据同一家庭编码中家庭成员个数,从成员出生日期来看,人口规模越大的家庭,具有劳动能力的人越多,对家庭收入的贡献就越大,家庭生活水平越好。家庭消费结构中食品消费占比主要受到家庭收入水平、物价水平和家庭人口规模的影响。恩格尔定律很好地解释了收入及物价水平对食品消费支出占比的影响,家庭生活水平越高,食品消费支出比重越小,反之,家庭生活水平越低,家庭用于食品类支出的比重就越高。从人口学角度来考察,吃饭的人口数是影响家庭食品消费支出的重要因素,家庭规模越大意味着需要吃饭的人越多,家庭用于食品类消费支出的比重就会增加。从回归结果来看,家庭人口规模提高了家庭收入水平,从而降低了食品消费支出在家庭支出中的比重。

2. 衣着消费

"二孩政策"对城镇居民衣着消费支出占比的影响与其对食品消费支出占比的影响相似。变量chi在模型(1)、(2)中的回归系数和t值分别为0.4566、−0.7877和1.29、−0.71。"二孩政策"对家庭衣着消费支出的影响随着交叉项的引入由正转负,但均未通过显著性检验。变量count的回归系数和t值分别为−0.2431、−0.2672和−3.91、−4.09。从回归结果可知,家庭人口规模对家庭衣着消费支出占比具有显著的负影响,模型(1)、(2)均通过了1%的显著性检验。模型(2)中交叉项回归系数为0.2373、t值为1.19,说明交叉项对城镇家庭衣着消费支出的影响为正,但是影响很轻微,没有通过显著性检验。

3. 家庭设备及用品消费

模型(1)、(2)中变量chi回归系数和t值分别为0.9051、−0.0879和0.79、−0.02。结果表明"二孩政策"对家庭设备及用品消费支出在不考虑交叉项的情况下为正,模型(2)引入交叉项后其影响为负,均未通过显著性检验;变量count的回归系数分别为0.1100、0.0908,同样未通过显著性检验。家庭人均收入对其影响是显著为正的,回归系数分别为2.4982、2.4917,且两个模型均通过了1%水平的显著性检验。

4. 文教娱乐服务消费

"二孩政策"对城镇居民文教娱乐服务消费占比具有较为显著的影响。变量chi在模型(1)中回归系数为−4.2768,且通过了1%水平的显著性检验。由此可知,"二孩政策"显著地挤出了家庭文教娱乐服务消费性支出,"二孩"出生明显改变了家庭消费支出结构,抚养负担增加使得家庭减少了家庭文教娱乐服务消费性支出,一方面将此类支出向其他方面消费进行转移,同时家庭未来预期变化可能会增加部分储蓄;模型(2)引入交叉项后,回归系数为−0.9992,但未通过显著性检验。变量count回归系数分别为0.4694、0.5331,且模型(1)、(2)均通过了1%水平的显著性检验,回归结果表明,家庭规模对文教娱乐服务性消费支出占比具有显著的正向影响。模型(2)中结果显示,由于家庭规模对文教娱乐服务消费性支出具有正向作用,在引入"二孩政策"与家庭规模交叉项后,"二孩政策"对此项消费支出的影响程度和显著性均发生了较大的变化。

5.居住消费

模型(1)、(2)中,变量 chi 回归系数分别为 1.2964 和 6.3343,结果表明"二孩政策"对城镇家庭居住消费的影响为正,模型(1)没通过显著性检验而模型(2)在 10% 水平显著。模型(2)显示,"二孩政策"对家庭居住消费支出占比有显著的正向影响,这是因为,家庭生育"二孩"后需要更多的人手来照顾孩子,尤其是在当前城镇二胎妈妈多数为职业女性的现实下,"二孩"家庭需要上一辈来帮助一同照顾抚育孩子,家庭人口临时增加促使家庭在居住消费方面投入更多。

6.交通和通信消费

"二孩政策"对城镇家庭交通和通信类消费支出占比影响不明显。从回归系数来看,在两个模型中回归系数分别为 0.1430 和 −1.8145,模型(1)表明"二孩政策"对交通和通信类消费支出占比具有正的影响,这种影响可能会受到家庭原有人口规模大小这一因素的影响,在模型(2)中引入交叉项后,回归系数由正转负,这一结果与理论分析趋于一致,但结果并不显著。

7.医疗保健消费

从回归结果来看,变量 chi 的回归系数分别为 −0.8551、−3.8730,表明"二孩政策"对城镇家庭医疗保健消费支出占比具有负的影响,从模型(1)到模型(2),其对医疗保健消费支出占比的影响程度在加深。但是两个模型均未通过显著性检验。可能的原因除了以上分析的因素,0−2 岁的婴幼儿尤其是长期以母乳喂养方式为主的孩子,虽然自身免疫系统仍不健全,但是由于母乳中含有丰富的免疫活性物质,为孩子建立了一道天然的免疫屏障,可以有效地预防诸多疾病,因此,"二孩"对医疗类消费支出的影响较小。

综合以上分析,运用计量模型对"二孩政策"与城镇家庭消费结构中各类消费支出占比进行回归,模型(1)回归结果分析表明,"二孩政策"对文教娱乐类消费支出占比及医疗保健类消费支出占比具有负向影响,且其对文教娱乐消费支出占比的影响十分显著,通过了 1% 水平下的显著性检验。而对食品、衣着、交通、日常消费、医疗及其他消费有正向促进作用。进一步由模型(2)引入"二孩政策"与家庭人口规模交叉项,回归结果表明,"二孩政策"对衣着消费支出占比、日常消费支出占比及交通通信支出占比的影响从正转为负,对文教娱乐消费支出的负向影响明显降低,系数从 -4.2768 降至 -0.9992,对医疗保健消费支出比重的负向影响程度加深,系数从 -0.8551 增至 -3.8730,在模型(2)中"二孩政策"对食品、衣着、日常消费、医疗、交通通信、文教娱乐及其他消费支出的影响结果并不显著,未通过显著性检验。所不同的是,模型(2)中"二孩政策"对城镇居民住房消费支出的比重具有显著的正向影响,回归系数为 6.3343,并通过了 10% 水平下的显著性水平检验。

8.3.3 "二孩政策"对城镇不同收入家庭文教娱乐和住房消费支出的影响

中国家庭追踪调查(CFPS)数据库中,将家庭收入按照四个等级进行分位数统计,分别为:highest 25%、lower 25%、lowest 25%、upper 25%。根据消费基本理论可知,家庭收入水平是影响居民家庭消费支出及消费结构变动的最关键的因素,因此,在考察"二孩政策"对居民家庭消费影响的同时,有必要研究其对不同收入家庭所产生的影响。通过前文研究可知,"二孩政策"对家庭消费结构影响的两个重要且较为显著的方面为文教娱乐消费和住房消费支出,下文将分别研究"二孩政策"对城镇不同收入分位数家庭文教娱乐、住房消费支出占比的影响。

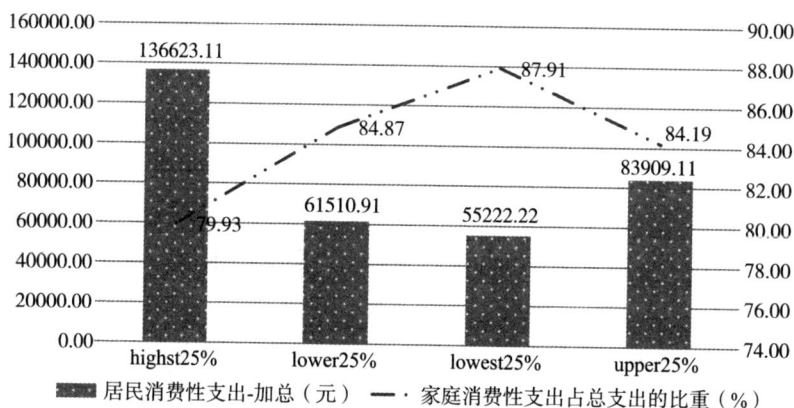

图 8-2　不同收入群组样本家庭消费性支出总额与支出比重的均值

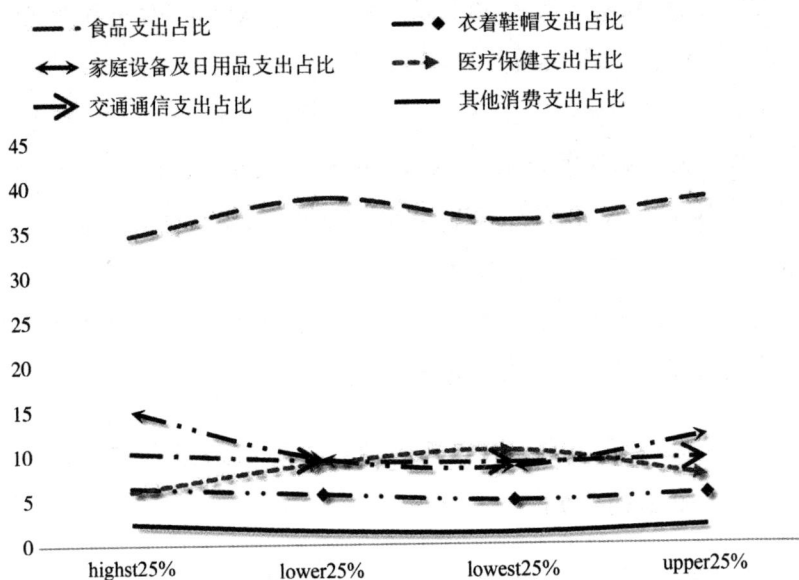

图 8-3 不同收入群组样本家庭文教娱乐、居住消费以外项目消费支出比重均值

1. "二孩政策"对城镇不同收入分位数文教娱乐消费支出的影响

从模型（1）可以看出，"二孩政策"对家庭文教娱乐支出具有显著的负影响，从影响系数来看，家庭收入水平越低，其负向影响程度越深，收入从高至低其系数分别为 -3.1556、-4.8659、-5.0450 和 -5.5917。反映家庭人口数量的变量 count 对家庭文教娱乐消费支出占比的影响随着家庭收入水平的变化出现了较为明显的变化。收入处于最高 25% 的家庭群组样本，家庭人口数量对文教娱乐消费支出具有显著的正向影响，系数为 0.9215。

在模型（2）中引入交叉项后其影响依然通过 1% 显著水平检验，系数为 1.0064。此时，"二孩政策"对家庭此类消费支出的影响也由负转为正，但未通过显著性检验；收入处于较高 25% 的家庭群组样本，模型（1）中家庭人口数量对文教娱乐消费支出同样具有显著的正向影响，并通过了 5% 水平下的显著性检验，系数为 0.8376。在模型（2）中引入交叉项后其影响显著性增强，通过 1% 显著水平，检验系数为 0.9381。此时，"二孩政策"对文教娱乐消费支出的影响也由负转正，但仍未通过显著性检验。从回归模型（1）、（2）结果来看，"二孩政策"及家庭人口数量对家庭文教娱乐消费支出影响均为负，且均未通过显著性检验。

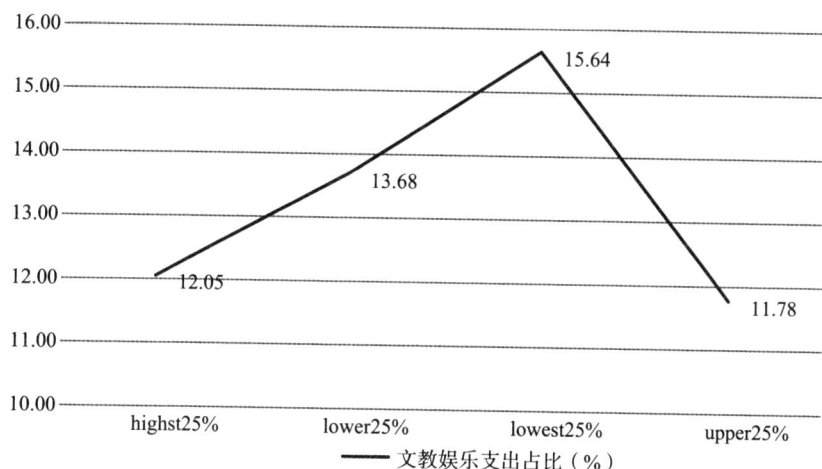

图 8-4　不同收入群组样本家庭文教娱乐消费支出比重均值分

表 8-6　"二孩政策"对城镇不同收入分位数家庭文教娱乐消费支出影响的回归结果

变量名称		chi	count	chi＊count	lni	CPI	_cons
Highest 25%	模型(1)	−3.1556＊＊	0.9215＊＊＊		1.1299＊＊	0.6165	−66.1207
		(−2.01)	(3.33)		(1.98)	(1.18)	(−1.25)
	模型(2)	1.2922	1.0064＊＊＊	−0.9111	1.1086＊	0.5991	−64.4047
		(0.27)	(3.47)	(−0.97)	(1.94)	(1.15)	(−1.22)
Lower 25%	模型(1)	−5.0450＊＊＊	−0.2917		−2.5741	−1.7806	220.6310＊
		(−2.99)	(−0.89)		(−1.02)	(−1.57)	(1.89)
	模型(2)	−6.9269	−0.3275	0.3433	−2.5663	−1.7791	220.5805＊
		(−1.15)	(−0.95)	(0.32)	(−1.02)	(−1.57)	(1.89)
Lowest 25%	模型(1)	−5.5917＊	−0.6467		2.1221＊＊	1.2912	−129.2879
		(−1.93)	(−1.31)		(2.12)	(0.57)	(−0.56)
	模型(2)	−9.5468	−0.7580	0.7258	2.1347＊＊	1.2090	−120.4632
		(−1.21)	(−1.41)	(0.54)	(2.13)	(0.53)	(−0.52)
Upper 25%	模型(1)	−4.8659＊＊＊	0.8376＊＊		−6.0507＊＊＊	−1.7258＊＊	244.2804＊＊
		(−3.25)	(3.19)		(−2.66)	(−2.50)	(3.41)
	模型(2)	0.3831	0.9381＊＊＊	−0.9956	−5.9414＊＊＊	−1.7497＊＊	245.2285＊＊
		(0.08)	(3.39)	(−1.14)	(−2.61)	(−2.53)	(3.42)

注:括号中的数值表示 t 值,＊＊＊表示在 1％水平上显著,＊＊表示在 5％水平上显著,＊表示在 10％
水平上显著。

家庭文教娱乐支出与家庭人口数量尤其是家庭子女数量有着较为密切的关系,随着家庭对子女教育重视程度不断加深,文教娱乐消费支出比重也将不断增加。家庭文教娱乐支出不仅受子女数量的影响,同时又会受到子女年龄的影响,一般而言0—3岁期间家庭用于子女教育的消费支出相对较少,3岁及以后教育支出将会随着教育阶段的变化呈现较大幅度的增长。正如前文所述,本文"二孩政策"始于2014年,截至本次追踪调查时间,2014年以来出生的孩子年龄均不足3岁,因此,在模型(2)中引入交叉项后,"二孩政策"对家庭文教娱乐支出影响较小并未通过显著性检验。另一方面,家庭人口数量对文教娱乐消费支出的影响与家庭收入水平有着较为紧密的联系。高收入家庭(highest25%和upper25%)文教娱乐消费支出比重随着家庭人口数量尤其是子女数量的增加而显著提高,且收入水平越高,子女数量对其影响程度越深。两组低收入家庭群组样本中,家庭子女数量回归系数均为负,影响结果并未通过显著性检验。这是因为低收入群组家庭文教娱乐支出比重较低,随着家庭子女数量增加,家庭用于生存型消费支出比重会增多,从而在一定程度上可能会挤压家庭教育支出,从结果来看,这种挤压作用并不明显。

2."二孩政策"对城镇不同收入阶层家庭住房消费支出的影响

"二孩政策"落地实施使部分城镇家庭结构由传统的"2—2—1"或"2—1"转变为"2—2—2",家庭用于居住的各类消费支出均会有明显的增加。数据显示,2017年中国城镇人均住房面积为32.9平方米,从侧面反映出如果人均面积低于30平方米,居住的舒适感会大大下降。因此,"二孩"家庭所面临的不仅仅是多一个婴儿,同时还包括协助抚养的上一代老人共同居住的问题。由此可见,"二孩"家庭对改善型住房的需求具有一定的"刚性","二孩政策"对家庭住房需求具有一定的影响。

根据回归结果,在模型(1)中,"二孩政策"对收入最低群组(lowest25%)家庭住房消费支出占比的影响系数为−0.7349,对其他三个收入群组(highest25%、lower25%和 upper25%)家庭的影响均为正,其影响系数分别为1.4730、2.1426和0.9984,但这种影响并未通过显著性检验;从家庭人口数量这一变量来看,家庭人口规模对低收入家庭住房需求有显著的负向影响,人口规模挤压了家庭对住房的支出,并且家庭收入越低挤压效应越明显。从模型

(1)回归结果来看,家庭人口规模对收入最低群组(lowest25%)及较低群组(lower25%)家庭住房消费支出比重的影响系数分别为 -0.9680、-0.6401,二者分别通过了 5% 和 10% 水平下的显著性检验。在模型(2)中引入交叉项后回归结果显示,"二孩政策"对最高收入群组家庭(highest25%)住房消费需求具有显著的正向影响,回归系数为 13.0562 且通过了 5% 水平下的显著性检验。对其他三个收入群组家庭(lower25%、lowest25% 和 upper25%)住房消费需求的影响也均为正,系数分别为 0.1816、2.7859 和 5.4782,但未通过显著性检验。

从回归结果分析可知,"二孩政策"对家庭住房需求的影响与家庭收入水平具有较密切的关系。这是因为住房需求不同于家庭其他消费需求,收入对住房需求具有更强的约束性,家庭是否购买住房主要取决于家庭收入水平的高低。收入高的家庭生育"二孩"后,面临住房置换的刚性需求,有能力支付较高的购房费用,购房行为得以实现;对收入较低的家庭,"二孩"出生后家庭生存型消费支出增加挤压其他消费包括住房消费需求。因此,这些家庭住房消费支出并未出现显著的变化。

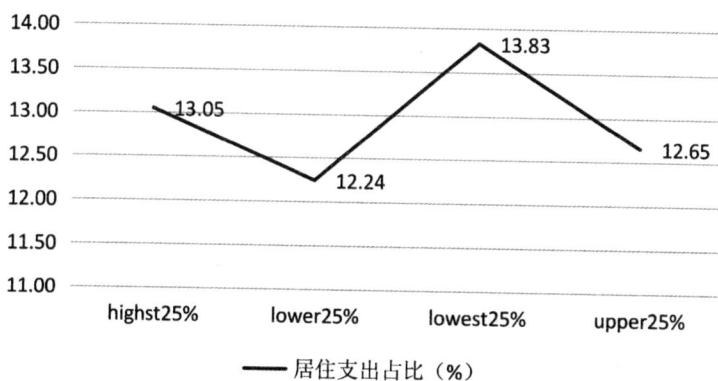

图 8-5　不同收入群组样本家庭居住消费支出比重均值

表 8-7　"二孩政策"对城镇不同收入分位数家庭住房消费支出影响的回归结果

变量名称		chi	count	chi * count	lni	cpi	_cons
Highest 25%	模型 (1)	1.4720	-0.3844		1.3308*	-2.1334***	217.8107
		(0.69)	(-1.02)		(1.70)	(-3.00)	(3.02)
	模型 (2)	13.0562**	-0.1633	-2.3730*	1.2753	-2.1787***	222.2799***
		(1.98)	(-0.41)	(-1.86)	(1.63)	(-3.06)	(3.08)

续表

变量名称		chi	count	chi * count	lni	cpi	_cons
Lower 25%	模型 (1)	2.1426 (1.23)	−0.0960 (−0.28)		−0.3341 (−0.13)	−0.8439 (−0.72)	101.4734 (0.84)
	模型 (2)	0.1816 (0.03)	−0.1333 (−0.37)	0.3578 (0.33)	−0.3260 (−0.12)	−0.8425 (−0.72)	101.4208 (0.84)
Lowest 25%	模型 (1)	−0.7349 (−0.27)	−0.9680** (−2.05)		−0.7899 (−0.83)	−2.8763 (−1.32)	317.9888 (1.44)
	模型 (2)	2.7859 (0.37)	−0.8690* (−1.70)	−0.6461 (−0.50)	−0.8011 (−0.84)	−2.8031 (−1.28)	310.1332 (1.40)
Upper 25%	模型 (1)	0.9984 (0.51)	−0.6401* (−1.86)		0.9528 (0.32)	1.0255 (1.13)	−98.6685 (−1.05)
	模型 (2)	5.4782 (0.86)	−0.5544 (−1.52)	−0.8498 (−0.74)	1.0460 (0.35)	1.0052 (1.11)	−97.8593 (−1.04)

注:括号中的数值表示 t 值,***表示在1%水平上显著,**表示在5%水平上显著,*表示在10%水平上显著。

8.4 本章小结

本章利用2016年中国家庭追踪调查(CFPS)数据,从微观家庭视角分析了2014年"二孩政策"调整对居民家庭消费率及家庭各项消费性支出的影响。在回归分析中本文选择两个模型,模型(1)主要考虑"二孩政策"与家庭人口规模两个变量对家庭消费率及消费结构的影响,模型(2)引入了"二孩政策"与家庭人口规模两个变量交叉项。

首先,本文分析"二孩政策"对城镇家庭消费率的影响。回归结果显示,模型(1)中"二孩政策"对城镇家庭消费率具有负的影响但影响结果不显著,模型(2)中"二孩政策"对城镇家庭消费率具有正向影响,但这一结果同样未通过显著性检验。

其次,本文分析"二孩政策"对家庭消费结构中八大类型消费支出的影响。

回归结果表明,在模型(1)中"二孩政策"对文教娱乐类消费支出占比及医疗保健类消费支出占比具有负向影响,且其对文教娱乐消费支出占比的影响十分显著,通过了1%水平下的显著性检验。而对食品、衣着、交通、日常消费、医疗及其他消费有正向促进作用。模型(2)中引入"二孩政策"与家庭人口规模交叉项后,回归结果表明,"二孩政策"对衣着消费支出占比、日常消费支出占比及交通通信支出占比的影响从正转为负,对文教娱乐消费支出的负向影响明显降低,对医疗保健消费支出比重的负向影响程度加深;在模型(2)中"二孩政策"对食品、衣着、日常消费、医疗、交通通信、文教娱乐及其他消费支出的影响结果并不显著,未通过显著性检验。值得特别注意的是,模型(2)中"二孩政策"对城镇居民住房消费支出的比重具有显著的正向影响,回归系数为6.3343,并通过了10%水平下的显著性水平检验。

第三,按照家庭收入分为四个群组,分析"二孩政策"对城镇居民家庭文教娱乐消费支出的影响。模型(1)回归结果表明,"二孩政策"对家庭文教娱乐支出具有显著的负影响,且家庭收入水平越低,其负向影响程度越深;家庭人口规模对收入较高群组家庭文教娱乐消费支出具有显著的正向影响,在模型(2)引入交叉项后其影响依然通过1%水平下的显著水平检验,系数为1.0064。但模型(2)中"二孩政策"对城镇居民文教娱乐消费支出的影响并不显著。

第四,同样按照家庭收入分为四个群组,分析"二孩政策"对城镇居民家庭住房消费支出的影响。模型(1)回归结果表明,"二孩政策"对收入最低群组家庭住房消费有负的影响,对其他三组家庭影响为正,但这种影响并不显著;家庭人口规模对低收入家庭住房需求有显著的负向影响,人口规模挤压了家庭对住房消费的支出,并且家庭收入越低挤压效应越明显。在模型(2)中引入交叉项后回归结果显示,"二孩政策"对最高收入群组家庭(highest 25%)住房消费需求具有显著的正向影响,对其他收入群组家庭住房消费支出的影响并未通过显著性检验。

第九章 研究结论与对策建议

9.1 主要研究结论

本文从新中国成立以来中国人口发展变迁及 20 世纪 70 年代以来计划生育政策实施变迁为背景,在分析同期中国居民消费尤其是城镇居民消费率与消费结构变化的基础上,具体分析了生育政策影响城镇居民消费的机理,即生育政策对城镇居民消费的影响主要通过人口出生率、人口抚养比(包括少儿抚养比和老年抚养比)、人口性别比等基本变量产生具体的影响。在理论分析的基础上运用静态面板、动态面板等模型从宏观层面分析生育政策对中国城镇居民消费率和消费结构的影响,同时运用灰色关联度分析及扩展的 AIDS 模型具体分析生育政策系统与城镇居民消费系统之间的耦合度及城镇居民消费需求行为。在微观层面,运用 2016 年中国家庭追踪调查(CFPS2016)数据,重点研究了 2014 年生育政策调整对中国城镇家庭消费率和消费结构的影响。

9.1.1 生育政策对中国社会、经济、文化产生了深远的影响

20 世纪 50 年代以来,中国人口发展经历了 70 余年的历程,与之相伴的生育政策也经历了不同的变化。随着我国人口转变和经济社会发展不断变化,生育政策在实践中也得以不断调整、完善,并取得了显著的成绩,如人口再生产类型顺利转变、人口质量得以提高、缓解供需矛盾、释放"人口红利"促进经济增长、女性地位显著提升等;同时也产生了一些不利影响,主要包括生育水平持续低迷、人口结构失衡、劳动年龄人口不断下降且日趋老化、独生子女家庭成为风险家庭、男性婚姻遭到挤压。

9.1.2　生育政策调整有利于人口增长率的提升，有助于提高居民消费率，进而促进经济增长

运用索洛(Solow)增长模型、内生经济增长模型及"干中学"理论分析生育政策调整对居民消费和经济增长的作用可知，2014年以来进行生育政策调整，有助于人口增长率提升。由于人是技术进步的主体，人对知识生产是有贡献的，人口正增长是长期经济增长所必需的。"二孩政策"有助于中国技术的改进和革新，有助于提高劳动的生产效率，有助于社会总产出的增加，从而最终有助于居民生活水平的改善和消费水平的提高，从而能够提高中国长期经济增长的速度。同时，扩展的戴蒙德世代交叠模型同样支持这一结论：2014年以来，由"单独二孩"政策快速过渡到"全面放开二孩"政策，将有效增加家庭生育子女数量，由此可以带动居民消费率的提升。

9.1.3　家庭子女数量、人口年龄结构变动、人口性别比失衡是生育政策影响城镇居民消费的主要途径

子女数量对城镇居民消费率具有正向作用。孩子作为家庭再生产的产品，家庭在生养过程中需投入一定的成本，从而构成家庭的消费的一部分。孩子的养育费用支出在家庭消费中占有重要的比重，家庭子女数量越多的家庭用于子女抚养及教育等方面的消费支出越大，从而居民家庭消费率越高，反之，在计划生育政策严格控制子女数量的前提下，家庭子女数量减少将降低居民消费率。

人口年龄结构的变动会通过直接和间接方式对居民消费产生影响。人口出生率的变化将导致人口总量中少儿人口占比的变化，进而影响人口金字塔的形状，使人口结构发生变化。根据诸多研究证实，人口结构中少儿抚养比的增加将促进消费，反之，少儿抚养比下降将抑制消费。劳动年龄人口占比对城镇居民消费率的影响是模糊的。老龄化对城镇居民消费率的影响由于存在财产代际转移和遗赠动机的存在，不一定满足生命周期假说理论分析，若代际财产转移和遗赠动机足够强烈，其对城镇居民消费率的影响可能出现负效应。

人口结构中性别结构差异对消费的影响主要通过两个途径来实现：一是性别差异对居民消费产生影响，二是通过婚姻市场对居民消费产生影响。由于性

别本身的差异及婚姻市场竞争的存在,性别比失衡对城镇居民消费率的影响效应不确定。

9.1.4 城镇居民消费结构不断优化、消费率整体水平不高、消费支出区域差距明显

从消费结构来分析,一方面,中国城镇居民消费结构不断优化,城镇居民恩格尔系数不断下降,中国于 1996 年、2000 年、2015 年分别实现了温饱型—小康型、小康型—富裕型、富裕型—最富裕型的转变。进入 21 世纪以来,城镇居民生存型消费支出比重不断下降,发展型、享受型消费支出快速增长。城镇居民消费总量不断增加,消费率缓慢上升、城镇居民消费水平不高,消费支出增长速度慢于居民收入增长速度、城镇居民消费倾向呈递减之势。另一方面通过对城镇居民消费基尼系数计算分析得出,城镇居民内部消费差距从总支出到各类项目之间的差距均呈不断扩大之势。从不同区域城镇居民消费来研究可知,城镇居民消费支出也存在明显的区域差异。

9.1.5 少儿抚养比是影响城镇居民消费的主要因素,且其对城镇居民消费的影响存在明显的时间差异和区域差异

通过计量动态模型回归结果可知,反映生育政策对城镇居民消费率影响的四个核心解释变量中,少儿抚养比始终通过了 1% 水平下的显著性检验,而人口出生率、老年抚养比和性别比则始终没能通过显著性检验,这说明生育政策对城镇居民消费率的影响主要通过少儿抚养比而得以实现,且城镇人口系统中少儿抚养比的不断增加能显著提升城镇居民消费率。因此,随着中国生育政策的不断调整和完善,有利于缓解当前城镇居民消费率持续低迷的现状。

分阶段考察生育政策对城镇居民消费率的影响。回归结果表明,随着经济的不断发展,生育政策对城镇居民消费率的影响发生了明显的变化。2002—2006 年期间,少儿抚养比对城镇居民消费率的影响结果显著,影响程度高于整体回归结果;2007—2010 年、2011—2016 年间,少儿抚养比对城镇居民消费率的影响较为微弱,未通过显著性检验。说明在 2007 年"金融危机"冲击下,少儿抚养比对城镇居民消费的影响程度在下降。

通过分区域进行回归显示,生育政策对西部地区的影响较为显著,其中少儿抚养比、老年抚养比及性别比均通过了显著性检验;从东北地区来看,人口老龄化对城镇居民消费率具有负作用,这与东北地区人口老龄化程度比其他地区更为深刻具有密切的联系;中部地区回归结果显示,人口出生率对城镇居民消费率具有抑制作用;对于经济较为发达东部地区,少儿抚养比对城镇居民消费率具有显著的正向影响。

9.1.6　生育政策与城镇居民消费结构之间具有较强的耦合度,其中对城镇居民教育、文化和娱乐类消费支出影响最为显著

灰色关联度分析结果显示,反映生育政策系统的核心指标变量与城镇居民消费结构中各类消费之间存在较强的关联性,其中教育、文化和娱乐类消费与生育政策各系统指标变量的关联度最高,结果表明生育政策与城镇居民人均教育、文化和娱乐类消费之间具有很强的关联性。2000 年以来,生育政策与城镇居民消费结构之间的耦合度出现了较为明显的波动,并在波动中整体呈下降趋势,随着 2014 年以来"二孩政策"落地实施,生育政策调整与城镇居民消费结构的调整呈现较为一致的变动趋势。进一步测算人口年龄结构与城镇居民消费结构之间的关联度,结果表明 0～4 岁年龄段人口与城镇居民消费结构具有较强的关联性,关联系数为 0.7911。由此可知,少儿人口增加有助于增加城镇居民消费水平。

具体来分析,核心解释变量人口出生率、少儿抚养比、老年抚养比、人口性别比对各类消费的影响程度及显著性存在明显的差异。随着人口出生率的提高,一方面能有效提高城镇居民消费结构中食品消费,教育、文化和娱乐类消费,其他用品及服务消费支出占比,另一方面却显著抑制了居住消费、交通和通信消费、医疗保健消费支出的比重;随着少儿抚养比不断提高,城镇居民消费结构中居住消费、生活用品及服务消费将不断提高,而食品烟酒类消费、衣着消费、其他用品及服务消费支出将会被抑制;随着老年抚养比不断提高,城镇居民消费结构中居住消费、交通和通信消费支出将不断提高,衣着消费,教育、文化和娱乐消费,其他用品及服务消费支出会被抑制;人口性别比失衡将使居住、生活用品及服务、医疗保健三类消费在城镇居民消费结构中的比重增加,而同时却抑制衣着消费,教育、文化和娱乐类消费,其他用品及服务消费在居民消费结

构支出中的比重。

9.1.7　生育政策调整显著影响家庭文教娱乐及住房类消费支出，且收入阶层差异明显

"二孩政策"对文教娱乐类消费支出具有负向影响，这是因为随着家庭孩子数量的增加，家庭用于食品等生存型消费支出增加，对文教娱乐类消费支出具有挤压效应。"二孩政策"对城镇居民住房消费支出占比具有显著的正向影响，这一结果表明，"二孩政策"促使家庭改善型住房需求呈现刚性特性，房地产行业迎来新的契机。

从不同收入阶层分析，结果表明，"二孩政策"对家庭文教娱乐支出具有显著的负影响，且家庭收入水平越低，其负向影响程度越深；家庭人口规模对收入较高群组家庭文教娱乐消费支出具有显著的正向影响，考虑"二孩政策"与家庭原生规模大小的交叉项后，"二孩政策"对城镇居民文教娱乐消费支出的影响并不显著。说明，城镇家庭文教娱乐类消费支出的主要影响因素为家庭规模，而非"二孩政策"，其原因为 2014—2016 年出生的"二孩"年龄还处于 3 岁之前，家庭用于"二孩"的主要支出为基本生活消费而非教育类支出。

从"二孩政策"对城镇居民家庭住房消费支出的影响结果来看，"二孩"政策对收入最低群组家庭住房消费有负的影响，"二孩政策"挤压了家庭对住房的需求，且家庭收入越低挤压效应越明显。与此同时，引入交叉项后"二孩政策"对最高收入群组家庭（highest 25%）住房消费需求具有显著的正向影响，对其他收入群组家庭住房消费支出的影响并未通过显著性检验，主要原因在于，当前过高的房价抑制了"二孩"家庭对改善型住房的实际需求。

9.2　政策建议

9.2.1　政府为主导，不断完善人口政策，逐步提高女性生育率

以全面"三孩"政策为起点，积极推进生育福利政策改革。出台具有中国特

色的鼓励支持家庭养育"三孩"的政策,通过国家强有力的生育福利政策弱化生育压力,强化生育动力,以破解当前生育率低下的局面。首先,通过制定相关政策加强社会宣传,将生育意愿转变为生育行动;其次,制定女性友好型福利政策,以减轻女性经济和家庭负担,如发放津贴、延长产假和育儿假包括子女生病时陪护假期等、实施女性就业扶植政策等;再次,对 0~14 岁儿童发放育儿津贴;第四,有计划地全面放开生育;第五,完善配偶陪产假制度。

9.2.2 加强托幼儿教育投入,逐步将学前教育纳入义务教育范畴

当前,我国 3 岁以下婴幼儿总人数约 4000 万,整体入托率在 6% 左右,即便只算城市入托率也不到 10%,远不及发达国家 25%~55% 的水平。可见,我国 0~3 岁婴幼儿照看服务社会供给严重不足,仍然是以祖辈照料或全职母亲照料为主。随着"全面三孩"政策落地,我国托幼服务体系供需矛盾更加突出。为了缓解这一矛盾,建议以政府为主导、社区相辅助、企业参与,共同建立婴幼儿托幼机构,政府应加大学前教育投入,积极新建公办或者具有普惠性质的幼儿园,在提高学前教育资源可得性的同时不断降低学前教育收费,最终将学前教育纳入义务教育体系,以降低家庭生育"二孩""三孩"的教育成本。

9.2.3 不断完善消费品市场,释放居民消费潜力,促进消费结构升级

首先,政府应积极构建有效的家庭养老、社会养老、自我养老三位一体的养老模式,逐步实现以家庭养老为基础的"1+X"养老模式。居民养老模式的完善,有助于进一步释放居民养老储蓄,同时积极开发丰富多样的消费品市场,尤其是老年消费品市场,通过"银发产业"带动老年消费市场以实现消费结构不断优化升级。其次,教育投入既是当期消费同时又形成了社会人力资本投资,完善和加强教育及相关产业,能有效提升国家人力资本存量,从而在推动技术创新拉动经济增长方面有着重要的影响。

9.2.4 深化供给侧结构性改革,有效释放改善型住房需求

政府应加大对房地产行业调控力度,利用金融、税收等手段调控消费需求

端的同时,大力促进"租购并举",着力从供给侧源头出发,通过改变房地产运营模式以建立保障房价稳定的长效机制;积极推进土地财政改革,降低住房用地成本;不断加强税收调控手段,加大税收调控力度,加快出台和实施房产税征收方案。多项举措并举,抑制高房价,以释放家庭改善型住房需求,改善城镇"二孩""三孩"家庭住房环境。

参考文献

一、外文参考文献

[1] Hoover,E. Population Growth and Economic Development in Low－income countries[M]. Princeton:Princeton University Press,1958.

[2] Spender,J. J. Facing Zero Population Growth[M]. Chicago:University of Chicago,1974.

[3] Ehrlich,P. The Population Bomb[M]. New York:Ballantine,1968.

[4] Simon,Julian L. Theory of Population and Economic Growth[M]. New York:Blackwell,1986.

[5] Becker,G. S. The Economic Approach to Human Behavior[M]. Chicago:The Chicago University Press,1976.

[6] Donella H. Meadows,Jorgen Randers,Dennis L. Meadows,William W. Behrens. The Limits to Growth[M]. New York:Universe Books,1972.

[7] Susan Greenhalgh,Edwin A. Winkler. Governing China's Population[M]. Stanford University Press,2005.

[8] World Bank. World Development Indicators. World Bank Publications,2003.

[9] HLeibenstein,H. Economic Backwardness and Economic Growth[M]. Population,1957.

[10] Simon,Julian L. The Ultimate Resource[M]. Princeton:Princeton University Press,1981.

[11] Bai,C. ,B. Wu. Health Insurance and Consumption:Evidence from China's New Cooperative Medical Scheme[J]. Journal of Comparative

Ecomomics,2014,42(2).

[12] Aguiar,M. & E. Hurst. Life-cycle Prices and Production[J]. American Economic Review,2007,97(5).

[13] Attanasio,O. P. J. Banks,C. Meghir and G. Weber. Humps and Bumps in lifetime Consumption[J]. Journal of Business and Economic Statistics, 1999,17(1).

[14] Danziger,Sheldon and Jacques Van Der Gaag,Eugene Smolensky & Michael Taussig. The Life-Cycle Hypothesis and the Consumption Behavior of the Elderly[J]. Journal of Post Keynesian Economics,1982,5(2).

[13] Bernheim,B. Douglas. Dissaving after Retirement: Testing the Pure Life Cycle Hypothesis[M]. Chicago:University of Chicago Press,1987.

[14] Banks,James,Richard Blundell and Sarah Tanner. Is There a Retirement-Saving Puzzle? [J]. The American Economic Review,1998,88(4).

[15] Deaton,Angus. The Analysis of Household Surveys:A Micro econometric Approach to Development Policy[M]. The Johns Hopkins University Press,1997.

[16] Deaton,Angus and Christina Paxson. Saving,Growth,and Aging in Taiwan[J]. Chicago:The University of Chicago Press,1994.

[17] Shelly Lundber,Richard Startz,Steven Stillman. The retirement-consumption puzzle:a marital bargaining approach[J]. Journal of Public Economics,2001(4).

[18] Martin. Thomas Fraser,Guglielmo. Asking Consumption Questions in General Purpose Surveys[D]. university of Copenhagen,2002.

[19] Sarah Smith. Can the Retirement Consumption Puzzle Be Resolved? Evidence From UK panel Data [J]. The Institute For Fiscal Studies,2004 (6).

[20] Axel. A new comprehensive and international view on ageing:introducing the 'Survey of Health, Ageing and Retirement in Europe [J]. Original Investigation,2005(8).

[21] Michael D. Hurd, Susann Rohwedder. Changes in Consumption and Activities in Retirement [D]. University of Michigan, 2005.

[22] Ann Arbor. A Dynamic Model of Retirement and Social Security Reform Expectations: A Solution to the New Early Retirement Puzzle[D]. University of Michigan, 2006.

[23] Aguiar, Mark and Erik Hurst. Life-Cycle Prices and Production[J]. The American Economic Review, 2007, 97(5).

[24] Battistin, Erich and Agar Brugiavini et. al. The Retirement Consumption Puzzle: Evidence from a Regression Discontinuity Approach[J]. The American Economic Review, 2009, 99(5).

[25] Gavin W. Jones and Pravin Visaria, Urbanization in Large Development Countries: China, Inaonesia, Brazil and India[M]. Oxford: Claren-don Press, 1997.

[26] Becker. Human Capital: A Theoretical and Emipirical Analysis[M]. New-York: National Bureau of Economic Research, 1977.

[27] Michael D. Hurd, Susann Rohwedder. Some Answers to the Retirement-Consumption Puzzle[J]. NBER Working Paper Series, 2006.

[28] Michael D. Hurd, Susann Rohwedder. The Retirement Consumption Puzzle: Actual Spending Change in Panel Data[J]. NBER Working Paper Series, 2006.

[29] Midori Wakabayashi. The retirement consumption puzzle in Japan [J]. Original Paper, 2006.

[30] Sarah Smith. The retirement-consumption puzzle and involuntary early retirement: Evidence from the British Household Panel Survey[J]. Working Paper, 2006.

[31] David M, Blau. Retirement and Consumption in a Life Cycle Model[J]. Discussion Papers Eries, 2007.

[32] Erik Hurst. Consumption in Retirement: Recent Developments[J]. NBER Working Paper Series, 2007.

[33] Erich Battistin, Agar Brugiavini, Enrico Rettore, Guglielmo Weber. The Retirement Consumption Puzzle: Evidence from a Regression Discontinuity Approach [J]. Working Papers, 2007.

[34] Jonathan Skinner. Are You Sure You're Saving Enough For Retirement? [J]. NBER Working Paper Series, 2007.

[35] WolfgangLutz, VegardSkirbekk. Policies Addressing the Tempo Effect in Low-Fertility Countries[J]. Population and Development Review, 2006 (4).

[36] IsabelleAttané. China's Family Planning Policy: An Overview of Its Past and Future[J]. Studies in Family Planning, 2003 (1).

[37] Shang-Jin Wei, Xiaobo Zhang. The Competitive Saving Motive: Concept, Evidence, and Implications[J]. Front. Econ. China, 2016, 11(3): 355-366.

[38] Qingyuan Du, Shang-Jin Wei. A theory of the competitive saving motive [J]. Journal of International Economics, 2013, 91(2).

[39] Wei, Shang-jin, Xiaobo Zhang. The competitive saving motive: Evidence from rising sex ratios and savings rates in China[J]. Journal of Politics Economy, 2011, 119(3).

[40] Wei, S. J, X. Zhang. Sex Ratios, Entrepreneurship, and Economic Growth in the People's Republic of China[J]. NBER Working Paper Series, 2011.

[41] JB Casterline & SW Sinding. Unmet Need for Family Planning in Developing Countries and Implications for Population Policy [J]. Population&Development Review, 2010(4).

[42] Isabelle Attané. China's Family Planning Policy: An Overview of Its Past and Future[J]. Studies in family planning, 2002(1).

[43] Wang G. Wall Slogans: The Communication of Chinas Family Planning Policy in Rural Areas[J]. Rural History, 2018.

[44] M Qin, J Falkingham, SS Padmadas. Unpacking the Differential Impact of Family Planning Policies in China: Analysis of Parity Progression Ratios From Retrospective Birth History Data, 1971—2005[J]. Journal of Bioso-

cial Science,2018(1).

[45] LS Han. Visualizing Rate of Change:an Application to Age Specific Fertility Rates[J]. Journal of the Royal Statistical Society,2018.

[46] M Bittencourt. Primary Education and Fertility Rates[J]. Economics of transition,2018.

[47] T Xue,Q Zhang. Associating Ambient Exposure to Fine Particles and Human Fertility Ratesin China[J]. Environmental Pollution,2018.

[48] Meng Rao,Zhengyan Zeng,Li Tang. Maternal Physical Activity Before IVF/ICSI Cycles Improves Clinical Pregnancy Rate and Live Birth Rate: a Systematic Review and Metal Analysis[J]. Reproductive Biology & Endocrinology,2018.

[49] E Wang,T Hesketh. Exploring Women's Decisions About Child bearing After the Lifting of the One-child Policy[J]. Cult Health Sex,2018.

[50] C Zeng,Y Ding. Placenta Accreta Spectrum Disorder Trends in the Context of the Universal Two-child Policy in China and the Risk of Hysterectomy[J]. International Journal of Gynecology & Obsterics,2018.

二、中文参考文献

[1] [英国]马尔萨斯. 人口论[M]. 郭大力,译. 北京:北京大学出版社,2008.

[2] [英国]大卫·李嘉图. 政治经济学及赋税原理[M]. 周洁,译. 北京:华夏出版社,2005.

[3] [英国]亚当·斯密. 国民财富的性质和原因的研究[M]. 郭大力,王亚南,译. 北京:商务印书馆,2012.

[4] [英国]约翰·梅纳德·凯恩斯. 就业利息和货币通论[M]. 陆梦龙,译. 北京:中国社会科学出版社,2009.

[5] [美国]舒尔茨. 论人力资本投资[M]. 吴珠华,译. 北京:北京大学出版社,1987.

[6] [美国] 朱利安·L. 西蒙. 人口增长经济学[M]. 彭松建,译. 北京:北京大学出版社,1984.

[7] [意大利]卡洛·M.奇波拉.世界人口经济史[M].黄朝华,译.北京:商务印书馆,1993.

[8] [印度]阿马蒂亚·森.以自由看待发展[M].任赜,于真,译.北京:中国人民大学出版社,2002.

[9] 戴丽娜.中国消费者研究:理论演进与方法变迁[M].上海:上海人民出版社,2012.

[10] 葛杨,李晓荣.西方经济学说史[M].南京:南京大学出版社,2003.

[11] 尹世杰.社会主义消费经济学[M].上海:上海人民出版社,1983.

[12] 刘方域.消费经济学概论[M].贵阳:贵州人民出版社,1984.

[13] 杨圣明.中国消费模式[M].北京:中国社会科学出版社,1990.

[14] 藏旭恒.中国消费函数分析[M].上海:上海人民出版社,1994.

[15] 藏旭恒等.新经济增长路径:消费需求扩张理论与政策研巧[M].北京:商务印书馆,2010.

[16] 袁志刚.中国居民消费前言问题研究[M].上海:复旦大学出版社,2011.

[17] 范剑平.居民消费与中国经济发展[M].北京:中国计划出版社,2000.

[18] 范剑平.中国城乡居民消费结构的变化趋势[M].北京:人民出版社,2001.

[19] 刘社建.消费需求与经济发展[M].郑州:河南人民出版社,2008.

[20] 刘社建.居民消费研究[M].上海:上海社会科学院出版社,2015.

[21] 赵萍.消费经济学理论溯源[M].北京:社会科学文献出版社,2011.

[22] 张恺悌,郭平.中国人口老龄化与老年人状况蓝皮书[M].北京:中国社会出版社,2010.

[23] 孙凤.消费者行为数量研究——以中国城镇居民为例[M].上海:上海人民出版社,2002.

[24] 杜鹏.回顾与展望:中国老人养老方式研究[M].北京:团结出版社,2015.

[25] 黄润龙.人口老龄化对我国经济发展的影响探索[M].北京:科学出版社2015.

[26] 耿德伟.中国老龄人口的收入、消费及储蓄研究[D].北京:中国社会科学院,2012.

[27] 王钦池.家庭规模、家庭构成与阅读消费—基于美国消费者支出调查的实

证研究[J].出版科学,2014(2).

[28] 李通屏,郭继远.中国人口转变与人口政策的演变[J].市场与人口分析,
  2007(1).

[29] 桂世勋.中国现行人口政策是否需要调整[J].社会观察,2005(5).

[30] 张翼.中国人口控制政策的历史变化与改革趋势[J].广州大学学报(社会
  科学版),2006(8).

[31] 李茜,朱方长.马尔萨斯人口理论与马克思主义人口思想的比较思考[J].
  学理论,2010(18).

[32] 穆光宗.还原马尔萨斯和马寅初人口思想的历史价值[J].人口与发展,
  2010(3).

[33] 何爱平,刘冠男.马克思经济学与西方经济学人口经济思想的比较[J].经
  济纵横,2012(3).

[34] 孔令锋.人口与经济:从历史到现实的认识[J].人口与经济,2001(3).

[35] 张纯元.中国人口生育政策的演变历程[J].市场与人口分析,2000(1).

[36] 于学军,王宁,王广州.我国人口发展战略研究的现状、问题和建议[J].人
  口与计划生育,2003(10).

[37] 桂世勋.关于调整我国现行生育政策的思考[J].江苏社会科学,2008(2).

[38] 周长洪.关于现行生育政策微调的思考[J].人口与经济,2005(2).

[39] 郭志刚.中国的低生育水平及其影响因素[J].人口研究,2008(4).

[40] 曾毅.论二孩晚育政策软着陆的必要性与可行性[J].中国社会科学,2006
  (2).

[41] 黄乾.试论西方学者关于人口与经济关系认识的演变[J].广东社会科学,
  1999(2).

[42] 陈卫,黄小燕.人口转变理论述评[J].中国人口科学,1999(5).

[43] 穆光宗.生育的成本-效用分析[J].南方人口,1993(4).

[44] 穆光宗.近年来中国性别比升高偏高现象的理论解释[J].人口与经济,
  1995(1).

[45] 翟振武,张现苓,靳永爱.立即全面放开二孩政策的人口学后果分析[J].人
  口研究,2014(2).

[46] 胡鞍钢,刘生龙,马振国.人口老龄化、人口增长与经济增长[J].人口研究,2012(3).

[47] 范叙春,朱保华.预期寿命增长、年龄结构改变与我国国民储蓄[J].人口研究,2012(4).

[48] 左学金."可以采取不同的人口政策了":生育政策调整何须迟疑?[J].社会观察,2012(9).

[49] 王培安.做好新形势下的计划生育工作[J].人口研究,2014(6).

[50] 张启元.启动实施单独两孩政策,促进人口长期均衡发展[J].共产党员,2014(10).

[51] 于学军.我国人口和计划生育利益导向机制的理论与实践[J].人口与计划生育,2006(2).

[52] 李斌.坚定不移中国特色统筹解决人口问题的道路[J].人口与计划生育,2008(12).

[53] 胡鞍钢.为何需要调整人口生育政策[J].人口与发展,2008(1).

[54] 冯立天.中国人口政策的过去、现在与未来[J].人口研究,2000(4).

[55] 翟振武,侯佳伟.人口逆淘:一个没有事实根据的假说[J].中国人口科学,2007(1).

[56] 翟振武,彭希哲,钟庆才,姚从容.人口科学新编[M].北京:中国人口出版社,2009.

[57] 李通屏等.扩大内需的人口经济学[M].北京:商务印书馆,2012.

[58] 顾宝昌,李建新.21世纪中国生育政策论争[M].北京:社会科学文献出版社,2010.

[59] 彭珮云.中国计划生育全书[M].北京:中国人口出版社,1997.

[60] 林盛中.人口与计划生育大趋势[M].哈尔滨:黑龙江人民出版社,2002.

[61] 曾毅,李玲,顾宝昌,林毅夫.21世界中国人口与经济发展[M].北京:社会科学文献出版社,2006.

[62] 陈达.人口问题[M].北京:商务印书馆,1934.

[63] 易富贤.大国空巢——走入歧途的中国计划生育[M].香港:大风出版社,2006.

[64] 曾毅,顾宝昌,郭志刚.低生育率水平下的中国人口与经济发展[M].北京：北京大学出版社,2010.

[65] 程恩富.激辩"新人口策论"[M].北京:中国社会科学出版社,2010.1.

[66] 张福生,沈斌华.马尔萨斯人口论辨析[M].天津:天津人民出版社,1993.

[67] 王广州,胡耀岭,张丽萍.中国生育政策调整[M].北京:社会科学文献出版社,2013.

[68] 翟振武,李建新.中国人口:太多还是太老[M].北京:社会科学文献出版社,2005.

[69] 田雪原等.21世纪中国人口发展战略研究[M].北京:社会科学文献出版社,2007.

[70] 田雪原.中国人口政策60年[M].北京:社会科学文献出版社,2009.

[71] 孙沐寒.中国计划生育史稿[M].长春:北方妇女儿童出版社,1987.

[72] 路遇.新中国人口五十年[M].北京:中国人口出版社,2004.

[73] 路遇,翟振武.新中国人口六十年[M].北京:中国人口出版社,2009.

[74] 田雪原.人口大国的希望[M].北京:社会科学文献出版社,2011.

[75] 田雪原.人口学研究与学科建设[M].北京:社会科学出版社,2013.

[76] 田雪原.人口老龄化与"中等收入陷阱"[M].北京:社会科学文献出版社,2013.

[77] [印度]苏地生.为中国人口政策辩护[J].瞭望周刊,1985(49).

[78] 王丰,安德鲁·梅森,沈可.中国经济转型过程中的人口因素[J].中国人口科学,2006(3).

[79] 顾宝昌等.二孩生育政策地区的时间及启示[J].人口研究,2008(4).

[80] 杜本峰,戚晶晶.中国计划生育政策的回顾与展望——基于公共政策周期理论视角分析[J].西北人口,2011(3).

[81] 李建新.人口变迁、人口替代与大国实力兴衰[J].探索与争鸣,2013(5).

[82] 朱犁.继续提倡晚育,逐步适当放宽二孩政策——访曾毅教授[J].中国人口科学,2004(1).

[83] 陈友华.全球视野中的中国人口增长态势——缅怀马寅初先生其人其学的启示[J].市场与人口分析,2007(2).

[84] 李涌平,蔡天骥.理解单独二孩人口政策:为了未来人口发展的平衡[J].人口与发展 2014(6).

[85] 穆光宗.非大智慧大勇气不可为:论我国生育政策的抉择[J].市场与人口分析,2006(1).

[86] 迟明.中国人口生育政策调整的经济学研究[D].长春:吉林大学,2015.

[87] 钱婷婷.人口老龄化背景下退休冲击对居民家庭消费的影响研究[D].上海:上海社会科学院,2017.

[88] 汪伟,郭新强,艾春荣.融资约束、劳动收入份额下降与中国低消费[J].经济研究,2013,48(11).

[89] 汪伟,刘玉飞,彭冬冬.人口老龄化的产业结构升级效应研究[J].中国工业经济,2015(11).

[90] 汪伟,艾春荣.人口老龄化与中国储蓄率的动态演化[J].管理世界,2015(06).

[91] 汪伟,郭新强.收入不平等与中国高储蓄率:基于目标性消费视角的理论与实证研究[J].管理世界,2011(09).

[92] 汪伟.计划生育政策的储蓄与增长效应:理论与中国的经验分析[J].经济研究,2010,45(10).

[93] 汪伟.经济增长、人口结构变化与中国高储蓄[J].经济学(季刊),2010,9(01).

[94] 汪伟,姜振茂.人口老龄化对技术进步的影响研究综述[J].中国人口科学,2016(03).

[95] 汪伟,刘玉飞.人口老龄化与居民家庭消费结构升级——基于CFPS2012数据的实证研究[J].山东大学学报(哲学社会科学版),2017(05).

[96] 汪伟,刘志刚,龚飞飞.高房价对消费结构升级的影响:基于35个大中城市的实证研究[J].学术研究,2017(08).

[97] 艾春荣,汪伟.习惯偏好下的中国居民消费的过度敏感性——基于1995~2005年省际动态面板数据的分析[J].数量经济技术经济研究,2008,25(11).

[98] 汪伟.如何构建扩大消费需求的长效机制[J].学术月刊,2017,49(09).

[99] 杨华磊,何凌云,汪伟.人口世代更迭与资本红利——中国储蓄率的倒 U 型之谜[J].国际金融研究,2017(04).

[100] 刘利.习惯形成、退休冲击与城镇居民消费结构[J].统计与信息论坛,2017,32(09).

[101] 李凌.消费波动、消费增长和中国经济波动[D].上海:上海社会科学院,2009.

[102] 向东进.跨期替代弹性、习惯形成与 CCAPM 理论[D].武汉:武汉大学,2010.

[103] 宋明月.不确定性、居民家庭储蓄与消费行为研究[D].济南:山东大学,2016.

[104] 蒋彧,全梦贞.中国人口结构、养老保险与居民消费[J].经济经纬,2018(01).

[105] 吴石英.人口变动对居民消费的作用机理和影响效应研究[D].合肥:安徽大学,2017.

[106] 刘永平,陆铭.放松计划生育政策将如何影响经济增长——基于家庭养老视角的理论分析[J].经济学(季刊),2008(04).

[107] 汪伟.人口老龄化、养老保险制度变革与中国经济增长——理论分析与数值模拟[J].金融研究,2012(10).

[108] 邬沧萍,王琳,苗瑞凤.从全球人口百年(1950~2050)审视我国人口国策的抉择[J].人口研究,2003(04).

[109] 宋冬林,金晓彤,刘金叶.我国城镇居民消费过度敏感性的实证检验与经验分析[J].管理世界,2003(05).

[110] 李承政,邱俊杰.中国农村人口结构与居民消费研究[J].人口与经济,2012(01).

[111] 陈晓毅.城乡差异视角下养老负担对家庭消费的影响——来自 CSS 的经验证据[J].广西财经学院学报,2014,27(06).

[112] 陈晓毅.内生人口结构视角下的人口年龄结构与居民消费率——基于 PVAR 模型的动态分析[J].中国流通经济,2014,28(07).

[113] 周绍杰,张俊森,李宏彬.中国城市居民的家庭收入、消费和储蓄行为:一

个基于组群的实证研究[J].经济学(季刊),2009,8(04).

[114] 陈晓毅.人口年龄结构与中国城镇居民消费变动——基于组群方法的实证研究[J].贵州财经大学学报,2014(05).

[115] 尹宗成,张士云,李冬嵬.中国农村居民消费的影响因素——基于省际动态面板数据分析[J].消费经济,2009,25(02).

[116] 王宇鹏.人口老龄化对中国城镇居民消费行为的影响研究[J].中国人口科学,2011(01).

[117] 陈晓毅,张波.老龄化、养老保障与我国农村家庭消费——基于微观调查数据的分析[J].云南财经大学学报,2014,30(04).

[118] 杨汝岱,陈斌开.高等教育改革、预防性储蓄与居民消费行为[J].经济研究,2009,44(08).

[119] 董丽霞,赵文哲.人口结构与储蓄率:基于内生人口结构的研究[J].金融研究,2011(03).

[120] 杨继军,任志成,程瑶.人口年龄结构如何影响经济失衡——理论与中国的经验分析[J].财经科学,2013(01).

[121] 李文星,徐长生,艾春荣.中国人口年龄结构和居民消费:1989—2004[J].经济研究,2008(07).

[122] 陈冲.人口结构变动与农村居民消费——基于生命周期假说理论[J].农业技术经济,2011(04).

[123] 罗光强,谢卫卫.中国人口抚养比与居民消费——基于生命周期理论[J].人口与经济,2013(05).

[124] 刘铠豪,刘渝琳.中国居民消费增长的理论机理与实证检验——来自人口结构变化的解释[J].劳动经济研究,2014,2(02).

[125] 陈晓毅."老龄化"和"少子化"是否影响了农村居民消费?——基于静态和动态空间面板模型的实证研究[J].北京工商大学学报(社会科学版),2015,30(03).

[126] 曲兆鹏,赵忠.老龄化对我国农村消费和收入不平等的影响[J].经济研究,2008,43(12).

[127] 倪红福,李善同,何建武.人口结构变化对消费结构及储蓄率的影响分析

[J].人口与发展,2014,20(05).

[128] 杨燕容."全面放开二胎"政策视野下的生育意愿影响因素分析[D].广州:华南农业大学,2016.

[129] 孙圣利.城镇单独家庭的二胎生育意愿及影响因素研究[D].长春:吉林农业大学,2015.

[130] 倪姝囡."单独二胎"政策实施后的生育意愿研究[D].长春:长春工业大学,2016.

[131] 刘舒雨.单独二胎政策下"80"后女性二孩生育意愿下降的现象研究[D].天津:天津师范大学,2016.

[132] 张璐.放开"二胎"政策的利弊比较研究[D].长春:吉林农业大学,2014.

[133] 戴旒茜.2至10岁原"独二代"子女对"二胎"手足接纳度的调查与对策[D].苏州:苏州大学,2015.

[134] 郑阿波罗.计划生育政策对出生性别比与城乡收入差距的影响[D].厦门:厦门大学,2014.

[135] 陶涛,杨凡.计划生育政策的人口效应[J].人口研究,2011,35(01).

[136] 顾和军,李青.全面二孩政策对中国劳动年龄人口数量和结构的影响:2017—2050[J].人口与经济,2017(04).

[137] 石贝贝.人口变动对区域消费水平影响研究[D].石家庄:河北大学,2013.

[138] 石贝贝.我国城乡老年人口消费的实证研究——兼论"退休-消费之谜"[J].人口研究,2017,41(03).

[139] 杨成钢,闫东东.质量、数量双重视角下的中国人口红利经济效应变化趋势分析[J].人口学刊,2017,39(05).

[140] 罗能生,张梦迪.人口规模、消费结构和环境效率[J].人口研究,2017,41(03).

[141] 于长永,刘二鹏,代志明.生育公平、人口质量与中国全面鼓励二孩政策[J].人口学刊,2017,39(03).

[142] 易富贤.大国空巢[M].北京:中国发展出版社,2013年.

[143] 夏业良.中国的人口结构变化与就业前景[J].战略与管理,2001,(02):

93-100.

[144] 韩晓娜.劳动力供求形势转折之下的就业结构与产业结构调整研究[D]. 成都:西南财经大学,2013.

[145] 向晶.人口结构调整对我国城镇居民消费的影响[J].经济理论与经济管理,2013(12).

[146] 王金营,付秀彬.考虑人口年龄结构变动的中国消费函数计量分析——兼论中国人口老龄化对消费的影响[J].人口研究,2006(01).

[147] 石人炳.中国出生性别比变化新特点——基于"五普"和"六普"数据的比较[J].人口研究,2013(2).

[148] 王广州,胡耀岭,张丽萍.中国生育政策调整[M].北京:社会科学文献出版社,2013.

[149] 周孝正.论人口素质的逆淘汰[J].社会学研究,1991(03):25-32.

[150] 赵大治.愚昧还是文明,哪一个离我们更近——中国人口素质逆淘汰的实证分析[J].人口与经济,2002(04):73-80.

[151] 侯东民.对我国人口素质"逆淘汰"问题讨论的几点看法[J].社会学研究,1993(02):36-42.

[152] 谢雷光.妇女文化素质与"人口素质逆淘汰"[J].人口学刊,1997(02):44-49.

[153] 侯东民.人口控制与人口素质"逆淘汰"[J].科技导报,1992(10):55-57+43.

[154] 翟振武,侯佳伟.人口逆淘汰:一个没有事实根据的假说[J].中国人口科学,2007(01):10-17+95.

[155] 李建新.城乡社会"断裂"与"人口逆淘汰"再思[J].人口学刊,2010(01):3-9.

[156] 穆光宗.人口"逆淘汰":一个事实抑或一场虚惊——兼评近年有关人口"逆淘汰"的一些流行观点[J].社会学研究,1993(06):93-99.

[157] 尹银,邬沧萍.计划生育政策导致人口逆淘汰?——基于中国省级面板数据的分析[J].中国人民大学学报,2013,27(01):89-97.

[158] 王广州.中国高等教育年龄人口总量、结构及变动趋势[J].人口与经济,

2017(06):79-89.

[159] 王广州.生育政策调整目标人群总量与预期效果再检验[J].人口学刊,2017,39(06):5-16.

[160] 王广州,张丽萍.中国低生育水平下的二孩生育意愿研究[J].青年探索,2017(05):5-14.

[161] 王广州.中国失独妇女总量、结构及变动趋势计算机仿真研究[J].人口与经济,2016(05):1-11.

[162] 伍海霞,王广州.独生子女家庭亲子居住特征研究[J].中国人口科学,2016(05):66-77+127.

[163] 王军,王广州.中国城镇劳动力延迟退休意愿及其影响因素研究[J].中国人口科学,2016(03):81-92+128.

[164] 王军,王广州,高凌斐,张央.中国出生性别比水平估计及形势判断[J].学习与实践,2016(03):82-91.

[165] 王军,王广州.中国低生育水平下的生育意愿与生育行为差异研究[J].人口学刊,2016,38(02):5-17.

[166] 张丽萍.全面二孩政策下二孩生育计划研究[N].中国社会科学报,2016-02-03(006).

[167] 王广州.影响全面二孩政策新增出生人口规模的几个关键因素分析[J].学海,2016(01):82-89.

[168] 王广州.生育政策调整研究中存在的问题与反思[J].中国人口科学,2015(02):2-15+126.

[169] 王广州.独生子女死亡总量及变化趋势研究[J].中国人口科学,2013(01):57-65+127.

[170] 王广州,张丽萍.现行生育政策下的劳动力供给分析[J].行政管理改革,2013(05):38-43.

[171] 郑真真.从家庭和妇女的视角看生育和计划生育[J].中国人口科学,2015(02):16-25+126.

[172] 于长永,刘二鹏,代志明.生育公平、人口质量与中国全面鼓励二孩政策[J].人口学刊,2017,39(03):5-20.

[173] 曾毅.试论我国人口要素的变动对妇女家庭状态的影响——家庭状态生命表模型及其应用[J].中国人口科学,1988(01):1-13.

[174] 李江一."房奴效应"导致居民消费低迷了吗？[J].经济学(季刊),2018,17(01):405-430.

[175] 唐琦,夏庆杰,李实.中国城市居民家庭的消费结构分析:1995—2013[J].经济研究,2018,53(02):35-49.

[176] 丁菲,于冷.不同地区家庭食品需求的异质性分析——基于QUAIDS模型分析[J].农业现代化研究,2016,37(03):527-533.

[177] 谭涛,张燕媛,唐若迪,侯雅莉.中国农村居民家庭消费结构分析:基于QUAIDS模型的两阶段一致估计[J].中国农村经济,2014(09):17-31＋56.

[178] 屈小博,霍学喜.农户消费行为两阶段LES-AIDS模型分析——基于陕西省农村住户的微观实证[J].中国人口科学,2007(05):80-87＋96.

[179] 张颖熙.中国城镇居民服务消费需求弹性研究——基于QUAIDS模型的分析[J].财贸经济,2014(05):127-135.

[180] 郭亚,葛扬.江苏省城镇居民消费结构:基于ELES模型和AIDS模型的比较分析[J].南京财经大学学报,2014(02):1-10.

[181] 赵昕东,汪勇.食品价格上涨对不同收入等级城镇居民消费行为与福利的影响——基于QUAIDS模型的研究[J].中国软科学,2013(08):154-162.

[182] 余玲铮.中国城镇家庭消费及不平等的动态演进:代际效应与年龄效应[J].中国人口科学,2015(06):69-79＋127-128.

[183] 朱翠萍.人口年龄结构对消费的影响:中国城镇的实证研究[J].云南财经大学学报,2014,30(02):54-63.

[184] 赵昕东,王昊.退休对家庭消费的影响——基于模糊断点回归设计[J].武汉大学学报(哲学社会科学版),2018,71(01):167-174.

[185] 黄隽,李冀恺.中国消费升级的特征、度量与发展[J].中国流通经济,2018,32(04):94-101.

[186] 袁微,黄蓉.性别比例失衡对消费的影响——基于婚姻匹配竞争和家庭代

际关系视角的分析[J].山西财经大学学报,2018,40(02):15-27.

[187] 苏华山,吕文慧,张运峰.未婚家庭成员人数对家庭储蓄率的影响——基于 CFPS 面板数据的研究[J].经济科学,2016(06):75-88.

[188] 杜清源,魏尚进.大国的竞争性储蓄与经常账户[J].经济学报,2014,1(02):68-82.

[189] 刘艺容.我国城市化率与消费率关系的实证研究[J].消费经济,2007(06):54-56+60.